nanæ picturæ explicatio.

	Pons Sixti.	K	Capitoliū.	N	Aquæ ductus.	R	S. Laurentius.
	S. Bartholomei insula, iuxta pontem Sixti.			O	Arcus Titi & Vespasianī.	S	S. Sebastianus.
				P	S. Susanna.	T	S. Vitalis.
	S. Iohannes Lateranus.			Q	S. Maria de populo.	V	Caput bouis.

B a

ROM

Ein kulturgeschichtlicher Reiseführer

Italia und Germania
Zeichnung von Johann Friedrich Overbeck, 1811/12

Volker Breidecker

ROM

Ein kulturgeschichtlicher
Reiseführer

Mit 60 Abbildungen und
einem Stadtplan

Magnus Verlag

Lizenzausgabe mit freundlicher Genehmigung der
Philipp Reclam jun. GmbH & Co., Stuttgart

Einbandgestaltung: Hans Winkens
Einbandmotiv: Pantheon (vorne), Petersdom (hinten)
Vorsatz vorne: Rom am Ende des 15. Jahrhunderts,
Stich von Sebastian Münster, um 1550
Vorsatz hinten: Stadtplan von Margret Prietsch, Mammendorf
Satz: Hans Winkens, Wegberg

ISBN 3-88400-411-5

per te,
questa lunga lettera

Inhalt

Von unten nach oben und von oben nach unten

Epilog

Anhang

Vorwort

Über Rom scheint längst alles gesagt worden zu sein. Die Literatur über die »Ewige Stadt« ist zu einer riesigen Bibliothek angewachsen, in der kein Stein, kein Bild und keine Facette römischen Lebens mehr unbeschrieben geblieben ist. Mit Blick auf die florierende touristische Literatur bereits seiner Zeit bemerkte der Spötter Heinrich Heine in den *Reisebildern*, es gäbe »nichts Langweiligeres auf dieser Erde, als die Lektüre einer italienischen Reisebeschreibung – außer etwa das Schreiben derselben«. Heines Warnung vor der nicht zu unterschätzenden Eitelkeit und Grausamkeit der allwissenden Ciceroni – so nannte man die frühere Rombesucher noch leibhaftig begleitenden Ortskundigen – steht in der einschlägigen Gattung die Einschüchterung mit Maximen von der Art ›Man sieht nur, was man weiß‹ gegenüber. Der Satz stammt zwar von Goethe, verschweigt jedoch, daß für den berühmtesten aller Italienreisenden die eigene Romfahrt auch den Beweis des Gegenteils erbracht hatte, weshalb sich der Satz auch umdrehen läßt: Man weiß nur, was man sieht.

Aus dem Dilemma, daß der unvorbereitete und unbegleitete Reisende in Rom zwar viel zu sehen bekommt, aber nichts oder nur wenig davon erkennt, wohingegen der mit historischen und kunstgeschichtlichen Fakten und Daten, mit Namenskatalogen und Zahlenkolonnen überfütterte und bevormundete Besucher nichts mehr sieht, führt nur ein Ausweg: Sehen statt Besichtigen. »Ich tue nur die Augen auf und seh' und geh' und komme wieder: denn man kann sich nur in Rom auf Rom vorbereiten«, schrieb Goethe. Man muß also wieder selbst gehen und sehen, bisweilen auch innehalten. Nichts anderes heißt Reisen. Lesen kann man überall, davor, danach und auch unterwegs.

Die Reise nach Rom als Pilgerfahrt und Promenade durch die Zeiten und Räume liefert den Erzählfaden für dieses Buch. Die Art und Weise, wie Rom seine fremden Besucher aufgenommen hat und wie Rom von ihnen wahrgenommen wurde, hat das Gesicht der Stadt wesentlich geprägt. Deshalb zehrt auch dieses Buch von seinen unzähligen Vorgängern und läßt viele von ihnen an Ort und Stelle selbst zu Wort kommen. Bevorzugt wurden dabei Autoren, denen es noch gelang, die Stadt in ihrer Gesamtheit wie in ihren exemplarischen Gestaltungen zu überschauen. Darüber, daß dies heute nicht mehr möglich ist, muß man nicht trauern, sofern man nur die Zeit, die eine Reise bietet, und die Räume, die Rom seinen Besuchern öffnet, zum wirklichen Sehen und zum Wiedereinnehmen anderer, ungewohnter oder vergessener Gangarten nutzt.

Dieses Buch möchte seine Leser im wörtlichen Sinne in die Stadt einführen und geleiten, statt sie dort auszuwerfen und mit der Peitsche der »facts & figures« über die touristischen Rennbahnen zu treiben. Wissenswertes sollte auch beschreibbar, Beschriebenes erzählbar, Erzähltes sichtbar und Gesehenes erkennbar werden. Wer hingegen aus seinem Reiseführer erfährt, die erste Statue zeige *den* Papst, die andere *jenen* Kaiser, die dritte *diese* Heilige usw., dem ergeht es gar leicht wie Heines »arme(m) Engländer«, der »die Reihe von oben anfing, statt von unten, wie der Guide des voyageurs voraussetzte« und darüber »in die ergötzlichsten Verwechselungen« geriet. Statt dessen werden hier Wege beschrieben, die durch die historische Stadtlandschaft führen, Brücken gezeigt, die die Orte, Menschen und Dinge miteinander verbinden, und Übergänge geschildert, die die Zeiten und Räume, die Rom in sich birgt, sichtbar machen sollen. Im übrigen zeigt Rom außerhalb oder an den Rändern seiner touristisch ausgetretenen Pfade oftmals mehr von seinem Gesicht als entlang seiner Hauptattraktionen. Deshalb sei der Leser vor allem dazu angehalten, seinen Augen und Ohren, seinen Beinen und seiner Phantasie, schließlich auch dem Zufall zu vertrauen, der bisweilen nicht der schlechteste Wegweiser ist.

Zu Zeiten, als das Reisen nach Rom und Italien weitaus beschwerlicher als heute war, langwieriger geistiger Vorbereitungen bedurfte und große körperliche Anstrengungen mit sich brachte, sprachen die Reisekavaliere gleichwohl davon, daß sie »den giro« machten. Das bedeutete soviel, wie »die Runde drehen«, und hatte mehr mit Tanzen, Schlendern und Bummeln, mit Spazierengehen und Lustwandeln als mit Gewaltmärschen und Schnelldurchgängen zu tun. Zum *giro* durch Rom möchte dieses Buch seine Leser einladen.

Danken möchte ich Margaretha Huber und Annalisa Piubello, die mir zeitweise römisches und italienisches Asyl einräumten, Barbara Klemm für ihr freundliches Entgegenkommen bei der Bildauswahl, Eberhard Rathgeb für die teilnehmende Lektüre des Manuskripts, Sigrun Jantzen für ihre geduldige Ungeduld, Raina und Philipp Fehl für das beste Vademecum beim Schreiben (das an jeder Stelle zu befolgen allerdings vermessen gewesen wäre) – schließlich einer Ungenannten, die ›mit leisen Schritten aus irgend einer Gartentür trat‹.

Volker Breidecker

St. Peter

Römische Introduktion

> Erst wenn man die Oberfläche der Dinge kennengelernt hat [...], kann man sich aufmachen, um herauszufinden, was darunter sein mag. Doch die Oberfläche der Dinge ist unerschöpflich.
>
> Italo Calvino, *Herr Palomar*

Römerstraßen

Wenn ein Wanderer einst aus der Ferne aufbrach, um zum Grab des Apostels Petrus zu pilgern, so wurde er über Straßen und Wege geleitet, die ihn verläßlich an sein Ziel führten. In Rom hatten die Straßen und steinernen Wegemarken ihren Ursprung, von dort waren sie ausgegangen. Aus gleich welcher Himmelsrichtung er kam und wieviel Meilen noch vor ihm lagen, der Pilger wandelte auf römischen Trassen und streifte die Überreste und Nachfahren römischer Bauten. Bereits vom ersten Schritt an wurde ihm eine Reihe von Lektionen, von Einführungen in die Stadt zuteil, die am Ziel seiner Reise lag. Ob der Reisende sich dessen bewußt war oder nicht: Nach Rom war er längst unterwegs und bereits dort angekommen, bevor er überhaupt aufgebrochen war.

Ungeachtet aller Beschwernisse des Reisens, das Gefahren für Leib und Leben mit sich brachte, waren die alten Römerstraßen verläßlich zumindest im Sinne eines deutlichen Richtungswillens, der sich an der Leitvorstellung der geraden Linie als der kürzesten

Verbindung zweier Punkte im Raum orientierte. In weiten Teilen Europas, Nordafrikas und Kleinasiens waren die Römer nicht nur die erfindungsreichsten, sondern die ersten Wegebauer überhaupt. Ältere Zivilisationen wie die Griechen und vor ihnen die Ägypter hatten vorwiegend die natürlichen Wasserwege genutzt. Die wenigen Landwege, die sie zu ihren Heiligtümern bauten, waren zumeist schmale, unbequeme, gewundene oder steil ansteigende Hohlwege. Sie hatten mehr mit Passionswegen gemein als mit jenen breiten, schnurgeraden und dicht bepflasterten Römerstraßen, auf deren grauschwarzen, glatten und befahrbaren Oberflächen man dort, wo sie freiliegen, noch immer Radspuren erkennen kann.

Alle natürlichen und geographischen Hindernisse überwindend, gingen die Fernstraßen strahlenförmig von Rom aus und führten von den entlegensten Regionen des Imperiums vektorengleich wieder nach Rom zurück. Unter so klangvoll überlieferten, nach den zur Bauzeit amtierenden römischen Konsuln benannten Namen wie Via Appia, Via Aurelia, Via Flaminia oder Via Cassia wurden sie auch noch von den im Mittelalter gebräuchlichen Pilgerkarten und Itinerarien verzeichnet. Allen historischen Einschnitten, Abweichungen der Routen und Verschüttungen der Trassen zum Trotz überdauerte dieses verzweigte, rund hunderttausend Kilometer überspannende Straßennetz zwei Jahrtausende, denen es mit den Verkehrswegen auch die zugehörigen technischen, kulturellen, religiösen und politischen Infrastrukturen lieferte.

»Die Menschen, die zuerst einen Weg zwischen zwei Orten anlegten«, schrieb vor beinahe hundert Jahren der Kulturphilosoph Georg Simmel, »vollbrachten eine der größten menschlichen Leistungen. Sie mochten noch so oft zwischen beiden hin und her gegangen sein und sie damit subjektiv verbunden haben: erst indem sie der Erdoberfläche den Weg sichtbar einprägten, waren die Orte objektiv verbunden, der Verbindungswille war zu einer Gestaltung der Dinge geworden, die sich diesem Willen zu jeder Wiederholung darbot, ohne von deren Häufigkeit oder Seltenheit noch abhängig zu sein.« Allein aufgrund der Straßenwege ver-

Via Appia

mochte Rom auch noch in Gestalt seiner Ruinen und seiner geographisch weit verstreuten steinernen Zeugnisse den Untergang des antiken Imperiums zu überdauern. Roms Steine blieben die fortdauernden Bezugsobjekte neuer Einverleibungen, Anverwandlungen und Wiederaufbauten. Sie lieferten beständige Projektionsflächen für Mythen, Legenden und Historien, für Ideen und Glaubenslehren.

Die antiken Fernstraßen waren somit nicht nur die Vektoren für Roms räumliche Ausbreitung über größere geographische Weiten, sondern auch für seine Ausdehnung in der Zeit. Den Zeiten und Epochen prägte Rom nicht minder sichtbare Spuren auf als den Wegesrändern seiner Straßen und den »römisch« urbanisierten Umgebungen der Verkehrsknotenpunkte. Aus einstmals römischen Städten mit romanisierten Bauten, entlang von Meilensteinen, die die Entfernungen von und nach Rom anzeigten, und vorbei an lateinisch beschrifteten Grabdenkmälern, Brunnen und Aquädukten, führen nicht nur alle Wege *nach Rom*, sondern auch gleichsam nach Hause: Noch dem Italienreisenden Johann Wolfgang Goethe war es bei seiner Ankunft in Rom ganz so zumute, »nicht als ob ich die Sachen sähe, sondern als ob ich sie wiedersähe«.

In der Doppelgestalt einer sichtbar gegenwärtigen Stadt, die gleich mehrere Städte in sich birgt oder unter sich begraben hat, und einer seltsam überzeitlichen Idee, die das Muster aller Städte und das Modell urbaner Lebensformen schlechthin verkörpert, ist Rom identisch mit seinem Straßennetz, das die antike Welt überspannte. Innerhalb dieses geographischen Rasters vermochte sich die Mutterstadt beinahe grenzenlos abzubilden und endlos zu vervielfältigen, nicht nur auf der Landkarte, sondern bis hinein in die Köpfe und Seelen, in die Mentalitäten und Lebensformen der Menschen. Aufgrund des überdauernden Straßennetzes bedurfte dieser Ausstrahlungsprozeß über einen sehr langen historischen Zeitraum hinweg nicht einmal mehr des Vorhandenseins eines intakten Zentrums. Für ein ganzes Millennium – wenigstens vom Ende des 5. bis zum Ende des 15. Jahrhunderts – lag Rom im Kreise seiner antiken Stadtmauern zu vier Fünfteln in Trümmern.

Darüber hatte sich längst wieder die karge, steppenartige Natur seiner landschaftlichen Umgebung, der *Campagna*, gelegt. Doch während die Zahl der Bewohner von einstmals einer Million auf zwanzig- bis dreißigtausend Seelen zusammengeschrumpft war, sorgten die Pilgerströme zu den Gräbern und Reliquienstätten der Apostel und Märtyrer für die fortdauernde Anziehungskraft der *urbs* als des »Mittelpunkts«, der »Hauptstadt der Welt«.

Die Pilger und die Fremden, die die Römerstraßen weiterhin bevölkerten, sie durch ihre fortdauernden Bewegungen intakt hielten und in geregelten wie ungeregelten Rhythmen die Stadt füllten und belebten, sind die ungleich friedlicheren Nachfahren der antiken römischen Legionäre, für deren Kriegszüge die Fernstraßen einst gebaut wurden. Solange es so gut wie keine eingeborenen Römer (*Romani*) mehr gab, wurden die Rompilger als deren Statthalter *Romei* genannt. Mit stolzer Demut bekannten sie sich selbst zu diesem Ehrentitel und schwangen ihre Pilgerstöcke so gewandt wie die Legionäre einst das Schwert. Aus Fremden, die nach Rom kamen und dort für eine Zeitlang blieben, bevor sie – die Idee der ewigen Stadt im Kopf und ihre Gestaltungen auf den Skizzenblöcken – wieder weiterzogen oder in ihre Heimatstätten zurückkehrten, rekrutierten sich auch professionellere Karawanen: Künstler, Literaten, Gelehrte und Kleriker bevölkerten Rom seit der Renaissance. Angezogen wurden sie von den gesteigerten Bedürfnissen der päpstlichen Hofhaltung, mit der umfassende Pläne zur Stadterneuerung einhergingen.

Fortan wuchs Rom im Kreise seiner aus dem dritten nachchristlichen Jahrhundert stammenden Aurelianischen Mauern wieder nach innen zusammen, wuchs erneut in die Dichte, noch lange nicht in die Breite. Rom gedieh zu einer Oase des Müßiggangs – das Wort einmal ohne Mißklang, sondern im Sinne einer gemesseneren Gangart und eines bedächtigeren Umgangs mit den Ressourcen des Raums und der Zeit verwandt. Mit beiden ist Rom bis zur Überfülle oder bis zum kurzen, aber wie eine Ewigkeit anmutenden Moment des Stillstands vor dem Überfließen eines Brunnens gefüllt. Das neuzeitliche Rom gedieh zu einer Art exterritorialen Sonderstadt für Fremde aus aller Herren Länder, die hier vor allem anderen die Berührung mit dem Vertrauten suchten, das ihnen freilich fremd geworden war, und mit dem Fremden, das ihnen doch längst vertraut war – als deutliche Vorstellung, undeutliche Erinnerung oder als erworbenes Bildungsgut. »Ein Fremder zu sein, der für sein Geld hier lebt«, schrieb der deutsche Romreisende Karl Philipp Moritz im Jahre 1788, »gibt an sich schon ein gewisses Ansehen, und die Benennung ›forestriere‹ [Ausländer] gilt in diesem Betracht für einen Ehrennamen.« Seit der Antike beherbergte Rom auch nicht nur die größte jüdische Diasporagemeinde der Welt, sondern war zu beinahe allen Zeiten auch ein bevorzugter Ort des Exils für anderswo Verfolgte, Bedrängte oder auch nur Unzufriedene.

Moritz' Beobachtung – auch sein Befund, daß die Fremden in Rom »unter sich eine Art von Republik ausmachen« –, war weder neu noch dem Geist des Vorabends der Französischen Revolution entsprungen. Zweihundert Jahre zuvor war Michel de Montaigne ob seiner ausgemachten »Unverträglichkeit mit unseren heutigen öffentlichen Sitten« für längere Zeit aus Frankreich nach Italien entwichen. Die Heimat des Bordelaiser Parlamentsrats war von den Wirren der Religionskriege geschüttelt, und Montaignes persönliche Anstrengungen zur Befriedung der Bürgerkriegsparteien waren gescheitert. In Italien verwandte er nun all seine Mühe darauf, »den Titel eines römischen Bürgers zu erlangen«. Rom, schrieb er, sei für ihn »die bequemste Stadt der Welt, in welcher der Unterschied der Nationalität, und gehöre man der fremdartigsten Völkerschaft an, am wenigsten ins Gewicht falle«. Die Stadt sei »von Natur aus der Sammelplatz aller Völker«, und jeder Besucher sei hier »wie zu Hause«. Für Montaigne wie für unzählige Reisende vor und nach ihm war Rom »die einzige allen gemeine, die einzige Weltstadt«. Noch der Erzähler von Thomas Bernhards Gegenwartsroman *Auslöschung* nistet sich in Rom als dem »idealen Zentrum unserer heutigen Welt« ein.

Sogar mit der oftmals beklagten weltlichen Despotie des Papsttums und den militanten Ansprüchen der gegenreformierten Kirche ließ sich in Rom selbst offenbar nicht schlechter, unter Umständen sogar besser als anderswo leben, auch angesichts der in den Vatikan verbrachten Trophäen der Pariser Hugenottennacht: »In Sankt Peter«, registrierte der Besucher, »hängen am Eingang der neuen Kirchen Fahnen als Siegeszeichen, die laut Inschrift vom König den Hugenotten abgenommen wurden, von Ort und Zeit wird aber nichts mitgeteilt. Nahe der Gregorianischen Kapelle, in der man eine unendliche Menge von Votivbildern an der Mauer sieht, hängt unter anderem ein kleines, viereckiges Bildchen, das, dürftig und schlecht gemalt, die Schlacht von Moncontour darstellt. In dem Saal vor der Sixtinischen Kapelle sind an der Wand verschiedene denkwürdige Ereignisse abgemalt, die den Heiligen Stuhl betreffen« – es waren dies Giorgio Vasaris Historiendarstellungen der französischen Hugenottenkriege, die wenige Jahre zuvor als monumentale Wandgemälde für die *Sala Regia* entstanden waren, den festlichen Audienzsaal des Vatikans. Roms »Fürst«, schrieb Montaigne lapidar, »umspannt die ganze Christenheit als oberste Autorität; sein Machtanspruch, der höchste, den es gibt, erreicht die Fremden zu Hause so gut wie hier« – nicht weniger und nicht mehr. Mit ungeteilter Aufmerksamkeit und Neugier wohnte dieser Rombesucher den Beschneidungsriten in einer jüdischen Synagoge ebenso wie den liturgischen Handlungen in der Peterskirche und dem Hofzeremoniell im Vatikan bei.

Jene gleichsam zweite »Natur«, die Rom zum »Sammelplatz aller Völker« bestimmte, wo sich Fremde ungezwungen unter Fremden bewegen konnten, war wie die Stadt selbst ein authentisches Straßenkind. Ohne Straßen gäbe es keine erschließbaren Räume, keine zugänglichen Orte und keine beweglichen Objekte. Desgleichen ist jeder religiöse Kult an die geographische Verbreitung von Glaubenslehren, den Austausch seiner Angehörigen, die räumliche Erreichbarkeit und den lokalen Zugang seiner geheiligten Stätten gebunden. Was sind die Gänge in einem römischen Kirchengebäude anderes als in einen Innenraum übersetzte und überwölbte Straßen? In der Spannweite solcher Beziehungen ist die Errichtung eines Verbindungswegs zwischen vormals getrennten Bereichen, ist die Anlage einer Straße selbst eines der originärsten Werke der Kunst. Sie ist zugleich eine religiöse (von lat.

religare ›rückbinden‹) Handlung. Müßig, zu fragen, was zuerst da war, die Straße, die Religion oder die Kunst.

Für das seit anderthalb Millennien die historischen Geister beunruhigende Phänomen des beispiellosen Niedergangs und Zusammenbruchs der antiken römischen Zivilisation machte der Historiker des Mittelmeerraums Fernand Braudel ursächlich sogar die wachsende Gefährdung der Straßenwege an den östlichen Rändern des Reichs verantwortlich. Das scheint allem überlieferten Schulwissen zu widersprechen. Doch in mancher Beziehung ähnelte das römische Straßennetz dem Blutkreislauf eines menschlichen Organismus: Eine Bewegung oder Stockung an den entlegensten Gefäßen wurde im Zentrum ebenso registriert und hinterließ dort genauso ihre Abdrücke wie an Ort und Stelle und wie an jedem beliebigen anderen Punkt der Peripherie.

Von den hochmobilen römischen Legionären eingerichtete Kultstätten der vorderasiatischen Mithrasreligion sind beispielsweise nicht nur in Rom selbst, sondern besonders häufig entlang des Limes, der einstigen nördlichen Reichsgrenze im Taunus zu finden. Jeder Impuls auf den Achsen der Austauschwege zwischen Ost und West fand auch auf den Verkehrsrouten des Nordens und Südens sein Echo. Sie waren keine Einbahnstraßen, und Rom selbst fungierte nicht nur als zentrale Sende-, Empfangs- und Transferstation, sondern auch als Magnet und als Sammelplatz all dessen, was in seinem Imperium gesprochen, geschrieben und gestaltet, gedacht und gemacht wurde. Neben vielen anderen, von den Römern angenommenen Kulten war auch die neue christliche, vom monotheistischen Judentum abstammende Religion aus den östlichen Provinzen des Reichs eingeflossen. Ihr sollte es gelingen, das zunehmend gelähmte und bald verwaiste römische Zentrum von innen her zu erobern und die Vielzahl der miteinander rivalisierenden heidnischen Götter zu verdrängen. Die spätantike Erfolgsgeschichte und künftige Weltmission des Christentums war dabei auf den Antriebsmotor eines Verkehrssystems mit einem universalen Mittelpunkt angewiesen.

Roms Verkehrsnetz hatte seinen auf den Quadratmeter genau lokalisierbaren Ausgangs- und Zielpunkt mitten im steinernen

Herzen der Stadt, auf dem Forum Romanum, in unmittelbarer Nachbarschaft der geheiligten Tempel und Kultstätten. Dort, wo die antiken Triumphzüge von der *Via sacra* des Forums aus den Aufstieg zum Kapitolshügel nahmen, stehen nahe bei dem Triumphbogen des Kaisers Septimius Severus noch die Reste der *rostra*, der alten Rednertribüne. In republikanischer Zeit wurde hier über die Geschicke Roms und seines Reichs gestritten, und hier befindet sich auch die Stelle, an der alle Römerstraßen begannen und endeten: Kaiser Augustus ließ sie durch den Goldenen Meilenstein (*milliarium aureum*) markieren, einen mit goldglänzender Bronze verkleideten Marmorzylinder, auf dem in funkelnden römischen Ziffern und lateinischen Lettern die Entfernungen zwischen Rom und allen Städten des Reichs eingraviert waren.

Die einschneidendste Zäsur der Weltgeschichte, der Übergang von der antiken zur christlichen Welt, beinhaltete, vom räumlichen Zentrum her gesehen, lediglich eine minimale Verschiebung des Ausgangs- und Zielpunkts aller Achsen und Vektoren um weniger als zwei römische Meilen: An die Stelle des *milliarium aureum* des Augustus ist das Grab des Apostelfürsten getreten, dessen Namen selbst aus demWort »Stein« (lat. *petra*) gebildet ist. In der ihm geweihten Hauptkirche der Christenheit liegt es unterhalb der sogenannten *Confessio*, des über eine Doppeltreppe zugänglichen und mit den Ewigen Lichtern von 87 brennenden Öllampen versehenen, versenkten Umgangs des Altarraums. Darüber erhebt sich als Tabernakel die gewaltige Triumphalapparatur des von Gian Lorenzo Bernini aus Bronzeverkleidungen des heidnischen Pantheons gegossenen Baldachins. Nochmals darüber wölbt sich schließlich als neuer Nabel Roms und der Welt – der alte, ein *Umbilicus Romae* genannter Backsteinkegel ziert noch immer das Forum, nahe der Stelle, an der der Goldene Meilenstein stand – die Kuppel des Michelangelo, um mit der Kreuzesspitze ihrer Laterne die Stelle des Apostelgrabs auch dem Himmel einzuschreiben. Nach allen Horizonten verzeichnet sie die Botschaft, die im Innern von Sankt Peter auf dem vergoldeten Fries rund um den unteren Kuppelrand zu lesen ist: *Tu es Petrus et super hanc petram aedificabo ecclesiam meam* (»Du bist Petrus, und auf diesem Felsen werde ich meine Kirche bauen«).

Auch in ihrer geopolitischen Bedeutung als einer im wörtlichen wie metaphorischen Sinne »Übertragung« oder »Übersetzung« eines Reichs in ein anderes – lat. *translatio imperii* – konnte die weltgeschichtliche Ablösung der heidnisch antiken durch die christliche Welt gar nicht sinnfälliger und dennoch dem ererbten altlateinischen Vokabular mit seiner Betonung der unbeirrbaren Geraden verhaftet zum Ausdruck gebracht werden.

Leben im Koordinatensystem

Mit koordinierten Straßenbauten und Restaurationsmaßnahmen setzte gegen Mitte des 15. Jahrhunderts die Ära der Renaissancepäpste ein. Einher ging die Wiederbelebung der Stadt und der Aufschwung Roms zur neuzeitlichen Metropole. Das lange Jahrtausend seit dem Untergang des Imperiums war von unzähligen kriegerischen Auseinandersetzungen mit auswärtigen Invasoren und Bürgerkriegen zwischen lokalen Parteiungen geprägt. Beides hatte verheerende Konsequenzen für die Stadt und schränkte auch das Papsttum in seiner Machtentfaltung erheblich ein. Andauernde Konflikte mit Königen und Kaisern um die Vorrangstellung und Verteilung der weltlichen und geistlichen Machtbefugnisse fanden stets nur vorübergehende Beruhigung. Während des jahrzehntelangen »babylonischen Exils« der Päpste in Avignon zwischen 1309 und 1377 schritt der Verfall der Stadt weiter voran. Über die alten legten sich bereits die neuen Ruinen der mittlerweile baufällig gewordenen frühchristlichen Basiliken. Auf die Rückkehr der Päpste nach Rom folgte das Große Abendländische Schisma, während dessen gleich mehrere Päpste und Gegenpäpste um die Besetzung des Heiligen Stuhls rangen. Erst nach der Beilegung des Schismas im Jahre 1420 nahm das auf den Konzilien von Konstanz, Ferrara und Florenz erneuerte römische Papsttum die Ewige Stadt wieder in seinen Besitz.

Während des Mittelalters hatten die Päpste noch im Lateran bei dem metropolitanen Bischofssitz von San Giovanni im Südosten der Stadt residiert. Erst unter Papst Eugen IV., der im Jahr 1443 aus seinem florentinischen Exil zurückgekehrt war, und seinem Nachfolger Nikolaus V. begann die neuere Besiedlungs- und Baugeschichte des auf dem jenseitigen Tiberufer, außerhalb der Aurelianischen Stadtmauern gelegenen vatikanischen Hügels, der die noch von Kaiser Konstantin dem Großen über dem Apostelgrab errichtete alte und mittlerweile verfallene Basilika von Sankt Peter beherbergte. Das teils ländliche, teils vorstädtische Terrain des *Ager Vaticanus* sollte nach den Plänen des Papstes zu einer Sonderstadt umgewandelt und mit einem neuen Forum, neuen Kurialgebäuden und Residenzen sowie mit einem gewaltigen Tempelneubau versehen werden. Von Nord- und Mittelitalien her wirkte gleichzeitig die neue humanistische Bewegung nach Rom ein. Aufgrund ihrer juristischen und philologischen Talente und ihrer kosmopolitischen Bildung eigneten sich die Humanisten insbesondere zu Staats- und Kanzleisekretären städtischer und höfischer Verwaltungen. Auch am päpstlichen Hof und seiner Kurie fanden sie bevorzugte Aufnahme und Anstellung, mit der Begleitwirkung, daß man nunmehr auch in Rom selbst zum systematischen Sammeln und Studium der schriftlichen, bildlichen und baulichen Zeugnisse der Antike überging.

Nikolaus V., der um 1450 mit der Vatikanischen Bibliothek eine der ersten und bedeutendsten Bibliotheken überhaupt begründete, war unter seinem bürgerlichen Namen Tommaso Parentucelli bereits ein hochgeachteter Gelehrter mit verzweigten internationalen Verbindungen bis hin nach Flandern, dem neben Mittelitalien damals zweiten großen städtischen Ballungsgebiet Europas. Er berief den Florentiner Humanisten Leon Battista Alberti als Sekretär an seinen Hof, und dieser unterzog Roms antike Topographie erstmals einer gründlichen Bestandsaufnahme, die sich bis auf das akribische Ausmessen der Ruinen erstreckte. Mit Alberti machte eine nüchterne Betrachtungsweise der Antike der eher melancholischen und von politischem Pathos erfüllten

Haltung eines Petrarca Platz, der im vorangegangenen Jahrhundert noch Tränen über die Vergänglichkeit historischer Größe vergossen hatte. In Rom verfaßte Alberti sein berühmtes Architekturtraktat *De re aedificatoria* (»Über die Baukunst«), worin er die gesammelten Lehren der römischen Ingenieurskunst darstellte und sie der Gegenwart zur Wiederaneignung empfahl. Gleichzeitig legte er seinem päpstlichen Auftraggeber einen Plan zur Erneuerung der Stadt vor.

Der Ausgangspunkt und das Schwergewicht von Albertis Plan lag auf der Herstellung einer deutlich hervorgehobenen monumentalen Verbindungsachse zwischen dem Vatikan und der Engelsbrücke, der einzigen noch intakten alten Brücke Roms. Kaiser Hadrian hatte sie einst als reich verzierten, zeremonialen Zugang zu seinem Mausoleum, der späteren Engelsburg, erbauen lassen. Die Pilgerströme, die seit dem Mittelalter an dieser Stelle den Tiber überschritten, sollten künftig in feierlicher, erhebender Form zur Grabkirche des Apostelfürsten und zur Domäne seiner Nachfolger geleitet werden. Lange vor Bernini ist die *Confessio* von Sankt Peter mit dem Apostelgrab bereits als Zielpunkt einer ausdehnbaren und anschlußfähigen Geraden markiert. Zu diesen Planungen und ihren Teillösungen kamen unter wechselnden Päpsten mit zwangsläufig unterschiedlichen Prioritäten belegte Maßnahmen zum Ausbau und zur Begradigung auch jener Zugangswege, die zum Brückenkopf des diesseitigen, linken Tiberufers führten. So rückten nach und nach die vorhandenen und erneuerten Konzentrationspunkte der Stadt wieder näher an die Tore der Aurelianischen Mauern heran, und Rom wuchs von neuem in sich selbst und in die Ruinen seiner Vergangenheit hinein.

Im nächsten Schritt dieser *renovatio urbis Romae* wurden unter dem in kürzester Frist umgesetzten städtebaulichen Gesamtprogramm des Papstes Sixtus V. 1585–90 die sieben Hauptkirchen Roms sowohl untereinander als auch mit den jeweils nächstgelegenen Stadttoren verbunden. Die Knotenpunkte dieser breiten und schnurgeraden Straßen ließ Sixtus durch altägyptische Obelisken, die die Imperatoren einst nach Rom verbracht hatten, und durch christianisierte antike Triumphalsäulen markieren. Die Mo-

Antike Pflasterung des Ponte'Angelo
1892 freigelegt

numente und topographischen Pole des neuen Rom wurden darüber in ein fächerförmiges Netz koordinierter Sichtachsen eingebunden. Den innerstädtischen Bewegungen und der Vielfalt der alltäglichen, rituellen und zeremonialen Funktionen wies es fortan die Richtung im Raume, ähnlich wie das liturgische Kalendarium der Kirche die vielfältigen Übergänge vom Alltäglichen zum Festlichen rhythmisch gliederte.

Nicht erst im Rom der Päpste gingen Stadtbaukunst und Kult eine enge Allianz miteinander ein, die weit mehr beinhaltete als ein bloß sachlich und mäzenatisch begründetes Zweckbündnis zwischen Ingenieuren und Priestern. Die antiken Römer, darin mehr die Nachfolger der Etrusker als der Griechen, waren buchstäblich im Quadrat großgeworden, auch wenn der ideale römische Grundplan – allein schon aus den geographischen Gegebenheiten der Hügellage – anderenorts, beispielsweise in einstigen Römerstädten wie Florenz, Verona oder Trier, weit konsequenter als in der Gründerstadt selbst realisierbar war. Er beruhte auf einem Koordinatensystem, das seine beliebige Abbildung, Vergrößerung und Vervielfältigung im Raum durch die schlichte Projektion, Ausdehnung und Verschiebung der Achsen auf größere Territorien ermöglichte. Die Ursprünge dieser ebenso nüchternen wie zweckmäßigen Geometrie sind indessen mythischer und kultischer Natur.

Der ältesten Legende nach begann der Aufstieg Roms 753 v. Chr. auf dem Hügel Palatin, von dessen Namen, seitdem die Imperatoren dort ihre Residenzen errichteten, alle Paläste dieser Welt (»Palatium«, »Palazzo«, »Pfalz«, »Palais« usw.) abstammen. Romulus, der von seiner leiblichen Mutter ausgesetzte, von einer Wölfin genährte Nachfahre des sagenhaften Exiltrojaners Aeneas, soll hier den mythischen Gründungsakt zur *Roma quadrata* genannten, archaischen Hüttensiedlung seines Latinerstammes vollzogen haben: Der Sohn des Kriegsgottes Mars habe einen Pflug ergriffen und über vier rechte Winkel entlang eine Furche gezogen, die die Grenzen des eingehegten Bezirks markierte, ihn aus seiner natürlichen Umgebung heraushob und von der Außenwelt absonderte.

Noch Vergils in augusteischer Zeit verfaßte ländliche Idyllen und sein Loblied auf den Ackerbau sind im Grunde Übertragungen oder Metaphern jener symbolischen Anfangs- und Gründungshandlung des Romulus, die ein aus der Landschaft herausgeschnittenes Quadrat »urbar« machte oder »urbanisierte«. Damit war bereits die lateinische Vorstellung von »Kultur« geschaffen: *cultura* stammt von dem Verb *colere*, und das heißt »bebauen«, »bestellen« und »pflegen«. Cicero dehnte diesen Begriff dann auf den »Seelenanbau« aus, auf das Hegen und Pflegen der Menschenseelen als einer *cultura animi*. Nochmals später fügten die römischen Christen, angeführt von ihrem berufenen Oberhirten Petrus – »Weide meine Lämmer ...«, heißt es im Johannesevangelium –, jener Vorstellung die pastorale Komponente hinzu. Aber bereits die Begründer Roms waren, wie Goethe vermutete, »Hirten und Gesindel«; einer Sage nach stammten sie aus dem mythischen Arkadien und waren ins italische Exil vertrieben.

In den römischen Kulturbegriff ist nicht nur die Vorstellung einer friedlichen Einhegung und Nutzung von Natur und Landschaft eingegangen, sondern auch die Geschichte der kriegerischen Ausdehnung der *urbs*. Die Leitrolle der *Roma caput mundi* – oder, wie man seit Vergils Heldengedicht mit der Schlüsselweissagung der cumäischen Sibylle an den julischen Stammvater Aeneas (*Tu regere imperio populos, Romane, memento*) feierlich zu sagen pflegte, die »geschichtliche Sendung« Roms, Weltmittelpunkt zu werden und sein urbanes Modell über den in der Antike bekannten Erdkreis hinaus auszudehnen und dort abzubilden, ist in der Gründungslegende schon enthalten. Die rituelle Geste des Romulus stand fortan Pate beim Bau neuer römischer Siedlungen und Pflanzstädte, den militärischen *coloniae*, und wurde bei jedem neuen Grenzziehungsakt – *limitatio* oder *deductio* genannt – unter priesterlicher Aufsicht wiederholt.

Die so entstandenen Städte glichen auf dem Reißbrett oder nach dem Musterbuch entworfenen Gebilden: Auf quadratischer oder rechtwinkliger, von einem Wall umgrenzter Anlage wurden im Schnittpunkt von Längs- und Querachse die Fundamente für das Forum und Kapitol mit seinen sakralen und politischen Gebäuden gelegt. Kreuzweise vom Mittelpunkt ausgehend, führten die beiden Hauptstraßen, *cardo maximus* und *decumanus maximus* genannt, zu den vier jeweils gegenüberliegenden Stadttoren, um sich jenseits derselben wieder mit dem territorialen Netz der großen Konsularstraßen zu verbinden. Durch Parallelverschiebungen der Hauptachsen entstanden im Stadtinneren weitere Straßen mit öffentlichen Gebäuden (Thermen, Theaterbauten usw.) und privaten Häusern. Auf dieselbe Art und Weise ließ sich auch das Land urbanisieren und in gleichförmige Verwaltungseinheiten – als geometrisch vervielfältigte Abbilder des orthogonalen Grundplans – aufgliedern.

Soweit die nüchterne und unter militärischen wie politischen Aspekten effiziente römische Geometrie, die bereits die Heerlager zu beweglichen Städten machte. Bei näherer Betrachtung der seit Romulus bei der Gründung einer Stadt befolgten kultischen Handlungen enthüllt sich jedoch das eigentliche und überdauernde Geheimrezept Roms oder – einer Urpflanze gleich, von der alle weiteren Bildungen und Gestaltungen ausgehen – die Stammvokabel aller römischen Baukunst und, wenn man so will, aller römischen Religion und Gesinnung. Gemeint ist der Bogen, das unverwechselbare Erkennungszeichen und der Anfangsbuchstabe von Roms Sichtbarkeit und Kunst. Die von der scheinbar unerbittlichen Geraden gesetzte herrische Geste mildert er wieder und fügt ihr menschliche Dimensionen hinzu, indem er die aus dem Raum ausgeschnittenen und linear durchdrungenen Distanzen gleichsam schwebend überbrückt.

An den für die Stadtöffnungen vorgesehenen Stellen wurde der Pflug, mit dem der Priester der Erde den Umfang der neuen Ansiedlung einzeichnete, nämlich nicht gezogen oder gefahren, sondern in die Höhe gehoben und getragen (lat. *portare*). Auch dem Worte nach entstanden das Tor (*porta*) und mit ihm die Bogenform aus einer einfachen körperlichen Geste des Menschen. Dieser reckte sich in einer geschwungenen konischen Bewegung zum Himmel empor und umriß – der skizzenhaften Vorzeichnung eines Malers oder Architekten gleich – einen künftig mit Steinen zu überwölbenden Teil eines der Natur abgerungenen, im wörtlichen Sinne kultivierten Raums.

Vom schlichten Ziegelsteinbogen alter römischer Gemäuer führt eine nur kurze Augen- und Wegspanne zur Kuppel des Petersdoms. Wenn man ihr aufmerksam folgt, so kann man buchstäblich sehen und begreifen, »wie Rom gemacht ist«. In einer der eindringlichsten Rombeschreibungen des vergangenen Jahrhunderts fand Wilhelm Hausenstein das »Geheimnis« Roms, ganz offen vor den Augen liegend, in der keineswegs planmäßigen, sondern unbefangenen Weise, wie Großes und Kleines im begrenzten, verdichteten Raum einander entsprechen, oder wie sich die Stadt von der Antike bis in die Gegenwart »unablässig mit sich selbst mischt«: Rom ist »ein Bilderbuch, fest gebunden, das reichste der Erde – und dennoch nur mit einer einzigen Kurve gemalt«.

Von Bogen- und Brückenbauern

Das Sichtbarste und zugleich Sinnfälligste, was sich über die römische Baukunst in allen ihren Ableitungen, Verzweigungen und Verwandlungen sagen läßt, ist bereits in solch bildhaften und zu selbstverständlichen sprachlichen Gewohnheiten gewordenen Redensarten wie »einen Bogen schlagen«, »eine Brücke bauen« oder »eine Tür öffnen« enthalten. Seltsamerweise waren die Bildungsreisenden der Vergangenheit für die römische Originalität und Besonderheit dieser Beziehungen oftmals blind – und dies um so mehr, wenn der Wunsch, allein das »antike« Rom zu sehen und wiederzuerkennen, im Vordergrund stand –, oder ihre Augen wurden dafür erst vor Ort langsam geöffnet. Klassizistische Vorurteile, vor allem unter den Reisenden aus dem deutschsprachigen und angelsächsischen Norden, wollten im »Römischen« bestenfalls den Abdruck des »Griechischen« zulassen, das Medium, um dahinter zum authentisch »Klassischen« zu gelangen. Schlechterdings galt das »Römische« daher als bloßer Aufguß und

Abklatsch des »Griechischen«, als klassische Antike aus zweiter Hand.

Selbst ein so geschulter Antiquar wie Johann Joachim Winckelmann, der mehr als ein Jahrzehnt in Rom lebte und dort in päpstlichen Diensten als »Oberaufseher der Altertümer in und um Rom« wirkte, weilte im Geiste vorwiegend in Griechenland. Der Romantiker Lord Byron wurde in und durch Rom sogar von solch unstillbarer Griechenlandsehnsucht erfüllt, daß er Rom in Richtung Ägäis verließ. Bereitwilliger, klassizistische Vorbehalte und Ideale zugunsten der Aufnahmefähigkeit für neue Eindrücke abzustreifen, war Goethe, selbst wenn es auch ihn nach dem »alten«, nicht nach dem »neuen« Rom und zunächst auch weniger nach dem »Alten« *im* »Neuen« zog. Auf seinem Weg nach Rom passierte Goethe drei monumentale Bauwerke »der Alten«, die ihm das Ziel seiner Reise gewissermaßen »präfigurierten«, es ihm als anschauliche Realität und greifbare Idee vor Augen stellten. Darunter war freilich nur ein halbwegs »klassischer« Bau, der Minervatempel in Assisi. Die beiden anderen Gebäude waren indessen typische und weit verbreitete römische Ingenieursbauten: das Amphitheater, die Arena von Verona, und ein Aquädukt, der mehr als 200 Meter überbrückende und 80 Meter in der Höhe schwebende Ponte delle Torri bei Spoleto in Umbrien.

Über diese »Wasserleitung, die zugleich Brücke von einem Berg zu einem anderen ist«, schrieb Goethe: »Die zehn Bogen, welche über das Tal reichen, stehen von Backsteinen ihrer Jahrhunderte so ruhig da, und das Wasser quillt immer noch in Spoleto an allen Orten und Enden. Das ist nun das dritte Werk der Alten, das ich sehe, und immer derselbe große Sinn. Eine zweite Natur, die zu bürgerlichen Zwecken handelt, das ist ihre Baukunst, so steht das Amphitheater, der Tempel und der Aquadukt.« Aus der elementaren Bogenform zur seriellen Wiederholung konstruiert, ist der Theaterbau auch in seiner bedeutendsten römischen Ausbildung, dem Kolosseum, nichts anderes als eine erweiterte Abwandlung des Grundtypus Brücke zum geschlossenen Rund nebeneinander und übereinander gereihter Bogen. Ähnlich sind Aquädukt, Viadukt und Brücke aus der ver-

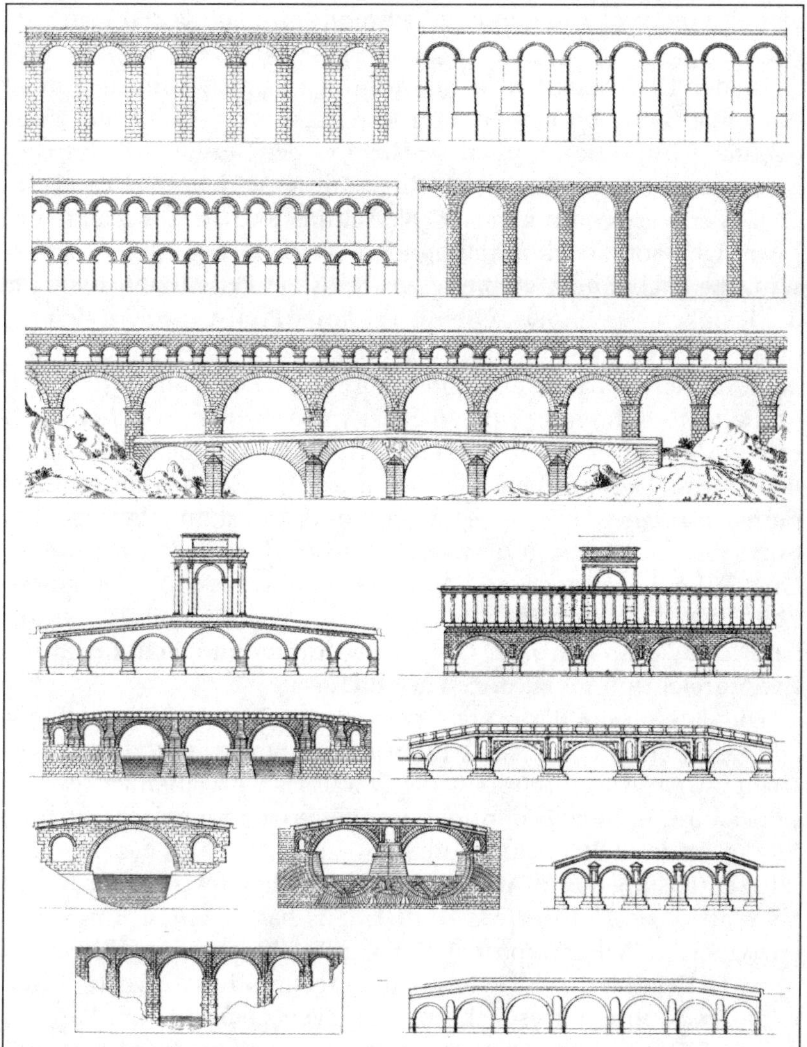

Römische Brücken- und Bogenbauten

Systematische Bildergalerie von 1825/27

vielfältigten und aneinandergereihten römischen Portalform entwickelt.

In der Übernahme von Stilordnungen und Zierformen mag Rom, das seine bildenden Künstler auch vorwiegend aus Griechenland importierte, noch sosehr von den Ausläufern des Hellenismus abhängig gewesen sein, seine Originalität entwickelte es in der Verwendung neuer Werkstoffe und in konstruktiven, gewaltige Baumassen bewältigenden Werken. Seine steinerne Gestalt, die nach einem verbreiteten Topos der Reiseliteratur wie für die Ewigkeit geschaffen scheint, verdankt Rom vor allem den industriell gefertigten rostfarbenen Ziegel- und Backsteinen sowie dem in seiner nächsten landschaftlichen Umgebung reichlich vorhandenen Travertin, der sich leicht in großen, weichen, sich erst bei Berührung mit der Luft erhärtenden Blöcken abbauen ließ. Neue Bauaufgaben, die Schaffung großer Versammlungsräume als Innen- wie Außenlokale und die räumliche Erschließung und Durchdringung weiter Landschaften ließen die Römer eine Fülle neuer technischer Konstruktionslösungen ersinnen. Einfachste Elemente machten eine ganze Bandbreite wiederholbarer und kombinierbarer Gestaltungsformen möglich, deren Variantenreichtum schier unerschöpflich war.

Die lateinische Urformel, das schlüsselhafte Grundelement aller römischen Ingenieursbauten ist der Bogen, von dessen kultischen Ursprüngen schon die Rede war. Den Griechen zwar nicht unbekannt, hatten sie dennoch wenig Verwendung dafür. Erst die Römer entwickelten einen ›heilignüchternen‹ Sinn für die vielfältigen Lösungs- und Anwendungsmöglichkeiten, die der Bogen als Matrize des Entwerfens und Bauens barg. »Einen Bogen aus einzelnen Teilen zu konstruieren«, schreibt der Kunsthistoriker Ernst H. Gombrich, »ist kein geringes technisches Kunststück. Sobald der Baumeister es sich aber zu eigen gemacht hat, kann er sich in kühnen Entwürfen ergehen. Er kann die Pfeiler von Brücken und Aquädukten mit weitgespannten Bogen verbinden, und er kann dieselbe Technik bei der Konstruktion eines Gewölbes anwenden.« Aus dem schlichten, bogenüberwölbten Durchlaß einer kahlen Wand entwickelte sich so das gegliederte und mit

Schmuckformen versehene Portal. Ein verwandter Ableger, dem in aller Welt und aller Nachwelt eine ähnliche Karriere beschieden sein sollte, war der als Triumphportal dienende, freistehende Ehrenbogen mit seinen bauplastisch hervorgehobenen und mit Bildwerken versehenen Durchgängen oder seinen gleich drei Durchgängen. Alberti bezeichnete ihn als »die höchste Zier des Forums« und fügte hinzu: »Ein solcher Bogen ist nämlich wie ein immer offenstehendes Tor«, und »erfunden« wurde er seiner Meinung nach von jenen, »welche das Reich erweiterten«.

In Albertis enzyklopädischer Aufarbeitung der römischen Ingenieurskünste und der überlieferten Lehren des antiken Baumeisters Vitruv gehen ästhetischer und historischer, politischer und religiöser Sinn miteinander überein. Daran ist auch zu messen, daß der in Rom damals vor Ort und an herausragender Stelle tätige Stadtplaner sein Kapitel über die Ausschmückung der »Hauptstraßen der Städte« mit Ausführungen über die Brücke beginnt, »da diese der hauptsächlichste Teil der Straße« sei. Obgleich sonst eher der Systematik als der Anschaulichkeit verpflichtet, kommt Alberti mehrmals auf die alte römische Hadriansbrücke zu sprechen, die in ihrem bogenförmig gereihten Grundgerüst als Engelsbrücke über den Tiber erhalten geblieben ist. Er wagt, sie »als das stärkste Bauwerk zu bezeichnen, das Menschen je zustande gebracht haben«, wenn sie auch nur noch ein Gerippe sei, ein Werk, »dessen Leichnam, sozusagen, auch ich mit Verehrung betrachtete«.

In konstruktiver wie räumlicher Nähe von der besonders reich geschmückten, mit Weihe- und Gedenkinschriften, Statuen und idealiter sogar mit überdachten Säulengängen versehenen Brücke, wie sie Alberti vorschwebte, liegen die Tonnen- und Kreuzgewölbe der antiken Basiliken und Thermen. Wie der Triumphbogen den Fassadenwänden und Altarräumen der christlichen Kirchen das Vorbild lieferte, so standen jene beim Kirchenbau von der Spätantike bis ins 19. Jahrhundert Pate. Von den einfachen Wölbungsbauten auf rechtwinkligem oder quadratischem Grundriß gelangten die Römer zur wohl kompliziertesten Anwendung dieser Technik im kreisrunden Kuppelbau des Pantheons. Wie eine

Innenansicht des Pantheon
Stich von Giovanni Battista Piranesi, nach 1778

Verbindungsbrücke, die zwischen Himmel und Erde schwebt, zieht die Kuppel die Blicke der darunter Versammelten zu sich empor und durch ihre runde Öffnung über sich hinaus. Auf dem »römisch« geleiteten Umweg über Florenz, wo der Baumeister Filippo Brunelleschi seine Kuppel von Santa Maria del Fiore wölbte, fand das Vorbild des Pantheons schließlich mit einem anderen Florentiner, Michelangelo Buonarroti, am Ende wieder nach Rom zurück.

So perfektionierten die Römer den Bogen zur Antriebswelle ihrer und aller nachfolgenden Architektur und bildenden Kunst schlechthin. Man braucht dazu nur auf die ungeheure Verbreitung der Bogengestalt und des Bogenmotivs in Malerei, Graphik und Skulptur zu achten, nicht nur als Kunstgriff der Komposition, sondern auch als Erzeuger wie Anzeiger von hochgestimmtem

Raffaels Loggien, Vatikan

Pathos: Im 14. Jahrhundert stellte der toskanische Maler Giotto in der Arenakapelle von Padua das Thema von *Mariens Heimsuchung* als eine leidenschaftliche Begegnung und Umarmung, als ein ergriffenes »Sich-gegenseitig-in-die-Augen-Sehen« der beiden Frauen vor dem Portalbogen einer Stadt dar. Ein Bogenbau dieses Typs mit aufgesetztem Turm ziert beispielsweise noch heute den zum Fluß gelegenen Eingang der Römerstadt Verona; man durchschreitet ihn am Ende der *Ponte Pietra* genannten alten Römerbrücke, welche die beiden Ufer der Etsch miteinander verbindet.

Pietra und *Petrus* – die steinernen und versteinerten Namen sind allein schon von großer Beredsamkeit. So entspricht es der geheiligten symbolischen Bedeutung und dem Bewußtsein von der besonderen kulturellen Schwellenleistung, die man dem Brücken- und Torbau von alters her beimaß, daß der Römerapostel Petrus, dem von seinem Herrn die Schlüsselgewalt über die Erde und das Himmelreich übertragen wurde, auch der Schutzpatron der Brückenbauer ist: *et tibi dabo claves regni coelorum* ... Als fortlaufendes Schriftband sind die Worte seiner Berufung aus Mt. 16,19 auch unterhalb des Langhausgewölbes der Petersbasilika verewigt: »Dir will ich die Schlüssel des Himmelreiches geben. Was Du auf Erden binden wirst, soll auch im Himmel gebunden sein, und was Du auf Erden lösen wirst, soll auch im Himmel gelöst sein.« Nach der Beobachtung von Georg Simmel erscheinen »Binden« und »Lösen«, Trennen und Verbinden in der anschaulichen Gelenkfunktion eines Tores als »zwei Seiten ebendesselben Aktes«. Wenn auch die Brücke aus ihrer natürlichen und menschlichen Umgebung besonders herausragt und sich absondert, so verschiebt sie doch den Akzent auf das die Enden der Wege und Straßen bindende, getrennte Ufer und deren Bewohner miteinander verbindende Moment.

Eben deshalb leben die Städte und lebt auch die »Stadt aller Städte« von ihren Brücken und auf ihren Brücken. Ihre Steine speichern die Bewegungen und die Schritte all derer, die sie je betreten und beschritten haben, ihre hier gewechselten Worte, Gesten und um das, was dort geschah, gesponnenen Legenden, Mythen und Erinnerungen. Gäbe es einen *Genius loci* der Stadt auch außerhalb der Köpfe von Roms Besuchern – und so wie die antiken Römer ihm beim Bau einer Brücke ein Opfer darbrachten, waren auch die Romreisenden aller Zeiten von seiner Vorstellung beseelt –, dann wäre er am ehesten auf Roms Brücken aufzuspüren, oder er läge unter den Fundamenten ihrer massiven Bogen begraben.

Wie der dauerhafte Bogenbau aus einer einfachen körperlichen und kultischen Geste hervorging, so wurden auch die ersten Römerbrücken nicht aus Stein, sondern aus provisorischerem Holz errichtet. Auch hier war der Bau an hohepriesterliche Aufgaben und Aufsichtsfunktionen gebunden. Roms älteste, noch aus der Zeit der etruskischen Könige stammende Brücke war der *Pons sublicius*. Auf tief im Flußbett (*sublica*, d. h. unter Wasser befindlich, im Unterschied wie doch in etymologischer Nachbarschaft zu *sublimis* ›hoch, erhaben, in der Luft befindlich‹) verankerten Pfählen ruhte eine kühne Holzkonstruktion, die aufgrund eines religiösen Verbots ohne jede Verwendung von Metallen auskam. Historisch durch die Überlieferung des Livius und anderer Geschichtsschreiber verbürgt, einer Sage nach aber von Herkules errichtet, weiß niemand, an welcher Stelle des Tibers sie genau verlief. Ihr Name hat sich jedoch als Beiname (*Ponte Sublicio*) einer modernen Brücke erhalten, des Ponte Aventino, der im Süden der Stadt den Zugang zur Grabeskirche des zweiten großen Apostels, der Basilika von *San Paolo fuori le Mura*, mit dem Viertel von Trastevere verbindet.

Zu den überlieferten religiösen Vorschriften, deren strikte Befolgung der priesterlichen Aufsicht unterlag, zählte auch die unbedingte Verpflichtung, den *Pons Sublicius* zu erhalten. Da er den oftmals heftigen Strömungen und Überflutungen des Tibers standzuhalten hatte, wurde er, wann immer Stürme und Hochwasser ihn beschädigten oder vernichteten, oder die Brücke im Kriegsfall auch abgerissen wurde, anschließend erneuert oder wieder aufgebaut. Die priesterliche Instanz, die nicht nur die strenge Brückenaufsicht führte, sondern dem gesamten römischen Sakralwesen vorstand, war das Kollegium der *Pontifices*. Von den Gebeten und Opfern im privaten Leben über die Regelung der öffentlichen Feste, Riten und Zeremonien bis hin zur Überwachung der Totenkulte war das Priestergremium für beinahe jeden Schritt zuständig, den ein Römer tat, und überwachte mit pedantischer Genauigkeit die Einhaltung der erlassenen Regeln. Den auf Lebenszeit ernannten Mitgliedern des Kollegiums stand als ranghöchster Priester der *Pontifex Maximus* vor. Diese Würde eigneten sich späterhin die Cäsaren an, bevor ihn die letzten christlichen Kaiser der Spätantike an die Nachfolger des Petrus auf dem Apostelstuhl abtraten, die ihn noch immer tragen.

Pontifex (zusammengesetzt aus *pons* und dem Wortstamm von *facere* ›machen, herstellen‹) *Maximus* heißt wörtlich »oberster Brückenbauer«, auch wenn die moderne Altphilologie, mit ähnlicher Strenge wie römische Priester begabt, eine etymologische Ableitung aus einem archaischeren Wort für »Weg« und »Pfad« vorgeschlagen hat. Daran gemessen, daß sowohl die nüchterne Funktionalität als auch die geheiligten Symbolbeziehungen eines Wegebaus im Brückenbau ihre Fortsetzung und Steigerung erfahren, bestätigt der Einwand eher die überlieferte und ins Auge springende Wortbedeutung, als daß er die archaische Verbindung zwischen dem höchsten Priesteramt und der ältesten Brücke Roms widerlegen würde. Die Überlieferung hat den Brückenbau zum namengebenden Auftrag und Anfang allen Priestertums erklärt. Ihr folgten bereitwillig auch die Päpste, die als Nachfolger des Petrus *und* der Cäsaren eine besondere, bisweilen zum Wortspiel gesteigerte Vorliebe dafür ausbildeten, ihre Namen und den zu PONT. MAX. abgekürzten Titel in großen lateinischen Versalien auf den Lapidarinschriften der unter ihrer Hoheit errichteten oder wiederhergestellten Brücken und Denkmäler zu verewigen.

Die – wenn man so will – »waghalsige Konstruktion«, die den Petrus als Schlüsselhalter zwischen dem Diesseits und dem Jenseits auch zum Patron der Brückenbauer bestellte, verdeutlicht indirekt die Kriegserklärung an Rom, die von der apostolischen Berufung, zu »binden« und zu »lösen«, ausging. Wie nüchterne Zweckbestimmung, streng geregelter Kult und die Beachtung komplizierter Riten in den römischen Ingenieursbauten eine unauflösliche Einheit eingingen, so war von jenen »bürgerlichen

Zwecken«, deren Goethe angesichts der antiken Bogenbauten gewahr wurde, auch die Religion für die antiken Römer niemals zu trennen und einem anderen Reich, das »nicht von dieser Welt« sei, und seinen irdischen Statthaltern unterzuordnen.

Genau darauf wie auf die Ablösung des heidnischen Imperiums durch das christliche Priestertum, das *Sacerdotium*, lief das Wirken der Apostel in Rom jedoch hinaus, und dafür mußten sie und viele ihrer Anhänger in Rom den Märtyrertod erleiden. Doch aus demselben Grund, der die neue christliche Welt gleichermaßen vom antiken Rom trennte wie er sie weiterhin mit ihr verband, pilgerten und pilgern die Christen seither *ad limina Apostolorum* nach Rom, zu den Schwellen der Apostel, die an die Stelle der alten heidnischen Portal- und Grenzgötter Janus und Terminus getreten waren.

Über die Milvische Brücke

»Ich wollte eine Stadt erzählen«, sagte der italienische Regisseur Federico Fellini über sein Meisterwerk *Roma* (1972), einen halbdokumentarischen Film mit berauschenden Kamerafahrten durch die Straßen der Ewigen Stadt. Den Blick der Kamera auf die Stadt verglich er mit der Betrachtung einer Höhenlandschaft, als habe ihm die Kuppel des Petersdoms vor Augen gestanden, die, von weitem allseits gut sichtbar, sich dem Blick des schrittweise Näherkommenden zunehmend entzieht, bis sie schließlich, sobald man vor der von Carlo Maderna errichteten Kirchenfassade steht, vollständig verschwunden ist: »Das ist wie bei einem Gebirge: von unten her sieht man nichts von ihm, man muß sich weiter entfernen, um seine äußersten Punkte zu entdecken. Man muß gehen und nochmals gehen. Und so beginnt die Reise.«

Wie die Beschreibungen von Kamerafahrten lesen sich auch die Berichte der Romreisenden der Vergangenheit über den Fortgang ihrer Annäherungen an die Stadt: »Heute früh brachen wir auf«, schreibt der aus Norden über die Via Flaminia anreisende

Karl Philipp Moritz, »und Rom blieb noch lange vor unseren Augen verborgen, bis auf einmal hinter den Hügeln, die es verdecken, die Peterskuppel ganz allein majestätisch hervorragte.« Dieses Moment des plötzlichen Auftauchens ist fast wie ein Gemeinplatz allen Romberichten der Vergangenheit eingeschrieben. Bei der ersten Nahberührung mit der Stadt vor, unter oder hinter ihren Toren folgen ihm stets entweder das vorläufige Gefühl einer Erfüllung lange gehegter Sehnsüchte oder die Enttäuschung, auf jeden Fall aber die Verwirrung vor der Überfülle neuer Eindrücke, die mit dem aus der Ferne Vorgestellten nicht mehr übereinstimmen. »Und dann ist man abends müde vom Schauen und Staunen «, schrieb sogar Goethe anfangs ein wenig resigniert.

Dabei hatten die Romreisenden wenigstens bis ins 19. Jahrhundert immerhin noch das zwar beschwerliche, aber sie doch um so besser auf ihr Ziel einstimmende Privileg langsamer und gleitender Übergänge auf ihrer Seite. Wie Michel de Montaigne, der sich Rom am 30. Dezember 1580 auf der alten westeuropäischen Pilgerroute der Via Francigena und ihrer als Via Cassia durch die Toskana führenden Fortsetzung näherte, lasen sie unterwegs die Spuren des alten wie die Vorzeichen des neuen Rom:

> Bei einer großen, vom gegenwärtigen Papst [Gregor XIII.] erbauten Brücke verließen wir das Gebiet des Herzogs von Florenz und betraten den Kirchenstaat. [...] Auf eine Entfernung von fünfzehn Meilen entdeckten wir die Stadt Rom, verloren sie aber dann wieder für lange aus den Augen. An der Straße lagen einige Dörfer und Gasthäuser. An verschiedenen Stellen war die Straße aufgeschüttet und mit mächtigen Platten gepflastert, was wie Reste aus dem Altertum aussah; auch näher an der Stadt trafen wir auf Gemäuer, das sichtlich sehr alt war, und auf Steine, welche die Päpste zur Erinnerung ans Altertum hatten errichten lassen.

Montaigne war den von allen Romreisenden aufmerksam registrierten Lapidarinschriften der neuen *Pontifices Maximi* gefolgt. Das Entziffern und Kopieren von Inschriften aller Zeiten machten viele Reisekavaliere zu einer leidenschaftlichen Übung. Von dieser Passion war beispielsweise Johann Caspar Goethe angetrieben, dessen italienisch verfaßte und auch vom Sohn aufmerksam studierte Reiseaufzeichnungen eine wahre Enzyklopädie oder ein mehrstöckiges Lapidarium alt- und neurömischer Inschriften entfalten, die er bisweilen auch einer strengen grammatikalischen und orthographischen Prüfung unterzog.

Mit der Kameraeinstellung auf eine alte Römerstraße bei Sonnenuntergang und der Nahaufnahme eines verwitterten römischen Meilensteins, der die Inschrift und Entfernungsangabe ROMA 340 trägt, beginnt auch Fellinis Film, um in gerafften Eingangssequenzen nicht nur die räumliche Spanne auf der antiken Via Flaminia zwischen Rimini und Rom, sondern auch ganze historische Zeit-, persönliche Erinnerungs- und kollektive Vorstellungsräume auszumessen: Nach dem Meilenstein einen Fluß, den von Julius Cäsar überschrittenen Rubikon; einen Platz in einer Provinzstadt mit einer antiken Cäsarenstatue; eine Theateraufführung mit der Szene von Cäsars Ermordung nach William Shakespeare; den Geschichtsunterricht in der Schule vor einer Leinwand mit den Diaprojektionen römischer Baudenkmäler; einen Gang ins Kino – Film im Film –, wo ein monumentaler Hollywoodstreifen mit römischen Gladiatorenkämpfen zu sehen ist; zuvor die Wochenschau mit Bildern aus Rom, von Mussolini, vom Foro Italico und von faschistischer Mimikry an der Antike – alles um das Jahr 1930.

Dann folgt ein scharfer Schnitt, und zwischen den Bildern liegen bereits Jahre: Ankunft auf dem Bahnhof in Rom, der nach den nahe gelegenen Ziegelsteinruinen der Thermen des Diokletian benannten Stazione Termini, deren Name – wider alle Etymologie – zugleich den Namen des Terminus, des archaischen Gotts der Grenzsteine, evoziert. Der Bahnsteig ist voll mit Klerikern und Ordensschwestern, Prälaten und Pilgern. Draußen rollen Straßenbahnen, und jetzt beginnt auch die Kamera über Roms Straßen zu fahren – »travelling« ist der zugehörige technische Terminus des Films – und umkreist Denkmäler, Brunnen, Basiliken, Treppen, Plätze, Bogen und Stadttore. Ein langer Moment der Ruhe stellt sich wieder draußen ein, nachts vor den Toren Roms, auf der Via Appia Antica beim stummen, unbeweglichen Grabmal der Cäcilia Metella, gefolgt von einem neuen, scharfen Schnitt: Der römische

Ponte Milvio

Autobahnring,im Jahr 1971. Dröhnender Lärm. Einfahrt eines Kamerateams mit großem Troß in Rom. Fellini dreht einen Film über Rom. Der Film heißt *Roma*.

Im beschleunigten Takt seiner 24 Bilder pro Sekunde, aber in langen, verlangsamten Einstellungen wiederholt der Film auf seine Weise die Bewegungs- und Wahrnehmungsformen des historischen Romwanderers. Wer bei seiner Taufe erstmals über die Schwelle einer Kirche getragen wurde, die dem römischen Grundplan nachgebildet war und vom Portal bis zur Apsis ein Abbild Roms im Kleinen war, und wer alsdann schrittweise zum Altar vorgelassen wurde, dessen Leben war bereits nach einem römischen Ritus und Rhythmus gegliedert. Er war auch geübt, unterwegs die Zeichen zu lesen, die ihm das Ziel seiner Reise – auch als Bild für das ständige Unterwegssein und die Lebensreise des christlichen *homo viator* – ankündigten. Um ihm die Goethesche »Konfusion« des Ankömmlings zu erleichtern, ihm auch das Trauma des modernen Touristen, der an sein Ziel nicht geleitet, sondern geworfen und dort ausgesetzt wird, zu ersparen, wurde ihm noch vor den Pforten ein geballtes Vorspiel auf das geboten, was ihn im Inneren der Stadt erwartete.

Der älteste Sammlungspunkt unmittelbar vor den Toren Roms ist die keine zwei Meilen vor den Mauern gelegene Milvische Brücke über den Tiber, der Ponte Milvio, im Volksmund Ponte Molle und in der Antike *Pons Milvius* genannt. Dieser Verkehrsknotenpunkt, der die nördlichen Hauptrouten durch sein Nadelöhr führte, ist zugleich eine der an römischen Historien und Ursprungslegenden reichsten Projektionsflächen, an der die wichtigsten Ereignisse des Übergangs vom *ersten* zum *zweiten* Rom, von der Hauptstadt der Cäsaren zur Hauptstadt der Christenheit, kurz aufflackern und wieder erlöschen, bis sie an anderer Stelle erneut aufgefrischt, ergänzt und zum im Gedächtnis haftenden Bild abgerundet werden.

Bevor Eisenbahn, Automobil und Flugzeug an die Stelle von Fuß, Pferd und Kutsche traten, war die Milvische Brücke für alle, die es aus dem Norden nach Rom zog, die erste von mehreren Schwellen auf dem Weg zu den Apostelgräbern und zu den Kunstwundern des Vatikans. Von der Brücke bis zum Tor und vom Tor wieder bis zur nächsten Brücke wurden ihnen wie in einem komplizierten, mehrfach abgestuften Übergangsritual – einem *rite de passage* – schlüsselhafte Einführungen in die ewige Stadt zuteil. Sobald sie dort erneut das Ufer des schlangenförmig gewundenen Tiberflusses erreichten, wurden sie über die Engelsbrücke zu den Toren eines abermals umgrenzten heiligen Bezirks gelenkt, in jene »Sonderstadt, in deren Lüften« – wie Alfred Kerr einmal schrieb – »das Wunder webt«.

An der Milvischen Brücke ist der Tiber, trotz der Nähe zu Mussolinis Paradebauten des Foro Italico, die im 20. Jahrhundert ein weiteres neues Rom als Wiedergeburt des antiken Imperiums aus der Taufe heben wollten, auch trotz einzelner Tankstellen, Autowerkstätten und Wohnhochhäusern aus der Nachkriegszeit, noch immer beinahe ländlich. Auf dieser einsamen Fußgängerbrücke, die vom nahegelegenen Stadttor aus bequem mit der Straßenbahn zu erreichen ist, ahnt man nur noch wenig von den einstigen Völkerwanderungen aus dem Norden, die hier, erwartungsvoll und feierlich gestimmt, gleichsam in den Vorsaal Roms einzogen, bevor sie, nach dem letzten, schnurgeraden, seit der Renaissance von Alleen und Villenparks umsäumten Stück der Via Flaminia, vor der Porta del Popolo standen und Einlaß in die Stadt begehrten. Im Jahre 207 v. Chr. zunächst als Holzbrücke errichtet, wurde der *Pons Milvius* knapp hundert Jahre später aus Travertin und Peperin, den Steinen aller historischen Bauwerke Roms, neu errichtet. Papst Nikolaus V. ließ ihn im 15. Jahrhundert als deutliches Zeichen für dasWiedererstarken des Papsttums restaurieren. Der noch aus dem 2. Jahrhundert stammende Wachturm auf der Nordseite wurde ausgebaut, bevor er zu Beginn des 19. Jahrhunderts durch den Architekten Giuseppe Valadier eine Triumphbogenfassade erhielt. Papst Pius VII. ließ dort eine weithin sichtbare Gedenktafel anbringen: PIVS SEPTIMVS PONTIFEX MAXIMVS PONTEM ET TVRRIM AMPLIATOS RESTITVIT ...

Im Jahre 1849 erlitt die Brücke schweren Schaden, als Giuseppe Garibaldi und seine italienischen Freiheitskämpfer sie teilweise sprengten, um den Vormarsch der mit dem Papst verbündeten

Franzosen aufzuhalten. Pius IX., der vor den Wirren der 1848er Revolution aus Rom geflohene Papst mit der dann längsten, mehr als drei Jahrzehnte währenden Amtsdauer der Pontifikalgeschichte, ließ sie nach seiner Rückkehr wiederherstellen. Den südlichen, der Stadt zugewandten Brückenkopf flankieren die Standbilder des heiligen Nepomuk und der Maria Immaculata. Letztere stammt erst aus dem Jahr 1840, als das noch nicht verkündete Dogma von Mariens Unbefleckter Empfängnis längst zum Streitsymbol des päpstlichen Unfehlbarkeitsanspruchs und zum Vehikel der katholischen Restauration geworden war. Die vier mittleren Bogen der Brücke – man sieht deutlich die Bruchstellen zu den restaurierten Teilen – sind noch immer die antiken Originale.

Von den zahlreichen Beschädigungen durch Hochwasser, Kriege und Scharmützel, die die Milvische Brücke zu ertragen hatte, reicht jedoch nichts an ein früheres Ereignis heran, das den Verlauf der Weltgeschichte ändern sollte und das sich hier am 28. Oktober des Jahres 312 nach Christi Geburt zutrug. Auf diesen Tag, an dem Kaiser Konstantin seinen heidnischen Mitkaiser Maxentius an selbiger Stelle vernichtend schlug, um anschließend als Triumphator in Rom einzuziehen, datiert das Christentum den Beginn der Überwindung des Heidentums. Wie von Raffaels Schülern später in den Freskenfolgen des Konstantinssaals der vatikanischen Stanzen dargestellt, leiteten die Päpste von der Entscheidungsschlacht an der Milvischen Brücke gleichfalls den Auftakt zur *translatio imperii*, der Übertragung der pontifikalen wie säkularen Gewalt auf das *Patrimonium Petri*, den Erbteil der Nachfolger des Petrus ab. Daneben war die Brücke bereits mit früheren Schicksalsereignissen Roms verbunden. Der Geschichtsschreiber Livius gedenkt ihrer als Schauplatz der Siegesfeiern nach der Niederlage der Karthager am Metaurus, und Cicero stellte hier den Catilina und seine Mitverschwörer.

Die Milvische Brücke wäre jedoch kein vollständiges Wunderwerk römischer Ingenieurskunst, wenn die Konstantinsschlacht ganz ohne ein göttliches Mirakel ihren siegreichen Ausgang genommen hätte. Der Heide Konstantin, der nach der Teilung des römischen Reichs am kleinasiatischen Hof des Kaisers Diokletian aufgewachsen war, mit dessen Tochter Fausta vermählt wurde und in Britannien als Feldherr diente, bis ihn seine Soldaten zum Oberkaiser, zum *Augustus*, ausriefen, hatte in der Nacht vor der Schlacht gegen seinen Rivalen einen Traum. Ihm sei das Bild des Kreuzes mit einer griechischen Inschrift erschienen, deren Übersetzung lautete: »In diesem Zeichen wirst du siegen.« Daraufhin habe Konstantin die Schilder und Feldzeichen seiner Truppe mit dem Christogramm ☧ versehen lassen und so den Sieg errungen. Einer anderen, durch den Geschichtsschreiber Eusebios verbreiteten Version zufolge hatte Konstantin dieselbe Vision im Wachen, als er zum Himmel emporblickte, wo ihm über der aufgehenden Sonne das aus Lichtstrahlen gebildete Kreuzeszeichen erschien.

Welche Version auch die richtige gewesen sein mag, die lateinische Fassung der Himmelsinschrift *in hoc signo vinces* wurde zur künftigen Devise der triumphierenden Kirche (*ecclesia triumphans*), und der Maler Giulio Romano, der als Nachfolger Raffaels nach dessen Tod im päpstlichen Auftrag den Konstantinssaal der Stanzen des Vatikans mit Wandbildern ausschmückte, verdichtete das Vorher und Danach zu einem einzigen, gleichzeitigen Geschehen: Die Milvische Brücke nimmt die Mitte des Gemäldes ein, aus welcher der Held hervorragt. Zu seinem Schutz schweben drei Engel herbei, der Himmel über Rom im Hintergrund öffnet sich, und es erscheint das Kreuz. Während auf der Brücke selbst die blutige Schlacht noch tobt, versinkt der Rivale Maxentius, seine robusten Arme vergeblich noch um den Nacken seines Pferdes schlingend, in den reißenden Fluten des Tibers, und am stadtseitigen Brückenkopf versammeln sich bereits die Sieger zum triumphalen Einzug in die Stadt.

Die Folgen jener Schicksalsschlacht an der Milvischen Brücke – die dem Christentum im Jahr darauf durch das Mailänder Toleranzedikt gewährte Religionsfreiheit, seine Erhebung zur Staatsreligion, der Abtritt des kaiserlichen Lateranpalasts und der Stadtherrschaft an Papst Sylvester, nachdem Konstantin seinen Reichssitz nach Byzanz verlegt hatte – versammelt der verhältnismäßig kleine Saal der ehemaligen päpstlichen Kanzleiräume auf seinen gegenüberliegenden Wänden und deutet es als Dank für die Beihilfe des christlichen Gottes zum Sieg über den Heiden Maxentius: Die Taufe des durch ein weiteres Wunder vom Aussatz geheilten Konstantin durch Papst Sylvester – nicht erst auf dem Totenbett, sondern auf den Stufen der von ihm gestifteten Lateransbasilika – und die sogenannte »Konstantinische Schenkung« an denselben Papst, wörtlich wie sinnbildlich dargestellt durch die Überreichung der goldenen Statuette einer *Roma*.

Diese Schenkung legte den Grundstein zum weltlichen Machtanspruch der Päpste über Rom, den Kirchenstaat und das unter Karl dem Großen – dessen Reiterstandbild deshalb im Atrium von Sankt Peter demjenigen Konstantins des Großen gegenübersteht – wiederbegründete Kaiserreich. Nicht jeder gute Christ und Rompilger war von der vermeintlichen Großzügigkeit des Konstantin begeistert. In der byzantinischen Kirche zwar als Heiliger verehrt, ließ Dante ihn hingegen für seine Sünden im Fegefeuer büßen – was im Vergleich zu manchen Päpsten, die der Florentiner in die Hölle schickte, immerhin ein Privileg war:

> Weh Konstantin, wie großes Unheil zeugte
> deine Bekehrung nicht, doch jene Schenkung,
> die du dem ersten reichen Papst gemacht.

Jener Konstantinischen Schenkungsurkunde, auf die sich die Päpste im Streit mit den übrigen weltlichen Mächten stets beriefen, wies der Humanist und Sekretär am päpstlichen Hof Lorenzo Valla im 15. Jahrhundert freilich die Fälschung nach und begründete damit die moderne philologische Textkritik. Doch auch wenn das Dokument nachweislich erst fünf Jahrhunderte nach Konstantins Tod aufgesetzt wurde, enthielt es nichts anderes als das, was zu diesem Zeitpunkt längst eine faktische, sich durch Überlieferungen, Legenden und Wundertaten, durch Riten, Zeremonien und Symbole legitimierende Inbesitznahme war.

Zu diesen Schlüsselsymbolen, das auch unter säkularisierten Italienreisenden bis ins 19. Jahrhundert als römisches Leitbild der geglückten Ankunft wie des wehmütigen Abschiednehmens nachwirkte, gehörte die Milvische Brücke. Über sie zogen neben Kriegern und Pilgern bisweilen auch die Päpste selbst nach Rom ein, wenn sie nach auswärtiger Wahl, längerer Abwesenheit oder Exil die Stadt erstmals oder neuerlich in ihren Besitz nahmen. Seit Karl dem Großen zogen über sie schließlich auch die mittelalterlichen Aspiranten auf die Kaiserkrone, um sie – wie Konstantin auf Giulio Romanos vatikanischem Fresko die Taufe – knieend in Sankt Peter aus den Händen des Papstes in Empfang zu nehmen.

Piazza del Popolo

Romei und Romani
Wanderer und Sammler

> Von den Höhen läutet es und aus der Tiefe, von den sieben erzheiligen Orten der Wallfahrt und allen Pfarrkirchen der sieben Sprengel zuseiten des zweimal gebogenen Tibers. Vom Aventin läutet's, von den Heiligtümern des Palatin, und von Sankt Johannis im Lateran, es läutet über dem Grabe dessen, der die Schlüssel führt, im Vatikanischen Hügel, von Santa Maria Maggiore, in Foro, in Domnica, in Cosmedin und in Trastevere, von Ara Celi, Sankt Paulus außer der Mauer, Sankt Peter in Banden, und vom Haus zum Hochheiligen Kreuz in Jerusalem ... Wer also läutet die Glocken Roms? Der Geist der Erzählung.
>
> Thomas Mann, *Der Erwählte*

Eintritt und Einzug

Wer seit dem ausgehenden 16. Jahrhundert Rom von Norden her betrat und die letzte Wegspanne nach der Milvischen Brücke zurückgelegt hatte, wurde an der Porta del Popolo, der alten Porta Flaminia, mit der Inschrift SALVS INTRANTIBVS – »Heil den Eintretenden« – begrüßt. »Heiße Tränen stürzten mir aus den Augen«, beschrieb Fanny Lewald diesen Moment in ihrem *Italienischen Bilderbuch* aus dem Jahre 1847, und fühlte sich in »eine der bewegtesten, gehobensten Stimmungen« ihres Lebens versetzt. »Tiefergriffen« erreichte sie das Weichbild der Stadt bei den »beiden Wache haltenden steinernen Aposteln«, und »mit schlagendem Herzen« fuhr sie »durch die antike Porta del Popolo in das Ewige Rom« ein.

Ob man zu Fuß oder mit der Postkutsche ankam, als einsamer Wanderer, der an dieser belebten Station so einsam nicht mehr war, oder inmitten einer Pilgerprozession: Wer hier eintrat, fühlte sich wie ein König oder wie ein Heimkehrer aus langem Exil. Karl Philipp Moritz sprach feierlich von seinem »Einzug«, und Goethe, der seinen Dante gut gelesen hatte, gar von einem Eintritt in ein »neues Leben«: »Nur unter der Porta del Popolo«, schrieb er im Entschuldigungsbrief an seinen Weimarer Dienstherrn, den Herzog Carl August, »war ich mir gewiß Rom zu haben«. Schon der eigene Name mußte diesem für das erhaben vorgebrachte Fluchtmotiv Verständnis aufnötigen, zumal Goethe den »langen einsamen Weg« zum »Mittelpunkt« und die »gleichsam unterirdische Reise hierher« auch zeitlich geheiligt hatte: Selbst »Glockenschlag zwölf« und nur einen Steinwurf weit vom Frankfurter »Römer« geboren, hatte er sich als Abreisetag den Geburtstag des Herzogs gewählt, und als römischer Ankunftstag schwebte ihm das Allerheiligenfest vor, welches einstmals bei der Christianisierung des heidnischen Pantheons eingesetzt worden war. *Incipit vita nova* hieß es in Dantes »Buch der Erinnerung«.

Weniger feierlich war schon 1816 der Franzose Marie-Henri Beyle gestimmt, der sich – nach dem altmärkischen Geburtsort des Wahlrömers Winckelmann – Stendhal nannte: »Wir fuhren durch die berühmte Porta del Popolo nach Rom ein. Ach, was sind wir doch für Narren! Dieses Tor ist viel unbedeutender als die Stadttore der meisten Großstädte, die ich kenne.« Das »Geheimnis des guten Rufs der ewigen Stadt« erklärte er zum Ergebnis des fortgeschriebenen Bemühens von »Federfuchsern« aller Zeiten. Stendhals Augen waren längst an den Monumentalarchitekturen des Revolutionszeitalters und des Empire geschult. »Römische« Vorgaben konnten diese weitaus »reiner« verwirklichen als Rom selbst, wo die historisch gewachsenen Stile zu allen Zeiten nebeneinander existierten und ineinander übergingen. Ihn störte aber noch etwas anderes: Bis zum Ende des Kirchenstaats im Jahre 1871 wurde das Tor nämlich nicht allein von den steinernen Aposteln Petrus und Paulus bewacht. Unter deren Aufsicht verrichteten hier päpstliche Soldaten, Zöllner und Zensoren ihren Dienst, denen gegenüber der Ankömmling sich auszuweisen, Geleitbriefe zu zeigen, Wegezoll zu bezahlen und mitgeführte Schriftwerke vorzulegen hatte.

Zu Stendhals Zeiten, der seine italienischen Reiseaufzeichnungen schon bald auf dem vom Vatikan geführten Verzeichnis der verbotenen Bücher, dem *Index librorum prohibitorum*, wiederfinden konnte, waren die Zensurmaßnahmen nicht mehr ganz so streng wie im 16. Jahrhundert, als Montaignes Sekretär bitter über die Behandlung seines Herrn klagte:

> Das Gepäck des Herrn von Montaigne war beim Betreten der Stadt von den Zollbeamten untersucht, und dabei noch bis in die letzten Kleinigkeiten der Packsäcke durchstöbert worden, während in den meisten anderen Städten Italiens die Beamten sich damit zufriedengegeben hatten, daß man ihnen seine Sachen einfach zeigte; abgesehen davon, hatte man ihm bei dieser Gelegenheit auch noch alle seine Bücher genommen, die man fand, um sie zu untersuchen – eine Prüfung, die so hingezogen wurde, daß jemand, der anderes zu tun hatte, sie verloren geben konnte; die Vorschriften waren so außerordentlich, daß das Gebetbuch von Notre-Dame verdächtig war, weil die Gebete von Paris und nicht von Rom waren, ebenso die Bücher einiger deutscher Doktoren gegen die Ketzer, weil bei der Bekämpfung der Irrtümer diese selbst erwähnt wurden. In dieser Hinsicht lobte er sehr sein Glück, daß er, der doch von dieser Revision nichts gewußt habe, während seiner Reise durch Deutschland nichts von verbotenen Büchern gehört hatte, die er sich bei seiner Wißbegierde doch sicher nicht hätte entgehen lassen.

Im Konfliktfall machte die Erwartung, feierlich eine erhabene Schwelle zu überschreiten, leicht einer profanen Ernüchterung Platz. Um dem Ankömmling die Bewandtnis einer Grenze vor Augen zu führen, bedurfte es nicht einmal erst des äußerlichen Torschmucks aus den Zeitaltern seit der Renaissance. Lange bevor der Architekt Nanni di Baccio Bigio nach Plänen Michelangelos den äußeren Bogen umgestaltete und Bernini die stadteinwärts gelegene Torfassade mit einem barocken Pendant versah – die beiden Seitenportale wurden erst im 19. Jahrhundert hinzugefügt –, verglich Dante das Überschreiten der Schwelle des Paradieses mit dem Eintritt aus dem Norden nach Rom: »Wie die Barbaren, wenn sie vom Norden kommen, Rom und seine Herrlichkeiten mit Verwunderung entdecken«, heißt es nicht ohne florentinischen Sarkasmus, *so* tummelten und stauten sich jene, die an den schmalen Pforten des Paradieses auf Einlaß warten.

Das im Stil mehrerer römischer Epochen zum Triumphbogen verkleidete antike Stadttor wies den Augen und Bewegungsorga-

Porta und Piazza del Popolo
Stich um 1700

nen der Ankommenden die Richtung. Ein hervorgehobener Teil der Stadt vertrat das durch ihn eröffnete Ganze als Eintrittstor auch nach einem anderen Zustand, den die Stadt selbst zu verkörpern oder zumindest zu vermitteln versprach, ähnlich wie das irdische Jerusalem als Durchgangsstation zum himmlischen Jerusalem zu betrachten war. Aus dem gesamtrömischen Vorrat solcher Elemente geschöpft, die Majestät und Erhabenheit einfordern, und aus ihnen kombiniert, wurde dem Besucher zugleich ein weiteres anschauliches Bild dafür zuteil, wie Rom aus der andauernden Überlagerung und Verwandlung seiner Bestandteile, aus der Verdichtung seiner geschichtlichen Epochen zusammengewachsen ist.

Den Ursprung des römischen Triumphportals markierte der kultisch eingesetzte, anfangs noch ungeschmückte archaische Bogenbau an der Grenze einer menschlichen Siedlung. Er hatte wenigstens zwei durch rituelle und symbolische Beziehungen miteinander verknüpfte Ableger: Der eine war das Heiligtum des Janus, des archaischen Gottes aller Torbogen im Raum und aller Anfänge in der Zeit. Nach ihm ist der Monat Januar benannt, und in allen Gebeten war er als erster anzurufen. Sein Tempel hatte die Gestalt einer Pforte, deren Öffnen und Schließen die Friedens- von den Kriegszeiten trennte. Augustus sollte sich später rühmen, vor seiner Zeit sei die Januspforte in der römischen Geschichte lediglich zweimal, seit seinem Machtantritt jedoch gleich dreimal geschlossen worden. Bei diesem ältesten Gott des Trennens und Verbindens, des Bindens und Lösens soll in Urzeiten der heimatlos umhergetriebene italische Saturn Zuflucht und Bleibe gefunden haben, bevor sein Königtum das sagenhafte Goldene Zeitalter begründete.

Der andere Vorläufer der antiken Triumphbogen war ein – auch erstmals *porta triumphalis* genanntes – schlichtes und anfangs hölzernes Bogenkonstrukt, das als provisorische Durchgangsstation auf dem sogenannten Marsfeld stand. Außerhalb des ältesten, Servianischen Mauerrings aus dem vierten vorchristlichen Jahrhundert gelegen, diente dieses Gelände den römischen Soldaten als Truppenübungsplatz. Hier sammelten sich auch wieder die von ihren Feldzügen zurückkehrenden Armeen, bevor sie sich in den Frühzeiten der Republik, als Rom noch über kein stehendes Heer verfügte, auflösten und ihre Angehörigen wieder einem gewöhnlichen Tagewerk und friedlicheren Künsten nachgingen. Die Stadt durften sie jedoch nicht eher betreten, bis sie jene symbolische Vortür Roms durchschritten hatten.

Gleichsam wie eine Dusche erfüllte der archaische Triumphbogen einen rituellen Reinigungszweck. Er sollte die Sieger weniger ehren, als ihnen den Übergang von der Gewaltordnung des Kriegs zur befriedeten Stadt mit ihren zivilen Regelwerken verdeutlichen. Mit seiner reinigenden und gewiß auch sühnenden Wirkung hatte dieser rituelle Durchgang bereits eine ähnliche Funktion wie jener »Sündenablaß«, der dem christlichen Pilger unter den Bedingungen versprochen wurde, daß er in Rom eine vorgeschriebene Folge von »Stationen« durch ihre geheiligten Pforten zu betreten hatte. Hier wie dort war die rituelle Passage an die Vorstellung des Übergangs von einem früheren, befleckten in einen neuen, gereinigten Zustand verbunden. Ähnlich wie sich die heiligen Pforten und Kirchenportale Roms als Schleusen für die Ein- und Auszüge großer Prozessionen eignen, so war mit der kleinen *porta triumphalis* auf dem Marsfeld bereits ein Anfang auf dem Weg zu den großen Triumphzügen des antiken Roms beschritten.

Auch diese waren seit der römischen Frühzeit streng geregelt und mit peniblen Vorsichtsmaßnahmen des politischen Senats gegenüber den siegreichen Heerführern verbunden. Das Privileg eines Triumphzugs wurde für vernichtende Siege über äußere Feinde erteilt, wenn wenigstens 5000 Gegner gefallen waren. Dem Feldherrn, der in seinem von vier nebeneinandergeschirrten Schimmeln gezogenen Prachtgefährt triumphierte, verlieh die sakrale Inszenierung zwar große und vorübergehend gottgleiche Ehren, sie regelte jedoch zugleich wieder die Übergabe aller Gewaltbefugnisse an den zivilen Senat. Der Zug bewegte sich über den Vatikanhügel der Stadt zu und berührte dort ungefähr den künftigen Petersplatz: »Wenn man durch S. Peter herab geht«, schrieb noch der Verfasser eines süddeutschen Pilgerbuchs aus dem 16. Jahrhundert, »kommt man in ein lange Gasse gleich vor S. Peter, das ist vor alters gewesen platea triumphalis, die Triumphgasse, dieweil alle Triumph, so die Römer an ihren Feinden erholet, durch dieselb eingeleitet worden sei, wie denn auch zur Zeit das alte Gemäur der Triumphbrücken, so über die Tiber gangen, noch vorhanden ist.« Die Stelle dieses Flußübergangs lag beim Tiberknick, von wo der Weg über das Marsfeld führte, bis sich der Zug schließlich entlang der heutigen Via San Gregorio dem Forum näherte, um am Ausgang dieser *Via Triumphalis* auf die Via Sacra einzumünden.

Das war genau die Stelle, an der Kaiser Konstantin der Große zum Gedenken an den bei der Milvischen Brücke errungenen Sieg über Maxentius später den größten der heute noch erhaltenen römischen Triumphbogen überhaupt errichten ließ. Er nimmt vermutlich einen Platz ein, an dem bei den triumphalen Feierlichkeiten selbst bereits ein ähnliches Gebilde für den Tagesgebrauch stand. Auch das gegenüberliegende Kolosseum wie der nahe Bogen des Kaisers Titus sind von der Erinnerung an einen hier gefeierten Triumph nicht zu trennen. Das nach der damals herrschenden Kaiserfamilie benannte Flavische Amphitheater wurde nach der Eroberung und Zerstörung von Jerusalem durch Titus im Jahre 80 mit hundert Tage andauernden Spielen eingeweiht. An der Fertigstellung des Gebäudes hatten zuvor 20 000 versklavte jüdische Kriegsgefangene gearbeitet. Auf den Reliefs des Titusbogens sind ebenso Veranlassung des Triumphs wie der mit den geraubten Tempelschätzen in Rom einziehende Zug des Triumphators selbst zu sehen. Die Erinnerung an die Schmach währte lange unter den jüdischen Bewohnern Roms, die dem Bogen seither den Durchgang verweigerten.

Ihren Höhepunkt und Wendepunkt zugleich erreichten die Triumphzüge, die von den Senatoren und Magistraten angeführt und vom römischen Volk an den Straßenrändern bejubelt wurden, nach dem Aufstieg zum Tempel des kapitolinischen Jupiter. Der zinnoberrot geschminkte, mit einem goldbestickten Purpurgewand zum Abbild des höchsten römischen Gottes gekleidete und mit dessen Hoheitszeichen, dem Adlerszepter und dem Lorbeerkranz geschmückte Triumphator hatte sich am Altar Jupiters sämtlicher Attribute seiner eintägigen Halbgöttlichkeit wieder zu entledigen, um sie dem rechtmäßigen Besitzer zurückzugeben und diesem das Tieropfer darzubringen.

Auch jenes menschliche Narrentum, das Stendhal beim Anblick der Porta del Popolo in den Sinn kam, hatte bereits einen institutionalisierten antiken Vorläufer: Ein Narr begleitete den Triumphator entlang seines Zugs und schmähte und verhöhnte ihn. Das hatte ganz den Sinn eines *Memento*, welches den Helden nicht nur an die Vergänglichkeit seines Ruhms und dieses Ehrentags, sondern auch an seinen sterblichen Menschenleib erinnern sollte, der sich unter der gottgleichen Hülle verbarg. Wenn beim Krönungsritus eines neuen Papstes ein Wergbüschel auf einer Stange angezündet wird und dazu dreimal hintereinander der Ruf ertönt: *Sancte Pater, sic transit gloria mundi* (»Heiliger Vater, so geht der Ruhm der Welt dahin«), so lebt darin der antike Brauch in verwandelter Form nach; desgleichen, wenn nach dem Ableben vieler Päpste des Mittelalters mit deren Leibern und weltlichen Besitzständen bisweilen ziemlich pietätlos umgegangen wurde.

Im Verlauf der römischen Bürgerkriege und mit der wachsenden Macht der Kriegsherren geriet der komplizierte Balanceakt der sakralen Triumphinstitution jedoch ins Wanken. Unter der Kaiserherrschaft des Augustus neigte er sich schließlich ganz auf die Seite der Glorifizierung und Vergöttlichung des Imperators. Jetzt entstand auch der selbständige oder in seine bauliche Umgebung eingebundene Triumphbogen als reich verziertes Ehrenmal. Es erhielt seinen Platz vorzugsweise am Ausgangs- oder Zielpunkt neuer Straßenverbindungen sowie auf den Zugängen von Brücken und an den Eingängen von Städten. Auf dem römischen Forum war es jedoch ein bleibendes Denkmal für den an Ort und Stelle gefeierten Triumph. So entwickelte sich das einst schmucklose Erinnerungsmonument des Siegs und der Niederlegung der Waffen auch zum bevorzugten Bildträger für Statuen, Reliefs, Wappen, Insignien und andere Symbole. Als Prägewerk, Projektionsfläche und Vervielfältigungsapparatur eines immensen Vorrats an Bildvorstellungen sind die Triumphbogen indessen die in dauerhafteres Material gehauenen Nachfahren einstiger ephemerer, zum Tagesgebrauch bestimmter Leinwandbilder, die bei den Triumphzügen selbst mitgetragen wurden.

Seit den Tagen des Augustus systematisch über weite Regionen des Imperiums verbreitet, ist der Triumphbogen zugleich das Denkmal seines Erbauers. Auch die Päpste, die für die Umgestaltung beider Torhälften der Porta del Popolo verantwortlich waren, ließen an gut sichtbar hervorgehobenen Stellen ihre Namen und ihre Familienwappen anbringen. Auf der Außenfassade zeichnete im Jahr 1563 Pius IV. mit den sechs zum Oval gruppierten Kugeln, den *Palle* seines florentinischen Stammhauses Medici. Flankiert wird das Wappen von zwei Füllhörnern, die als Symbole der Fruchtbarkeit, des Wohlstands und des Überflusses auf die alte römische Agrargottheit Ceres zurückgehen. Bekrönt werden die Medici-*Palle* von den päpstlichen Insignien: Die über Kreuz angeordneten Schlüssel symbolisieren die irdische wie himmlische Binde- und Lösegewalt, die in den Händen der Nachfolger des Petrus vereint ist. Mit der Versinnbildlichung der drei Erscheinungsformen der Kirche in der Welt als kämpfender, regierender und triumphierender Kirche (*ecclesia militans, ecclesia regnans* und *ecclesia triumphans*) bekräftigte darüber die Tiara, die dreifache Krone des Papstes, den Anspruch auf die Bekleidung aller geistlichen, königlichen und weltlichen Macht durch die Stellvertreter Gottes auf Erden. In den aus paarweise gereihten Marmorsäulen gebildeten Nischen zu Seiten des Durchgangs standen die Statuen der Heiligen Petrus und Paulus, der apostolischen Begründer und Stadtheiligen des neuen Rom.

In geschwungeneren, barocken Linien fugte Bernini knapp hundert Jahre später auch jener der Stadt zugewandten Portalhälfte ihr triumphales Erscheinungsbild hinzu. Als Gegenstück zum Mediciwappen der Außenseite ließ Berninis Mäzen, Papst Alexander VII. aus der römischen Familie der Chigi, sein heraldisches Emblem anbringen: Die pyramidenförmig gereihten und mit einem Stern bekrönten kleinen, bogenförmigen Hügel kehren wie ein Leitmotiv an vielen zentralen Stellen Roms wieder. Der

Anlaß für die Umgestaltung der Innenfassade des Portals war im übrigen ein aus der Stadtgeschichte seither nicht mehr wegzudenkendes ephemeres Ereignis: Kurz vor Weihnachten des Jahres 1655 hielt die schwedische Königin Christine I. ihren feierlichen Einzug in das mit pompösen Aufbauten festlich geschmückte Rom. Die Inszenierung einer *solenne entrée*, wie man solche Veranstaltungen im barocken Frankreich nannte, war seit langem eine besondere Spezialität der italienischen Künste, denen sie oftmals auch die Anregungen und Vorgaben für dauerhaftere Gemälde, Skulpturen und Architekturen lieferte. Seit der Renaissance bezeichnete man den Einzug eines hohen weltlichen oder geistlichen Würdenträgers in Erinnerung an die Antike als *ingresso trionfale*.

Christine, die Tochter Gustav Adolfs von Schweden, hatte die Krone ihres Königreichs abgelegt, sich zum Katholizismus bekehrt und war nach Rom gezogen. Papst Alexander VII., der sich diesen Triumph der Kirche nicht entgehen lassen wollte, hatte ihrem Wunsch, im Vatikan Zuflucht zu finden, entsprochen und sie bereits ehrenvoll empfangen, bevor sie ihren offiziellen Einzug hielt. Am Tag vor Weihnachten verließ sie mitsamt ihrem Gefolge den Vatikan und fuhr hinaus zur Milvischen Brücke, wo sie vom Gouverneur und einer großen Abordnung städtischer Würdenträger in Begleitung von Trommlern, Trompetern und berittenen Gardisten erwartet wurde. Hier bestieg Christine ihr Pferd, worauf sich eine lange Prozession in Bewegung setzte, um durch die Porta del Popolo in die Stadt einzuziehen. Diesseits des Tors stand das päpstliche Kardinalskollegium zum Empfang bereit und scharte sich im Weiterzug um die Königin. Durch die festlich geschmückte und an ihren wichtigsten Knotenpunkten mit Triumphalarchitekturen versehene Stadt nahm der Zug alsdann denselben Weg nach Sankt Peter, den seit Jahrhunderten die Züge der Könige und der von Reisen, aus Kriegen oder aus dem Exil zurückkehrenden Päpste genommen hatten.

Auch Ferdinand Gregorovius, der deutsche Republikaner des 19. Jahrhunderts, trat einst durch dieses Tor ein, um jahrzehntelang in Rom zu bleiben. Zum Dank für seine aus vergessenen

Quellen verfaßte, vielbändige *Geschichte der Stadt Rom im Mittelalter* ernannte ihn der Magistrat – als den ersten Protestanten überhaupt – zum Ehrenbürger. Gregorovius hat zahlreiche Einzüge der Päpste durch die Porta del Popolo als Wiederinbesitznahmen der Stadt festgehalten, so beispielsweise die Rückkehr von Papst Martin V. aus seiner letzten Exilstation Florenz im Jahre 1420, als Rom abermals an einem Tiefpunkt, zugleich aber auch an einem neuen Wendepunkt seiner Geschichte angelangt war:

> Am 28. September langte Martin vor Rom an, wohin jetzt der Heilige Stuhl wahrhaft und für immer zurückkehrte. Er übernachtete in S. Maria del Popolo, und erst am Sonntag, dem 29. September, führten ihn die Römer nach dem Vatikan. Er zog von der Porta del Popolo durch das wüste Marsfeld nach S. Marco und dann nach dem St. Peter. Römische Edle hielten einen purpurnen Baldachin über ihn, und Possenreißer tanzten vor ihm her. Am Abend durchzogen die Konservatoren und Regionenkapitäne zu Roß mit vielem Volk die Stadt, Fackeln in den Händen, mit dem Ruf: »Es lebe Papst Martin!«

Die Einzugsroute der Könige und Päpste war dieselbe, die auch von den Pilgern aus dem Norden genommen wurde. Wie viele von ihnen die mühevolle Reise nicht überstanden und unterwegs oder am Ziel vor Erschöpfung oder Krankheit starben, wissen wir nicht. Rom ist jedoch voller Gräber von Fremden aller Nationen und Religionen. Trachteten schon die ersten Christen danach, möglichst nahe bei den Gebeinen ihres Apostelfürsten bestattet zu werden, so fanden auch unzählige Pilger ihre letzte Ruhestätte nahe bei Sankt Peter. Die Schwedenkönigin Christine, nachdem sie im Jahre 1689 in Rom verstarb, wurde jedenfalls am einstigen Ziel ihres triumphalen Einzugs, im Petersdom, begraben.

Jacob Burckhardt, auch wenn er sein häufig besuchtes Rom im Jahre 1847 nur vorübergehend verließ, schrieb in einem Brief, vor der Porta del Popolo habe er die Abreise für ein letztes Halten und Weilen unterbrochen: »[...] stieg ich noch einmal aus und ging feierlich wieder 3 Schritte weit zum Tor hinein, wodurch ich meine künftige Wiederkehr habe versinnbildlichen wollen.«

Piazza del Popolo

Das Forum und die Tempel des neuen christlichen Roms sind die Basiliken und großen Kirchen mit ihren weit ausladenden Plätzen. Ihre Triumphbogen sind die mit Mosaiken und Fresken geschmückten Übergänge von den Kirchenschiffen zum Chor. Ihre Triumphportale sind die Eingangstore, und ihre geheiligten Triumphstraßen sind die Routen feierlicher Prozessionen. Wie durch die triumphale Pforte eines Heiligtums betrat auch der Neuankömmling die Stadt, um sich auf der anderen Seite des Tores selbst als ein *anderer*, ein Gereinigter und Geläuterter, ein Erwählter und Erneuerter wiederzufinden. Dies waren zumindest die Erwartungen, denen die Pilger folgten, und die Versprechungen, die die Stadt selbst verhieß. Wie man hinter dem Eingang eines altrömischen Hauses zuerst ein großzügiges Atrium durchmaß, so sah sich der Rombesucher gleich am Anfang der Stadt auf einen bereits vorweggenommenen Mittelpunkt versetzt.

Seitdem die Päpste auch als oberste Städtebauer wirkten und sich die Schaffung ausgedehnter und gewaltige Menschenmengen aufnehmender Platzanlagen zur Aufgabe gemacht hatten, öffnet sich hier ein weites Oval. In der Mitte steht ein Obelisk, der, neben fremdartigen Bilderschriften, mit lateinischen Sockelinschriften und mit einem bronzenen Kreuzaufsatz versehen ist. Die Ausgänge des so umrissenen Sichtfeldes werden von drei schnurgerade stadteinwärts führenden Straßen angezeigt, deren eine die Mittelachse des Platzes verlängert, während die beiden anderen einen spitzen Winkel nehmen.Die Einmündungen der Straßen sind von zwei identisch wirkenden, kuppelbekrönten Kirchen überbrückt. Fernrohren gleich, geben die Straßen den Blick auf dicht besiedelte Teile der Stadt frei und umschließen sie wie in einer doppelten Zangenbewegung.

Am fernen Ende der mittleren Achse, die die Via Flaminia fortsetzt und noch im Mittelalter so hieß, konnten frühere Rombesucher noch ein Türmchen erkennen, das die Spitze des Kapitolshügels markierte. Dorthin lief die später Via Lata und dann Corso genannte Straße zu, um am zentralen Verkehrsknotenpunkt der

Piazza del Popolo
Stich von Giovanni Battista Piranesi, um 1750

Antike in die Via Appia überzugehen, die vom anderen Ende der Stadt bis an die südöstlichsten Punkte Italiens führte. Mithin markierte der Obelisk auf der Piazza del Popolo nach wie vor den Verlauf einer Hauptschlagader der alten Welt, über die Rom den europäischen Norden mit dem südlichen wie östlichen Mittelmeerraum und den Zugängen nach Asien und Afrika verband. Erst seit dem Bau des Nationaldenkmals für Vittorio Emanuele II., der nach der Einigung Italiens und dem Ende des Kirchenstaats das italienische Königreich begründete, ist diese welthistorische Sicht versperrt.

Von den berühmten Ruinen und antiken Wunderwerken war und ist auf der Piazza del Popolo jedoch nichts zu sehen. Besucher, die mit den Kupferstichwerken von Roms Altertümern in den Wohnzimmern aufgewachsen waren, reagierten darauf bisweilen mit Enttäuschung. Im Jahre 1845, nachdem die Gestalt der

Piazza unter dem Stadtbaumeister Valadier ihren mondänen neoklassizistischen Abschluß erfahren hatte, schrieb beispielsweise der Engländer Charles Dickens:

> Man sah keine großen Ruinen, keine feierlichen Denkmäler des Altertums – sie liegen alle auf der andern Seite der Stadt. Man erblickte nur lange Straßen mit ganz gewöhnlichen Läden und Häusern, wie sie in jeder europäischen Stadt zu finden sind; geschäftige Leute, Equipagen, Spaziergänger, eine Unmasse schnatternder Fremde. Es war so wenig mein Rom – das Rom, wie es sich jeder Mann oder Knabe denkt, beraubt seines Glanzes und verfallen und in der Sonne schlummernd auf einem Haufen Ruinen –, wie es die Place de la Concorde in Paris ist. Auf einen bewölkten Himmel, einen gemütlichen Regen und schmutzige Straßen war ich gefaßt, aber nicht darauf […].

Papst Sixtus V., der den Beinamen *restaurator urbis* trug, hatte im Jahr 1585 durch die Aufstellung des Obelisken den Grundstein zum künftigen Platzoval gelegt und auch die langen Straßenfluchten gezogen. Seine städtebaulichen Eingriffe waren jedoch weder von Antikensehnsucht noch von den Repräsentationsbedürfnissen eines barocken Fürsten bestimmt. Allein das kultische Motiv, die Zugänge zu den Hauptkirchen zu regeln und die Pilgerströme gleich nach ihrer Ankunft in Rom auf überschaubar geraden, gepflasterten und verhältnismäßig breiten Straßen zu den heiligen Stätten zu lenken, leitete seine Pläne. Dabei verfuhr er durchaus mit Absicht und bis zum Kahlschlag rücksichtslos mit den Resten antiker Monumente. Nicht nur dort, wo sie den neuen Straßenzügen im Weg standen, ließ er sie einreißen und führte die Baumaterialien, gleich ob tragende oder schmückende Teile, entweder dem Schutthaufen oder anderweitiger Nutzung zu. Den Triumphsäulen, die sich zu monumentalen Wegemarken und damit zu Pendants der Obelisken eigneten – so wie sie als Bilderapparaturen vertikale Ableger der Triumphbogen sind –, ließ er die einstigen Kaiserstatuen auf ihren Spitzen durch Standbilder der Apostel ersetzen. Wenn er für die Wiederherstellung antiker Wasserleitungen sorgte und den Bildhauer Giacomo della Porta auf der Piazza del Popolo wie an vielen anderen Stellen der Stadt damit beauftragte, neue Brunnen zu meißeln und zu vermauern, so waren dies zunächst reine Versorgungsmaßnahmen. Freilich waren sie zugleich symbolisch aufzufassen, wie es ihren gewählten Triumphalarchitekturen und Inschriften auch anzusehen ist, so Fontanas *Acqua Felice*, einem monumentalen Wandbrunnen an der Porta Pia, Roms zweitem nördlichen Stadttor, oder Berninis hundert Jahre später entstandener *Acqua Acetosa* unweit der Milvischen Brücke. Goethe machte seinen täglichen Spaziergang dorthin und berichtete, daß sich die ärmere römische Bevölkerung noch immer mit dem Wasser dieses Brunnens versorgte. Sein Pontifikat beendete Sixtus V. noch kurz vor seinem Tod mit der feierlichen Einsetzung des Schlußsteins zu Michelangelos Kuppel.

Romreisende und ihre schriftlichen wie mündlichen Begleiter, die *Ciceroni*, pflegen seit Jahrhunderten den Raubbau der Päpste gegenüber den antiken Bauwerken und Denkmälern zu beklagen. Wären diese Klagen beizeiten erhört und moderne konservatorische Leitvorstellungen befolgt worden, dann würde Rom wahrscheinlich sehr eintönig, bestenfalls mehrtönig, auf jeden Fall aber unzusammenhängend und durchweg museal aussehen. Auch wäre die Stadt seit der Antike niemals wieder zusammengewachsen. Vom renaissance- und barockverkleideten, schließlich klassizistisch erweiterten antiken Tor bis zu der von beinahe romantischen Naturgefühlen gestimmten Treppen- und Terrassenanlage nach dem seitwärts gelegenen Hügel des Pincio kann man auf der Piazza del Popolo hingegen – wie in beinahe jeder römischen Kirche auch – das Nebeneinander und Ineinandergreifen der historischen Epochen und künstlerischen Stile als innere Schichtung mit einem Blick umfassen. Für wirkliche Kahlschläge und Isolationen, die beinahe »restlos« über die gewachsenen Schichten und Scharniere aller früheren Städte, welche Rom in sich birgt, hinweggingen, sorgten an vielen Stellen erst die patriotisch geleiteten Sanierungs-, Neubau- und Konservierungsmaßnahmen der bürgerlichen und nachbürgerlichen Epoche, vom Risorgimento, der italienischen Einigungsbewegung des 19. Jahrhunderts, über den Faschismus bis in die jüngste Zeit.

Die mit dem Triumph des Christentums über das heidnische Rom einsetzende Praxis, sich des Vorhandenen durch seine Zerlegung, Umwandlung und Wiederverwendung zu bedienen, antike Fundamente und Ruinen in Neubauten einzugliedern, aus alten Ziegelsteinen, Travertin- und Marmorblöcken, Säulen, Architraven und Gewölbeteilen Kirchengebäude zu errichten und Bronzestatuen zu neuen Gestalten umzugießen, war keine Erfindung der Päpste. Denn nicht anders waren bereits die antiken Römer mit den Denkmälern aus früheren Zeiten und die Imperatoren mit den Bauwerken ihrer Vorgänger verfahren. So wurde Neros Goldener Palast, die *domus aurea*, von seinen Nachfolgern zerstört und das Baumaterial weiter- und wiederverwendet, und so wurde auch der Triumphbogen des Kaisers Konstantin aus Fragmenten eingerissener Vorgängerbauten regelrecht zusammengesetzt.

Sinnreich spricht man in diesem Zusammenhang von sogenannten *Spolien* (wörtlich: Beutestücken), wenn, wie auch am Rande der Piazza del Popolo bei der gleichnamigen Kirche von Santa Maria, etwa ein antiker Sarkophag als Brunnen oder, wie in Sankt Peter, ein umgestülpter antiker Sarkophagdeckel als Taufbecken Wiederverwendung fanden. Wie die übrigen in Rom versammelten Obelisken, die seit Sixtus V. an den Nahtstellen der Stadt als Zielpunkte von Sicht- und Verbindungsachsen aufgestellt wurden, war auch der Flaminische Obelisk auf der Piazza del Popolo ein zur neuerlichen »Beute« gemachtes, ehemaliges »Beutestück«. Mit Ausnahme der Stele auf dem Foro Italico, die erst von Mussolini nach der Besetzung Abessiniens im Jahre 1937 unter enormem Aufwand von Axum nach Rom verbracht wurde, stammen die römischen Obelisken aus dem alten Ägypterreich. Nach dessen Niederwerfung transportierte man sie auf bisweilen eigens für den schwierigen Transport gebauten Schiffen nach Rom. Zusammen mit den erbeuteten Waffen und Feldzeichen, den geraubten Tempelschätzen, Altären und Idolen der besiegten Völker sowie den versklavten Gefangenen wurden sie dort als Trophäen bei den Triumphzügen mitgeführt.

Der Flaminische Obelisk war das erste, bereits von Augustus nach Rom gebrachte Exemplar dieser damals bereits auf zweitausend Jahre zurückblickenden Gattung, die vermutlich mit einem Sonnenkult verbunden war. Ihrer monolithischen, granitenen Masse und ihrer vertikalen, mit den Spitzen den Himmel berührenden und mit ihren Schlagschatten der Erde den Stand und bogenförmigen Lauf des Sonnenlichts einschreibenden Schlankheit wegen galten sie als Symbole des Jenseits wie der Unsterblichkeit. Aus denselben Gründen eigneten sie sich auch zur Verwandlung in Imperialsymbole. Zwei dieser Exemplare schmückten einst, nahe der Piazza del Popolo, das Mausoleum des Augustus beim Campo Marzio am Tiberufer. Zwei weitere fanden sich bei den Ruinen der Tempel der altorientalischen Gottheiten Isis und Osiris. Die übrigen Stücke dienten bereits in der Antike als »Zielpunkte« (*metae*), wenn auch nicht auf grandiosen öffentlichen Platzanlagen, sondern auf deren Vorläufern, den ummauerten Stadien und Zirkussen: Im Circus Maximus und auf den Rennbahnen des Caligula und des Domitian – die eine auf dem Vatikanhügel gelegen, die andere auf den Fundamenten der heutigen Piazza Navona, die den Grundriß des Stadions noch immer bewahrt – kennzeichneten sie die *spina* genannten Nadelöhre des von den Kampfwagen umrundeten Ovals.

Durch seinen Baumeister Domenico Fontana, der sich seit der spektakulären Aufrichtung des Vatikanischen Obelisken auf dergleichen halsbrecherische Unternehmen spezialisiert hatte, ließ Sixtus V. den Obelisken des Circus Maximus auf die Piazza del Popolo verbringen. Dort wurde er am 25. März 1589, dem Festtag von Mariens Verkündigung, aufgerichtet und feierlich eingeweiht. Auf dem Sockel des mit Hieroglyphen beschriebenen Granits blieb zwar die Gedenkinschrift des Kaisers Augustus erhalten, doch unterstrichen die nach allen vier Seiten angebrachten päpstlichen Weihe-Inschriften den Ablösungs- wie Nachfolgeanspruch der christlichen Ära: Der Pontifex Maximus rief seinem heidnischen Vorgänger das Wortspiel eines *augustior* hinterher, das auf den gegenüberliegenden Tempel der Gottesmutter hinwies, deren Kind – wie einst von der tiburtinischen Sybille auch dem Kaiser selbst prophezeit – zur Zeit der Herrschaft des Augustus verkündet und geboren wurde.

Bewahrte die Piazza, trotz Obelisk und Brunnen, ihren transitorischen Charakter als einer Empfangs- und Durchgangsstation für Pilger, Gesandtschaften und feierliche Einzüge vorerst bei, so besaß sie doch längst eine eindeutige *domus* in Gestalt eines heiligen *templum*: Die neunhundert Jahre alte Kirche von Santa Maria del Popolo gehört – wenn auch nicht auf der Liste der »sieben« Hauptkirchen verzeichnet –, zu den bedeutendsten Heiligtümern der Stadt. Unmittelbar neben der Porta del Popolo gelegen und mit ihr überdies durch eine Legende verbunden, war sie die *erste* Kirche Roms schlechthin, die der Neuankömmling betrat und bestaunte. Die Pilgerhandbücher des Mittelalters betonten den weihevollen Ort der Tore im übrigen stets durch das Verzeichnen seiner Heiligtümer und Reliquien. Nach einem Wegweiser aus dem 7. Jahrhundert soll hier eine Grabkirche des heiligen Märtyrers Valentinus gestanden haben.

Die Kehrseite der besonderen kultischen Verehrung, die Stadttoren und Mauern als Grenzlinien zwischen dem Menschen und der Natur von alters her zuteil wird, ist die Dämonenfurcht. Die dunklen Mächte, die sich an den Orten ihrer Aussperrung naturgemäß konzentrieren und dort bisweilen besonders heftig gebärden, wieder abzuwehren, gehört zu den Aufgaben der Stadt- und Schutzheiligen, deren Standbilder als Nachfolger heidnischer Idole die Tore der mittelalterlichen Städte krönen. So galt auch in Rom dieser Ort als ein von umherirrenden Geistern und Gespenstern heimgesuchter Fleck, zumal man beim Tor die Stelle vermutete, an welcher einst die Leiche des kaiserlichen Brandstifters und Christenverfolgers Nero verscharrt worden sein soll. Als daraus ein verwunschener Nußbaum entsprang, ließ Papst Paschalis II. ihn kurzerhand fällen und an seiner Stelle eine romanische Kapelle errichten, die im Jahre 1099 der Gottesmutter geweiht wurde. Papst Sixtus IV., aus der ligurischen Kriegerfamilie della Rovere, sorgte in den Jahren 1472–77 für ihren Ausbau zur Renaissancekirche, bevor ihr Inneres im 17. Jahrhundert seine endgültige, barocke Gestalt erhielt.

Ähnlich, wie die Piazza del Popolo die Besucher der Stadt seit dem ausgehenden 16. Jahrhundert mit einer Art Vorschau auf den Petersplatz und mit einer kurzgefaßten Stichwortsammlung des römische Formen-, Stil- und Symbolvokabulars empfing, sah sich der in die Kirche von Santa Maria del Popolo Eintretende in eine Art Fortgeschrittenenkurs aus der unterwegs begonnenen Reihe römischer Lektionen und vatikanischer Introduktionen versetzt. Die Stufen einer halbpyramidenförmig angelegten Freitreppe lassen die Schritte des Besuchers unwillkürlich zu einem würdigeren, feierlichen Schreiten verlangsamen. Sein empor gerichteter Blick begegnet einer barock verwandelten Renaissancefassade, die einem in Rom und von Rom aus weit über die Welt verbreiteten Typus folgt und überdies eine ganze Reihe von Inschrifttafeln versammelt. In das hölzerne Eingangsportal sind acht Bronzereliefs mit Szenen aus der Passion Christi eingelegt. Nach beschwerlicher und gefahrenreicher Wallfahrt führten sie dem Pilger den Leitgedanken der *Imitatio Christi*, der Nachahmung des Herrn und seines Leidenswegs, vor Augen.

Im Inneren stand der Pilger, gleich rechts neben dem Eingang, der Familienkapelle des päpstlichen Stifters gegenüber. Der sienesische Maler Pinturicchio hatte die *Cappella della Rovere* im 15. Jahrhundert mit Szenen aus dem Leben des Kirchenvaters und Eremitenheiligen Hieronymus ausgemalt. Von Pinturicchio stammt auch das mit einer besonderen Überraschung aufwartende Altargemälde der Anbetung des Christuskindes: Im Mittelgrund hinter der Hauptszene ist eine von Passanten belebte Brücke dargestellt, deren Bogenkonstruktion an den Ponte Milvio erinnert, den der Wanderer vor nicht langer Zeit erst überschritten hatte. Mehr noch führt sie diesseits des überbrückten Flusses zu einem mit Kirchturm und Kuppel versehenen Gotteshaus, einem ziemlich getreuen Abbild derselben Kirche, darin sich der Pilger soeben befand und auf die sich auch die Brückengänger im Bild gerade zubewegen. So wurde die Pilgersituation *fuori le Mura*, wie die Römer alle Orte außerhalb ihrer Stadtmauern und Tore bezeichnen, unmittelbar bei der ersten Station und in der »ersten« Kirche der Stadt nochmals »nachgestellt«: Im Rahmen einer heiligen Erzählung vermochte der Neuankömmling sich selbst zu sehen und auf seinen Weg zurückzublicken – woher er kam, wie er nach der Stadt, die alle früheren heiligen Städte in sich aufgenommen hat, geleitet und wie er vor Ort just dahin eingeführt wurde, wo er sich im selben Augenblick befand.

Die einst ebenfalls durch Pinturicchio ausgemalte Nachbarkapelle von Papst Sixtus' IV. Nachfolger Innozenz VIII. aus der Familie der Cibò wurde Ende des 17. Jahrhunderts durch Carlo Fontana gründlich umgestaltet. Seither bietet sie einen umfassenden Prolog in das römische Barock mit seinen Grabdenkmälern, die den Verstorbenen »lebensnah« und ganzfigurig abbilden, seinen Triumphalarchitekturen aus polychromem Marmor, welche die Grenzen zwischen Baukunst, Skulptur und Malerei durchlässig machen, und seinen illusionistisch ausgemalten Kuppelgewölben. In einer weiteren Kapelle des Querschiffs ist einer der Pioniere der römischen Barockmalerei und ihr Revolutionär schlechthin, Michelangelo da Caravaggio, mit zwei Hauptwerken vertreten: Die Darstellungen entscheidender Begebenheiten aus dem Leben und Sterben – »Bekehrung des Paulus« und »Kreuzigung des Petrus« – derselben römischen Apostel, die draußen über den Eingang der Porta del Popolo Wache hielten, sind von Lokalfarben gesättigt und von einer ungeheuren Heftigkeit im Ausdruck körperlichen Leidens. Den Fremden, der dergleichen nie zuvor gesehen hatte, machten sie mit den Nacht- und Schattenseiten Roms bekannt, auch mit den Grausamkeiten und Obsessionen des römischen Alltags, den die Bilder zugleich apostelgeschichtlich und rhetorisch überhöhen. Diese Bilder sollten auf alle Sinne wirken, und das tun sie auch.

Davon, wie grausame Gewalt zum Alltag vieler römischer Plätze gehörte, zeugen die Berichte der Romreisenden, die bis ins 19. Jahrhundert auch mit Schilderungen öffentlicher Hinrichtungen nicht sparen. Johann Wilhelm von Archenholz notierte beispielsweise gleich am Eingang seines Berichts aus dem Jahre 1785:

> Ein Obelisk, ein Springbrunnen, ein schönes Tor und drei Kirchen, alles dieses mit elenden Häusern vermischt, formiert den Platz del Popolo und tut eine eigene Wirkung. An diesem Ort werden die Missetäter hingerichtet. Ich sah hier eine sonderbare Todesstrafe, die

Cappella Cibò in S. Maria del Popolo
Carlo Fontana, 1682–87

> sehr alt sein soll und die die Römer »macellare« nennen. Der Delinquent wird nämlich mit einer Keule vor den Kopf geschlagen, wie man bei uns die Ochsen schlachtet: eine Todesart, die nicht langweilig oder marternd ist, aber hier für die allerschimpflichste gehalten wird.

Auch darüber wachten das Tor und die Kirche von Santa Maria del Popolo. Seite an Seite mit der barocken Tafel- und Deckenmalerei und mit der in der Toskana und Umbrien beheimateten und von dort nach Rom eingeführten Freskenmalerei der Frührenaissance birgt die Kirche auch eine von Raffael entworfene Kapelle: Die *Capella Chigi* wurde von Raffaels römischem Mäzen, dem sienesischen Bankier Agostino Chigi gestiftet. Ihm hatte der Urbinate auch die am anderen Tiberufer gelegene Villa Farnesina mit den Geschichten von Amor und Psyche und dem »Triumph der Galathea« ausgemalt. Chigis Grabstätte überwölbte Raffael im Jahre 1512 mit einer Kuppel, die bereits wie eine Vorwegnahme der Peterskuppel im Kleinen anmutet und nach seinen Entwürfen im Inneren mit einer Fülle kosmischer Symbole mosaiziert ist. Santa Maria del Popolo war nicht nur der erste sakrale Sammlungs- und Versammlungsraum, in der unser Wanderer durch die römischen Zeiten und Räume nach seiner Ankunft Station machte, sie war auch die erste Kirche Roms, die bereits bei ihrer Erbauung mit einer Kuppel versehen wurde, wenn auch ohne eine aufgesetzte Laterne. Kuppeln erhielten später auch die beiden anderen, auf der Piazza neuerbauten barocken Marienkirchen, die sogenannten »Zwillingskirchen« Santa Maria dei Miracoli und Santa Maria in Monte Santo. Indem sie die Zwischenräume der Übergänge nach dem *Tridente* füllen, den drei hier einmündenden Hauptachsen auf dem Stadtplan von Papst Sixtus V., verleihen sie der Piazza einen besonderen szenographischen Effekt, der mit dem gegenüberliegenden Tor korrespondiert. Seine architektonische Verwirklichung folgte auch Jahrzehnte später noch ziemlich genau jenen ephemeren Vorgaben, die Berninis temporäre Triumphalarchitektur beim Einzug der Königin Christine entworfen hatte.

Der Neuankömmling, der beim Verlassen von Santa Maria del Popolo sowohl vor Pinturicchios Altarbild drinnen als auch draußen vor dem Tor auf seinen Weg und Eintritt in die Stadt zurückblicken konnte, stand nunmehr vor der Wahl, welchen der drei Wege durch die Stadt er nehmen sollte. Sixtus V. hatte ihm diese Wahl bereits erleichtert und ohnehin nur miteinander verbundene und aufeinander bezogene Alternativen zugelassen: Er konnte zur Rechten den kürzesten Weg zum Vatikan einschlagen, die nach dem alten, im 19. Jahrhundert abgerissenen Stadthafen benannte Via di Ripetta. Sie führte über das antike Marsfeld, vorbei am Mausoleum des Augustus, zum Tiberknie, dem entlang er weiter in Richtung Engelsbrücke ziehen konnte.

Er konnte aber auch zur Linken die nach Sixtus' V. Vorgänger Paul II. benannte *Strada Paolina* (die heutige, über den Spanischen Platz führende Via del Babuino) nehmen und sich über den Qui-

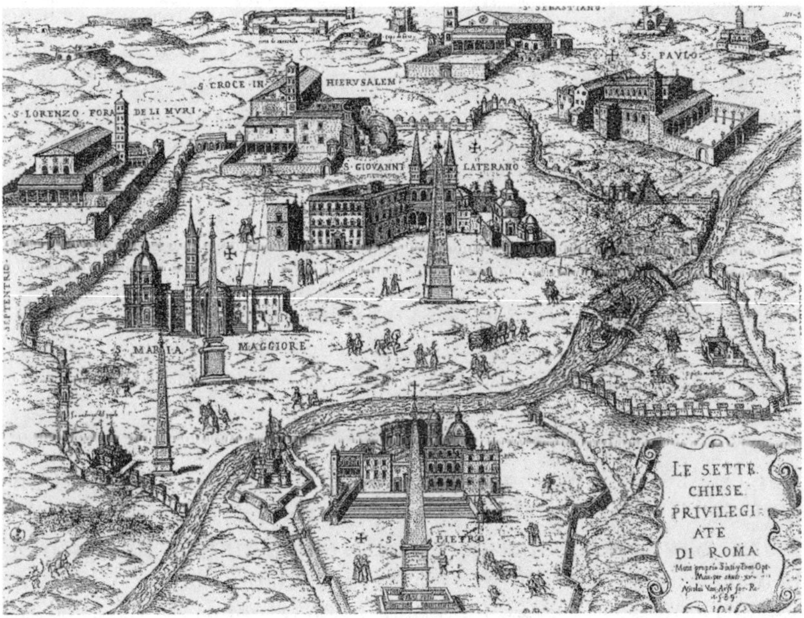

Plan der Sieben Hauptkirchen Roms
Stich von Nicolai van Aelst, 1589

rinalshügel dem nächsten Obelisken auf dem Nachbarhügel Esquilin zubewegen. Dort stand er vor der Basilika Santa Maria Maggiore, die als eine der Hauptkirchen ohnehin verbindliche Pilgerstation war und die der glühende Marienverehrer Sixtus zur Drehscheibe seines Straßensystems bestimmt hatte. Von hier führte die Gerade weiter zum dritten Obelisken vor der konstantinischen Lateransbasilika, der »Mutter aller Kirchen« (*omnium Urbis et Orbis Ecclesiarum Mater et Caput*), bei der die Päpste von der Zeit der Spätantike bis zu ihrem Exil in Avignon residiert hatten. Drei weitere Stationskirchen – Santa Croce in Gerusalemme, San Lorenzo fuori le Mura und San Sebastiano auf der Via Appia – waren vom Lateran aus zu erreichen, die Patriarchalkirchen von San Pietro in Vaticano und San Paolo fuori le Mura schließlich bereits über die Drehscheibe von Santa Maria Maggiore.

Zuletzt und zuerst konnte er auch den Paradeweg aller feierlichen Züge und Einzüge über den Corso einschlagen, wie er von der Mittelachse des Platzes vorgezeichnet und künftig von den beiden Kuppeln der Marienkirchen flankiert wurde. Ihnen sollten sich auf dieser Route nach Sankt Peter noch eine ganze Reihe von Kuppelbauten anschließen, bis nach den Kuppeln von San Carlo al Corso, von Il Gesù, San Andrea della Valle und Santissima Trinità dei Pellegrini, spätestens auf dem Platz vor der florentinischen Nationalkirche San Giovanni dei Fiorentini, allein die Kuppel der Peterskirche das Gewirr der Gassen dieses alten und am dichtesten besiedelten Viertels von Rom überragte und nach wenigen Schritten die Engelsbrücke über den Tiber führte.

*

Dergestalt kam Rom seinen Besuchern noch bis ins 19. Jahrhundert gleich bei ihrem Eintritt in die Stadt im wörtlichen wie bildhaften Sinn entgegen. Jacob Burckhardt konnte damals schreiben: »Das Schicksal Roms besteht jetzt darin, Dinge, die sonst überall aufgehört, dem Fremden noch einmal zu handgreiflicher Anschauung zu bringen.« Rom öffnete sich ihnen, um sie in sein dicht verflochtenes, immer wieder neu gespanntes und mit neuen Schwerpunkten besetztes Gewebe aufzunehmen. Die Beziehungen, die darin herrschen, sind an jedem einzelnen Punkt, in jedem einzelnen Objekt und, geballter noch, in deren Zusammenfassung zu den Ensembles der großen Plätze und Versammlungsräume solche der Sichtbarkeit, des Verweisens und des Andeutens, des Austauschs, der Zwiesprache und der Korrespondenz.

»Korrespondenz« meint nicht das »Deckungsgleiche«, sondern, wie unter den Partnern eines Briefwechsels, ein stetes Wiedererkennen und beständiges Hinzufügen, ohne daß alles Verbindende bei jeder Gelegenheit und jeder neuen »Sendung« wiederholt werden müßte. Es ist längst präsent, und es ist stets präsent; es bedarf deshalb keiner gesonderten Aussprache mehr. »Korrespondenzpartner« sind ohnehin niemals miteinander »identisch«, denn sonst brauchten sie sich gar nicht einander auszutauschen. Um das Verbindende am Leben zu erhalten, es zu erneuern und zu steigern, genügen dann oftmals auch nur kurze Signale, eine Geste, eine Regung, ein Wort.

In diesem Sinne sprechen die Brücken und Tore Roms, die Plätze und Kirchen, die Treppen und Säulengänge, die Brunnen und Sarkophage, spricht jedes Gefäß, jedes Behältnis, jede Inschrift, jedes Bild, jeder Stein. Gerade in der Vielfalt und Verschiedenheit ihrer Gestalten sprechen sie dennoch *eine* gemeinsame Sprache. Es ist die Sprache der Stadt, von der sie in beständiger Zwiesprache, allseitiger Steigerung und gegenseitiger Verwandlung erzählen. Und so adressieren sie sich auch an den Fremden als an einen, der ihnen, die schon unzählige Wanderer vor ihm gesehen und angesprochen haben, längst vertraut ist.

In dergleichen Beziehungen gibt es auch Spannungen und Polarisationen. Bisweilen werden Mißverständnisse ausgelöst, die ebenfalls produktiv sein können. So beruht der Ruf der Piazza del Popolo als einem mondänen und populären Gegenpol zum Oval des Petersplatzes auf einem simplen Mißverständnis des Namens. Nicht vom römischen »Volk«, sondern von der »Gemeinde« der gleichnamigen Kirche von Santa Maria ist er abgeleitet. Bei aller geballten Symbolkraft und Größe dieser Piazza, die kaum weniger Menschen aufzunehmen vermag als der Petersplatz, bleibt doch die menschliche Dimension gewahrt. Wie der Brunnen dem Wanderer Wasser und der Obelisk dem Verweilenden Schatten spendet, so lädt die Kirche zur Sammlung und der Platz selbst zur Versammlung ein. Von daher versteht es sich auch, daß die Piazza del Popolo seit dem Ende des Kirchenstaats zur bevorzugten Versammlungsstätte großer Kundgebungen und politischer Demonstrationen des laizistischen Roms und Italiens geworden ist, die kaum minder bewegt und farbenfreudig sind als die Versammlungen zu den Papstmessen und Audienzen auf dem Petersplatz. An der Mündung des Platzes zur Via di Ripetta liegt das Café Rosati, ehemals ein bevorzugter Treffpunkt der römischen Literaten und Intellektuellen. Hier bezog Hermann Kesten, seit 1933 ein deutscher Daueremigrant, nach dem Zweiten Weltkrieg sein Tagesquartier, und las und schrieb und schaute und parlierte.

Ähnlich tat es einst auch Hermann Kestens Emigrantenfreund Joseph Roth. Doch der fand sein Rom überall, auch und sogar in Avignon, von wo er in einem Brief einmal schrieb: »Ich liebe alle Dächer, die Hunde, die hier herrenlos herumlaufen, die Katzen, diese wunderbaren Bettler mit den roten ledernen Gesichtern und den jungen Augen, die Frauen, die ganz dünn sind, auf hohen Beinen, mit schmalen Schultern und gelber Haut, die bettelnden Kinder, dieses Gemisch aus Sarazenen, Franzosen, Kelten, Germanen, Römern, Spaniern, Griechen und Juden. Im Palais der Päpste bin ich zu Hause, alle Bettler wohnen in den herrlichsten Schlössern und ich möchte ein Bettler sein und unter diesen Portalen schlafen.« Auch *von* Rom führen alle Wege wieder nach Rom zurück.

Jubeljahre

Die Äquivalente zu den Brücken und Toren, den Triumphbogen, Plätzen und Tempeln im Raum sind die Feste in der Zeit. Ein dicht gefülltes Kalendarium von Festen (*fasti* und *feriae*, wovon unsere heutigen, beziehungslos gewordenen Worte »Fasten« und

»Ferien« abstammen) gliederte das Leben der Römer bereits in der Antike. An Festtagen hatte das gewöhnliche Tagewerk zu ruhen, und die Römer waren aus ihrem Alltag gelöst, um sich einander anderer, gemeinschaftlicher Bindungen zu versichern und deren Ursprünge zu erneuern. Die Christen ersetzten den heidnischen Festkalender durch die Gedenktage ihrer heiligen Märtyrer und durch eine Liturgie, die jedes einzelne Jahr ebenso wie die gesammelten Lebensjahre der Gläubigen in deutlich gegliederte Abschnitte zerlegte. So wie der Jahresablauf der Gemeinde von einem erkennbaren und wiederkehrenden Rhythmus begleitet wurde, der sich an den wichtigsten Ereignissen der Heilsgeschichte orientierte, so heiligten die Sakramente das Leben jedes einzelnen Gläubigen von der Geburt bis zum Tod.

Ein Geschichtsbewußtsein in unserem heutigen Sinne, das auf die Abläufe der Vergangenheit als auf vermeintliche Ordnungsmuster zurückblickte, um darin für den jeweils gelebten und erfahrenen Augenblick oder gar für die Zukunft »Bedeutendes« zu erkennen und es von »Unbedeutendem« zu scheiden, gab es hingegen nicht, *außer* daß man sich in Erwartung der Vollendung der Heilsgeschichte auf den Jüngsten Tag einrichtete und auf Zeichen achtete, die darauf hindeuten könnten. Aber da keiner wußte, wann der Tag kommen sollte, konnte es auch keinen Festtag dafür geben. Anders als die antiken Römer mit ihren Säkularfeiern, auch anders als die Juden mit ihren nach allen sieben mal sieben Jahren wiederkehrenden Jubel- und Sabbatjahren, kannten die Christen keine über den einzelnen Festtag und seine Vigilien oder über liturgische Jahresabschnitte hinausgehenden, längeren Festperioden.

Dieser Mangel ließ die Römerchristen und die ehemals römischen Judenchristen offenbar über Jahrhunderte hinweg nicht ruhen, bis sie ihn auf eigene Faust abstellten. Ihrem geistlichen Oberhaupt ließen sie keine andere Wahl, als die eingeklagte Tradition, die nach dem Willen der Kirche keine mehr war, nachträglich zu sanktionieren. Das Papsttum zog daraus ein gewaltiges Seelenkapital, aber auch realen Machtzuwachs und ökonomische Gewinne für die Stadt. So ist es jedenfalls den Berichten von der

Einsetzung des ersten christlichen Jubeljahres zur Feier der Jahrhundertwende von 1300 zu entnehmen. Das Erstaunliche an diesem Datum ist dabei, daß es zu seiner Einsetzung lediglich eines anfangs nur durch Rom geisternden Gerüchts bedurfte, das sich alsdann aber unversehens ausbreitete und den Römern wie auf einen Glockenschlag Beine machte. Ähnlich muß es vielleicht drei Jahrhunderte zuvor, anläßlich der zwar ungefeierten, aber mit apokalyptischen Stimmungen und Ängsten unterlegten Jahrtausendwende zugegangen sein. Damals ging das Gerücht durch Rom und die übrige Christenheit, der amtierende Papst mit dem Ende und Anfang zugleich verheißenden Namen Sylvester II. sei ein »Magus«, ein Zauberer, ein Schwarzkünstler und mit Hexen und dem Teufel im Bunde.

Erst mit der verspäteten Ausrufung des Jubeljahres 1300 durch Papst Bonifaz VIII. war die Geburtsstunde des modernen Jahrhundertbewußtseins gekommen, mit der zugleich die vorweggenommene Zangengeburt des modernen Massentourismus einherging. Über die Motivationen des Papstes und die Hintergründe seines anfänglichen Zögerns berichtet der Hauptinitiator und Propagandist der Feierlichkeiten selbst, Kardinal Jacopo Stefaneschi, in einer damals verfaßten Schrift unter dem Titel *De centesimo sive Jubileo anno liber* (»Vom Hundertsten oder das Buch vom Jubeljahr«):

> Als sich das Jahr 1300 näherte, ging das Gerücht um, in diesem Jahr werde Römern, welche die Basilika von Sankt Peter aufsuchten, gemäß der Tradition vollständigster Nachlaß ihrer Sünden gewährt. Das Gerücht drang schließlich bis zum Papst, der vernünftigerweise die Archive befragen ließ. Freilich fanden sich dort keinerlei Hinweise auf frühere Vorkommnisse, entweder aufgrund der Nachlässigkeit der Alten (*antichi*), oder weil die Zeugnisse wegen der Kriege und der Schismen verloren gegangen waren, oder auch deshalb, weil die Wirklichkeit sich nicht darum schert, was Volkes Stimme von ihr erwartet. Der Papst hielt sich deshalb in kluger, abwartender Weise zurück. In Rom war der vermeintliche »Große Ablaß« tatsächlich bis zum ersten Tag des Jahres [d. h. im damaligen Rom zu Weihnachten] von geheimnisvoller Dunkelheit umgeben. Als hätte sich das Geheimnis den Römern jedoch nach und nach eröffnet, strömte zu

> Beginn des Sonnenuntergangs bis nach Mitternacht eine riesige, ständig wachsende Menge nach Sankt Peter. Dort staute sie sich, blockierte die Zugänge und war gewissermaßen von der Furcht getragen, nach Verstreichen der Mitternachtsstunde würde auch der Zeitpunkt für den Sündenerlaß oder größeren Ablaß vergehen.

Die Römer mußten sich jedoch noch für eine Weile gedulden. Erst am 16. Februar 1300 erließ Papst Bonifaz eine Bulle, die das bereits angebrochene Jahr zum »Jubeljahr« erklärte, welches fortan zu jeder Jahrhundertwende von neuem begangen werden sollte. Um der Einprägsamkeit seines Aufrufs willen, nach Rom zu kommen und sich dort die Vergebung aller Sündenstrafen zu holen, ließ Bonifaz die über die ganze Christenheit verbreitete Bulle noch mit den Reimen eines *Cantus firmus* versehen, der von den Pilgern begeistert aufgegriffen und unterwegs gesungen wurde: *Annus centenus – Romae semper est jubileus / Crimina laxantur – cui poenitet ista donantur / Hoc declaravit Bonifacius et roboravit* (»Alle hundert Jahr', Jubiläum ist in Rom. Reuigen werden die Sünden vergeben. Bonifaz hat's so erlassen und beglaubigt«).

Mit der Bulle verwandelte der Oberhirte das verfallende Rom nicht nur von neuem in einen Magneten, sondern auch in eine Art verzögerte Zeitmaschine, die den Ertrag dessen, was sie in Gang setzte, erst mehr als hundert Jahre später – zwischen denen das Exil der Päpste und das Große Schisma lag – erntete. Das begann schon mit der Datierung der Bulle. Trotz der Verspätung, mit welcher Bonifaz endlich dem Wunsch seiner Römer nachgegeben hatte, ließ er die Bulle vorausdatieren, und zwar auf den am 22. Februar begangenen Festtag von »Petri Stuhl« (*Cathedra Petri*), auf dem der Papst selbst – aber längst nicht mehr unangefochten – saß und den er während seines Pontifikats um die zweite Krone der künftigen Tiara ergänzt und verteidigt hatte, nämlich um das Symbol der Königsmacht.

Bonifaz VIII. (1294–1303), mit bürgerlichem Namen Benedetto Caetani und aus einer der ältesten römischen Familien stammend, war auch der Verfasser einer noch berühmteren und ungleich umstritteneren Bulle mit dem lakonischen Titel *Unam sanctam*. Sie zielte auf die allein vom Petrusstuhl verkörperte Einheit und Unteilbarkeit all dessen, was Menschen und auch menschlichen Würdenträgern hoch und heilig sei. Im Klartext hieß das: Alle Macht auf Erden geht von Gottes Stellvertreter aus, er verleiht sie, bindet oder löst sie und nimmt sie gegebenenfalls auch wieder zurück. Aus der Gewalt über die beiden Schlüssel, die der Papst in den Händen hielt, folgerte Bonifaz den Anspruch auf den Primat auch über das weltliche »Schwert« und verkündete: »Dem römischen Pontifex untertan sein, ist für jedes menschliche Geschöpf unbedingt zum Heil notwendig.«

Im jahrhundertelangen Machtkampf mit Königen, Kaisern und den Bürgerkriegsparteien im eigenen römischen Haus kam dies einer Kriegserklärung nahe, so wie auch die Jubiläumsbulle die Feinde der Kirche, namentlich den König von Neapel-Sizilien, Karl II. von Anjou, und die römische Adelsfamilie der Colonna, vom Generalablaß ausgenommen hatte. Mehr aber noch brachte der höchste Machtanspruch, den ein Papst bis dahin erhoben hatte, ihn in Konflikt mit dem damals erstarkenden französischen Königtum. Philipp IV. ließ den Papst kurzerhand außerhalb Roms gefangensetzen, und Bonifaz VIII. starb im Jahre 1303 vermutlich an den Folgen eines Anschlags auf sein Leben. Danach begaben sich die Päpste unter der Aufsicht des Königs von Frankreich ins Exil nach Avignon.

Zuvor erwies sich das Jubeljahr als Hebel dafür, den religiösen Enthusiasmus der Gläubigen, die damals in Massen nach Rom pilgerten, ein einstweilen letztes Mal an die geistlichen wie weltlichen Machtansprüche des Papsttums zu binden. Dieses sollte sich der Vehikel der – seit 1500 so genannten – Heiligen Jahre dann auch in der Zukunft um seiner Erneuerung willen bedienen. Im Jahre 1300 hatte sich auch der florentinische Chronist Giovanni Villani dem Pilgerheer nach Rom angeschlossen und einen ausführlichen Bericht über das Schauspiel der um ihr geistliches Oberhaupt versammelten *universitas Christiana* hinterlassen. Nach seinen statistischen Angaben – und die damaligen Florentiner waren die Erfinder der modernen Statistik schlechthin – zogen täglich 30 000 Pilger in Rom ein und aus und hielten sich im Wechsel dort ständig zweihunderttausend, über das Jahr verteilt ganze zwei Millionen Fremde auf. Selbst wenn diese Angaben etwas übertrieben sind, so hätte – an der Einwohnerzahl von weniger als 30 000 Seelen gemessen – auch ein halbierter Andrang genügt, um das verödete und verlassene Rom vorübergehend wieder in eine belebte und bevölkerte Welthauptstadt zu verwandeln.

Villani zufolge war das Jubiläum die »wunderbarste Sache, die man je gesehen hatte«. Besondere Lobesworte und Bewunderung hatte der florentinische Bankangestellte insbesondere für die römische Verwaltung und die perfekte Organisation der Feierlichkeiten übrig, die ganz »ohne Unruhen und Gezänk« ausgekommen seien, desgleichen für die Qualität der Versorgung und Unterbringung sowie für den wiedererwachten ökonomischen Erwerbssinn der Römer. »Die Gaben der Pilger trugen der Kirche Schätze ein, und die Römer alle wurden durch den Verkauf von Waren reich.«

Der Florentiner war freilich ein eher nüchterner Beobachter im Vergleich zu den Berichten anderer, die Gregorovius – gewiß mit einer Spur Romantik des 19. Jahrhunderts angereichert – wiedergibt:

> Rom bot Tag und Nacht das Schauspiel von heergleich hereinströmenden oder herausziehenden Pilgern dar. Ein Betrachter dieser großen Szene konnte von der Höhe der Stadt herab von Süd, Nord, Ost und West Menschenschwärme gleich wandernden Völkern auf den alten Römerstraßen herankommen sehen, und wenn er sich unter sie mischte, Mühe haben, ihre Heimat zu erraten. Es kamen Italiener, Provençalen, Franzosen, Ungarn, Slawen, Deutsche, Spanier, selbst Engländer. Italien gab den Wandernden die Straßen frei und hielt Gottesfrieden. Sie zogen einher im Pilgermantel oder in den Nationaltrachten ihrer Länder, zu Fuß, zu Pferde, auf Karren, Müde und Kranke führend, beladen mit ihrem Gepäck; man sah hundertjährige Greise von ihren Enkeln geleitet und Jünglinge, welche wie Aeneas Vater oder Mutter auf ihren Schultern nach Rom trugen. Sie redeten in vielen Landessprachen, aber sie sangen in der einen Sprache der Kirche Litaneien, und ihre sehnsüchtigen Vorstellungen hatten ein und dasselbe Ziel. Wenn sie in der sonnigen Ferne den finstern Wald der Türme der heiligen Stadt erscheinen sahen, so er-

> hoben sie den Jubelruf »Roma! Roma!«, wie Schiffer, die nach langer Fahrt auftauchendes Land entdecken. Sie warfen sich zum Gebete nieder und richteten sich auf mit dem inbrünstigen Geschrei: »St. Petrus und Paulus, Gnade!« An den Toren empfingen sie ihre Landesgenossen und Verpflegungsbeamte der Stadt, ihnen Herberge zuzuweisen, doch sie zogen erst zum St. Peter, die Treppe des Vorhofs auf Knien zu ersteigen, und warfen sich dann mit Ekstase am Apostelgrab nieder.

Was bot Roms Säkularfeier seinen Pilgermassen neben Gräbern, Ruinen und Reliquien? Und welchen Nutzen zog Rom im Gegenzug von seinen Fremden? Da war zunächst die Aussicht auf die große Vergebung aller Sünden und Schuld, deren Bedingungen die päpstliche Bulle sehr genau geregelt hatte: Die Einwohner Roms mußten an insgesamt 30 aufeinanderfolgenden Tagen wenigstens einmal täglich die Basiliken der Apostelfürsten Petrus und Paulus aufsuchen. Für Pilger und andere Fremde (*pellegrini o forestieri*) wurde dieser Zeitraum auf 15 Tage verkürzt. Die Praxis, reuig büßenden Sündern eine »Ablaß« genannte, allgemeine oder befristete Vergebung ihrer Schuld einzuräumen, war als solche nicht neu, sondern erstmals im Zeitalter der Kreuzzüge von Papst Urban II. im Jahre 1095 als Anreiz für die Teilnahme an der Wiedereroberung Jerusalems versprochen worden.

Die Kreuzritter, die im Jahre 1099 Jerusalem zum wiederholten Mal in seiner Geschichte dem Erdboden gleichmachten, führten bereits Pilgerheere als Fußvolk mit sich und hatten fortan noch größere im Gefolge. Der Kreuzzug des Jahres 1267 wurde sogar zum »Jubiläum der Christen« erklärt. Für Rom selbst war die Wirkung solcher Ablaßversprechen jedoch ein zweischneidiges Schwert, denn seither verlor die Stadt an Pilgerattraktivität zugunsten des Heiligen Landes. Mit dem dritten christlichen Fernpilgerziel von Santiago de Compostella im spanischen Galizien war Rom überdies ein weiterer Konkurrent im Fremdenverkehr erwachsen. Dort wurde das Grab des Apostels Jakob vermutet, und auch der Aufstieg dieser Wallfahrtsstätte war mit einem Kreuzzug, der sogenannten *Reconquista*, der Wiedereroberung Spaniens von den Mauren verbunden. Dennoch verstärkte das päpstliche Vorrecht auf Sündenvergebungen, die zum Synonym für »Jubiläen« wurden, zweifellos das grenzüberschreitende Ansehen und die Autorität der Päpste. Innozenz IV. gewährte Mitte des 13. Jahrhunderts sogar den Erbauern der Rhonebrücke von Lyon für »ein Jahr und 40 Tage Jubiläum«, was ebenfalls keinen »Urlaub «, sondern wiederum einen »Ablaß« bedeutete.

Die Ausrufung des Jubiläumsjahrs 1300 war der gelungene Versuch, für Rom verlorenes Terrain zurückzugewinnen und die Bindung der Christenheit an die ewige Stadt zu verstärken, zumal die Wege nach Jerusalem längst wieder abgeschnitten waren. Das nächste, von Papst Clemens VI. von Avignon aus bereits für 1350 einberufene römische Jubeljahr sollte daher nicht zuletzt die fortdauernde römische Verankerung des Papsttums unterstreichen und ihm die lokale Kontrolle sichern. Deshalb wurde den beiden Apostelkirchen diesmal als dritte Station die verwaiste Metropolitankirche des Laterans hinzugefügt. Auch dieses Jubiläumsdatum war von zumindest kurzzeitigem Erfolg gekrönt. Laut Giovanni Villanis Sohn Matteo, der die Chronik seines Vaters weiterführte, und sich ebenfalls nach Rom begeben hatte, sollen sich allein während der Fastenzeit 1,2 Millionen Pilger in Rom aufgehalten haben, was sicherlich zu hoch gegriffen, aber doch ein relativer Annäherungswert war. Unter den damaligen Pilgern befand sich auch die zukünftige Schutzpatronin der Rompilger, die heilige Birgitta von Schweden, die sich fortan von Rom aus für die Rückkehr der Päpste aus Avignon einsetzte.

Vom wiedererstarkten Papsttum des 15. Jahrhunderts wurde der Jubiläumsablaß schließlich auch auf die Seelen der im Fegefeuer büßenden Toten ausgedehnt, was zum weiteren Anstieg der Pilgerzahlen zu den zeitweise in zunehmend kürzeren Abständen gefeierten Heiligen Jahren führte. Seither konnten die Pilger per Romfahrt sich nicht nur selbst beizeiten einen Platz gleich in der ewigen Seligkeit sichern oder doch zumindest die Frist des Fegefeuers um jeweils exakt errechenbare Zeiträume verkürzen, sondern auch für die Erleichterung der Seelen ihrer toten Anvertrauten, Verwandten und Freunde Sorge tragen. Der internationale gewerbliche Ablaßverkauf, aus dem die Päpste den Neubau der

Peterskirche finanzierten und der Luther zu seinen Wittenbergschen Thesen und zur Reformation veranlaßte, datierte erst aus der Zeit um 1500 und wurde nach dem Konzil von Trient (1545–1563) durch die gegenreformierte Kirche wieder verboten.

Im Verein mit der Sünden- und Schuldvergebung und dem Gemeinschaftserlebnis bot Rom seinen Besuchern im Jubeljahr auch eine anthropologische Erfahrung im Sinne eines Menschenbilds, das bereits dem Begriff des Pilgers, dem *peregrinus* (wörtlich: der »Über-Äcker«-Wandernde; ital. *pellegrino*), selbst unterliegt. Im alten Rom wurden so jene Freien genannt, die – ähnlich den Metöken Athens – anfangs keine römischen Bürgerrechte besaßen, sondern unter das Fremdenrecht des *ius gentium* fielen. Wie von vielen anderen italienischen Worten, so verdanken wir Dante auch die genaueste Definition der Mischform *peregrino*. In der sieben Jahre vor dem ersten Jubiläum verfaßten *Vita nova* schrieb dieser:

> Ich sage »Pilger« und meine es in der weitesten Bedeutung des Wortes, denn »Pilger« kann man in zweifachem Sinn verstehen, in einem weiten und in einem engen. Im weiten Sinn ist ein Pilger ein Mensch, der außerhalb seiner Heimat weilt; im engeren Sinn versteht man unter einem Pilger nur einen, der zum Haus des heiligen Jakobus reist oder von dort zurückkehrt [...]. Sie heißen »Palmer«, weil sie übers Meer [nach Jerusalem] fahren, von wannen sie des öftern Palmen heimbringen; sie heißen »Pilger«, da sie zu dem Haus in Galizien ziehen, weil das Grab des heiligen Jakobus weiter von dessen Heimat entfernt liegt als dasjenige jedes andern Apostels; sie heißen »Römer« (Romei), weil sie nach Rom wandeln.

Vor der Jahrhundertwende von 1300, zu der auch Dante nach Rom zog, lag die Stadt der Päpste in der Hierarchie der Pilgerstätten demnach noch an dritter Stelle. Rom konnte nicht einmal mehr das Wort »Pilger« im engeren Sinn für seine Besucher in Anspruch nehmen, und sein Wiederaufstieg aus dem langen Mittelalter wurde auch im ersten Jubeljahr der Kirche gewissermaßen nur »geprobt«, um danach wieder für mehr als ein ganzes Jahrhundert unterbrochen zu werden. Erst mit dem Jubiläum von 1450 war ein Wendepunkt erreicht, der auch über das gefeierte

Jahr hinaus hielt. Daneben sticht Dantes Worterklärung »im weiten Sinn« hervor, von der auch noch Goethes säkularisierte Romfahrt von 1786 zehrte. Im übertragenen Sinne ist der *Peregrino*, wie in mythischer Vorzeit der italische Saturn, ein heimatlos Umherirrender und Umherschweifender, kurz: ein Exilant, obgleich ein zielgeleiteter. Nicht anders faßt das Christentum das Menschen- und Erdenleben schlechthin auf, nämlich als ein beständiges Unterwegssein oder als ein zwischen Geburt und Tod, zwischen dem Diesseits und dem Jenseits angesiedeltes Schwellendasein auf dem Weg zu Gott. Das Leben des Christenmenschen wiegt deswegen um so schwerer und findet vorübergehende Erleichterung einzig in der beharrlichen Bewegung, weil das zugehörige Menschenbild – dem heidnisch-antiken diametral entgegengesetzt – keine naturgegebene und unauflösliche Einheit von Leib, Seele und Kosmos mehr kennt. Der Christenmensch ist ein *Homo viator*, ein Pilger, ein Reisender, ein Wanderer, geworfen in eine Welt, die kein bleibender Aufenthaltsort für ihn ist. Mit einer unsterblichen und ihrer Erlösung harrenden Seele versehen, ist sein sterblicher, dem Staub der Erde überlassener Leib nichts weiter als eine vorübergehende Behausung, ein Fremdkörper, im Grunde ein Gefängnis.

Im Unterschied andererseits zum Judentum hat der Messias für die Christen sein Werk jedoch schon vollbracht, und es bedarf seither nur noch der Vollendung am Ende und außerhalb aller Zeiten. Daraus ist die unbedingte und für Rom als Brückenkopf des Aufstiegs zum Himmlischen Jerusalem so fremdenverkehrsförderliche Zielstrebigkeit des christlichen Pilgers zu verstehen. Sein zwar ständiges »Unterwegssein« und dabei doch – sofern unter apostolisch-pastoraler Anleitung, anders ausgedrückt, *via Roma* – »Auf-dem-richtigen-Weg-Sein« macht auch den Unterschied zu seinem ziellos umhergetriebenen Zerrbild aus, dem »ewigen Juden« Ahasver. Dieser entstammt jedoch keiner jüdischen, sondern einer alten christlichen Legende.

Die weiterhin auf die Ankunft des Messias wartenden Juden folgten einem Gesetz, das sie gegenüber dem Schöpfer zu unbedingtem Gehorsam verpflichtete. »Ferien« im Sinne der vorüber-

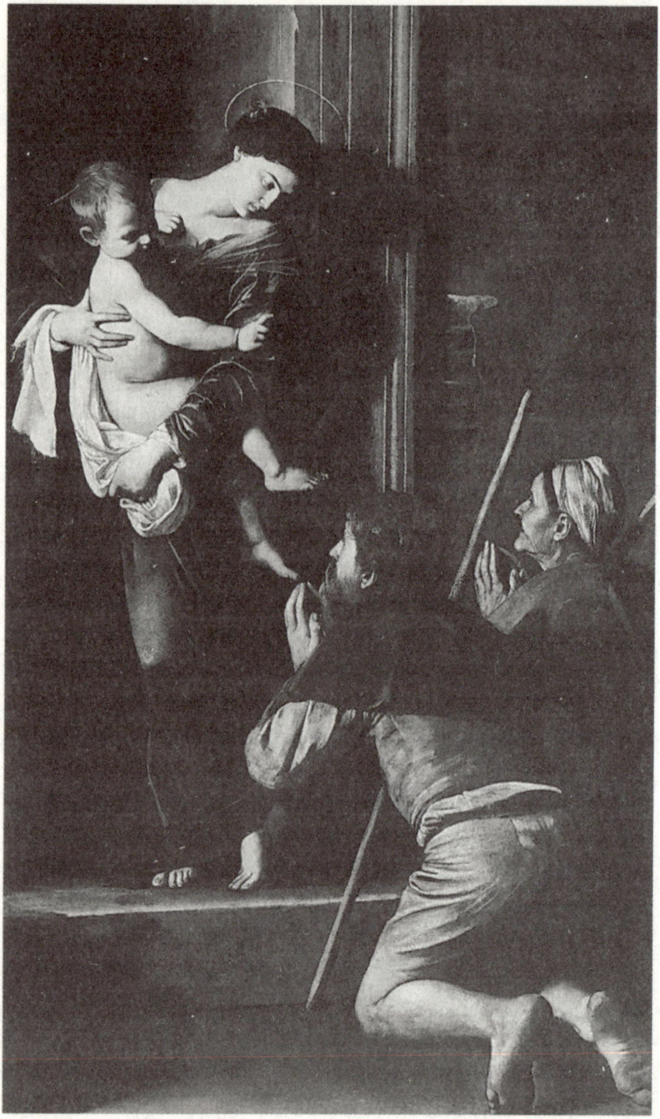

Madonna dei Pellegrini, S. Agostino
Gemälde von Caravaggio, um 1605

gehenden Zulassung vorzivilisatorischer – gleichbedeutend mit den Zeiten vor der Verkündung der Gesetze – Regungen waren für das monotheistische Judentum, das auch das Menschenopfer abgeschafft hatte, ebenso undenkbar wie die vielen Göttern geweihten »Spiele« (*ludi*) von der Art jener blutrünstigen Veranstaltungen, welche die Römer in ihren Amphitheatern und Zirkussen aufführten. Seinerseits der jüdischen Tradition verpflichtet, hat das römische Christentum auch allen mit Menschenschlächtereien verbundenen heidnischen Vergnügungspraktiken ein Ende gemacht.

Der Tribut, den die Juden ihrem Schöpfergott schuldeten, war anders beschaffen. In Anlehnung an die zeitliche, dem zyklischen Wechsel des Mondes folgende Ordnung, die der Schöpfer selbst eingehalten hatte, entstand das Ruhegebot des Sabbats, über das sich die antiken Römer ebenso wunderten wie späterhin über die christliche Sonntagsregel. Aus der Verpflichtung zum regelmäßig wiederkehrenden Innehalten bei allem Tun, das von alltäglichen, gewöhnlich eher auf schmerzlichen Trennungen und Teilungen als auf geglückten Bindungen beruhenden Zwängen und Notwendigkeiten diktiert ist, entstand das hebräische Wort *jobel*. Darauf konnte sich Papst Bonifaz VIII., mangels einer anderen Tradition außer den heidnischen Säkularfeiern, bei seiner Einsetzung des Jubeljahres 1300 berufen: »Ihr sollt das fünfzigste Jahr heiligen«, war in den Büchern des Moses zu lesen, »es soll ein Erlaßjahr für euch sein.«

Der jüdische *jobel* ist nach einemWidderhorn benannt, mit dessen Blasen nach Vollendung eines jeden Zyklus von sieben mal sieben Jahren das nachfolgende – fünfzigste – Jahr gewissermaßen für seine gesamte Zeitdauer »angehalten« und im Sinne von Vergebung und Versöhnung, von Eingedenken und Erneuerung festlich begangen wurde. Bindungen, die nicht dem Gottesgesetz entsprachen, sondern Menschenwerk waren, wurden annulliert, wie überhaupt die späterhin vom römischen Apostelstuhl beanspruchte Binde- und Lösegewalt bereits vom jüdischen Rabbinertum ausgeübt worden war. Zum altjüdischen Jubiläum gehörte daher insbesondere die Freilassung von Sklaven und die Tilgung aller Schuldenlasten. Aus dieser Wurzel speiste sich die christliche Verbindung des »Jubiläums« mit einem »Ablaß«. Zu *annus iubileus* hatte bereits der heilige Kirchenvater Hieronymus das hebräische Wort *jobel* latinisiert; zum *l'anno del giubileo* italienisierte wiederum Dante den durch Papst Bonifaz erlassenen Aufruf, im Jahr 1300 nach Rom zu pilgern; und die Deutung des Wortes *iubilaeus* als »Vergebung« fand sich sinngemäß schon im 7. Jahrhundert bei dem Kirchenlehrer Isidor von Sevilla.

Bereits der unmittelbare Nachfolger von Papst Bonifaz VIII., Benedikt XI., hatte die Zeitspanne für die Jubeljahre, der alttestamentlichen Regelung folgend, von hundert auf fünfzig Jahre herabgesetzt. Weitere Versuche, nochmals andere Turnusregeln zu treffen – so nach dem Lebensalter Christi von 33 Jahren – und die Jahrhundertfeier dennoch zu berücksichtigen, hatten eine kleine Inflation von Jubiläen zur Folge: Nach den Feiern der Jahre 1390, 1400, 1423, 1450 gingen die Päpste zu dem bis heute verbindlichen Turnus – Heilige Jahre aus *außer*ordentlichem Anlaß ausgenommen – von 25 Jahren über, mit dem Jahr 2000 als dem 28. Jubiläum seit Bonifaz VIII.

Wie das christliche Rom die Überwindung und Nachfolge gleich zweier Vorgängerstädte, des heidnischen Roms und des jüdischen Jerusalems, beanspruchte, so sind auch die geheiligten Tore und Pforten jener römischen Stationskirchen, die der Pilger als Ablaßbedingung feierlich zu durchschreiten hatte, nicht allein die Nachfolger der antiken Triumphbogen, sondern auch diejenigen des Tempels Salomo. In der Sixtinischen Kapelle des Vatikans, in der entlang der Decke und der Seitenwände die gesamte Menschheits-, Heils- und Apostelgeschichte von der Erschaffung der Welt und des Menschen bis zur Zeit der ersten römischen Petrusfolger dargestellt ist, während die Eingangswand mit Michelangelos *Jüngstem Gericht* auf die noch zu erwartende Erfüllung vorausweist, hat der umbrische Maler Pietro Perugino, Raffaels Lehrer, in den achtziger Jahren des 15. Jahrhunderts auch die *Schlüsselübergabe* dargestellt: Vor dem Portal des Tempels von Jerusalem überreicht Christus dem Petrus die doppelten Schlüssel der irdischen wie himmlischen Binde- und Lösegewalt.

Demgemäß betrachtete sich bereits die päpstliche Lateranbasilika als unmittelbarer Nachfolger des von den Römern zerstörten Tempels von Jerusalem, der in Anlehnung an die Vision des Jakob im Buch Genesis von den Juden als Pforte des Himmels verehrt wurde. Als Nachweis auch für diese *translatio* und als bedeutendster Teil der von Titus geraubten Tempelschätze wurde unter dem Altar der den beiden Johannes' geweihten Kirche angeblich die jüdische Bundeslade verwahrt. »Ich bin die Pforte«, sprach Christus im Johannesevangelium (Joh. 10,7–9), »wer durch mich eintritt, wird erlöst.« So war die Laterankirche auch die erste der fünf römischen Patriarchalkirchen, in der zum Jubeljahr 1423, mit dem Papst Martin V. die Rückkehr der Päpste nach Rom besiegelte, ein neuerbautes Portal eröffnet und zum Ende des Jahres wieder geschlossen und zugemauert wurde.

Seit der Jahrhundertwende 1500, mit der die fortan gültige Bezeichnung »Heiliges Jahr« eingeführt wurde, nannte man diese Eingänge, deren Durchschreiten für die Ablaßgewährung verbindlich war – ähnlich wie im alten Rom der Durchgang durch die hölzerne Triumphpforte des Marsfeldes für den Einlaß in die Stadt –, *Porte Sante*, »heilige Pforten«. Mit ihrem rituellen Öffnen durch die Nachfolger des Petrus werden die Heiligen Jahre eingeläutet, und mit ihrem Schließen enden sie wieder. Im Jahre 1575 wohnte der Münchner Hofprediger Jakob Rabus der Zeremonie bei und beschrieb ihre im wesentlichen bis heute gültige Liturgie:

> Auf den h. Weihnachtabend, wann ein 25. Jahr vorhanden, nach Mittag, legt päpstliche Heiligkeit ihre gewöhnliche pontificalische Ornat an und verfügen sich alsdann alle Kardinäl, Bischof und Prälaten samt ihr Heiligkeit fürnehmbstem Hofgesind in Palast und begleiten ihr Heiligkeit in die Capell S. Sixti. Daselbst tut jeder männiglich dem h. h. Sacrament gebührende Reverenz und verrichtet sein Gebet. [...] Päpstliche Heiligkeit aber intoniert und hebt an zu singen den schönen Hymnum *Veni creator spiritus*, Komm du Schöpfer o heiliger Geist. Den Singen die Prälaten gar aus bis ans End. Darauf nimbt ihr Heiligkeit auch ein brennende Fackel und geht also der Prozession fort bis zu der guldin Pforten. Da setzt ihr Heiligkeit sich nieder und wartet, bis die Herren und Prälaten alle

zusammen kommen. Wann das beschehen, steht ihr Heiligkeit auf, nimbt ein silbern Hammer in die Hand, geht für die Pforten, schlägt mit dem Hammer daran und singt im Schlagen hernachfolgende Versikel,

Aperite mihi portas iustitiae,
Tut auf die Pforten der Gerechtigkeit.

Darauf antwortet ihm der Chor.

Ingressus in ea confitebor domino, das ist:
Wann ich durch sie hinein werd gehn, will ich den Herrn loben.

Auf solches nimbt der obriste Poenitentarius, dazumal der fromme Kardinal Hosius seligster Gedächtnis, auch ein Hammer und schlägt auch an die Pforten. Die Maurer aber brechen dazwischen die Stein aus und eröffnen dieselb, die wird bald mit Rauchwerk und Weihwasser besprengt. Und singt darauf die Klerisei den 65. Psalm Davids: *Jubilate Deo omnes terrae* chorweis und umb einander. Der Papst aber, ehedann er durch die Pforten hineingeht, singt zuvor noch etliche Versikel, als:

Haec est dies, quam fecit dominus.
Dies ist der Tag, den Gott selbs gemacht hat.

Chor:
Exultemus et laetemur in ea.
Laßt uns daran frohlocken und fröhlich sein. – – –

Nach diesem allen nimbt der Papst ein guldins Kreuz in die Hand und fangt an zu intonieren den schönen Lobgesang Augustini und Ambrosii: *Te Deum laudamus* [...].

Da auch die vom Erlöser verkörperte Pforte schmal ist, verzichteten die Heiligen Pforten der römischen Patriarchalkirchen sowohl auf die zentrale Mittellage als auch – mit Ausnahme der 1500 eingeweihten Goldenen Pforte der alten Petersbasilika – auf besonderen Schmuck. Anfangs waren die Türen selbst gewöhnlich nur aus Holz, doch dafür blieben sie – anders als heute – auch des Nachts geöffnet, um bedürftigen Pilgern notfalls Obdach zu gewähren.

Salus intrantibus führten alle Wege durch Rom auch über Rom hinaus, nicht nur nach früheren, älteren und sonst verschlossenen Städten, sondern auch hinauf in die Gottesstadt des himmlischen Jerusalems. Rom öffnete, bewachte und – gegebenenfalls – verschloß auch diese Pforte.

Moses
Michelangelo, um 1513–16

Die Doppelstadt

O du, mein Schifflein, schlecht bist du geladen!

Dante, *Purgatorium XXXII*

Via Nazionale

Am 9. Juni 1889, einem Pfingstsonntag, bot Rom ein merkwürdiges Bild. Wer sich nach morgendlicher Ankunft vom Bahnhof in Richtung Engelsbrücke auf die Beine machte oder eine Pferdedroschke bestieg, um sich zum Vatikan chauffieren zu lassen, geriet alsbald in einen Stau. An Neubauten und Baustellen vorbei bewegte sich ein langer Zug römischer Bürger von der Höhe des Viminals die abschüssige Hauptstraße des neuen Königreichs Italien hinunter. Auf geschliffenen Straßenschildern war die an ihren Rändern mit Banken und Büros, Geschäfts- und Kaffeehäusern, Hotels und Restaurants gesäumte Straße als *Via Nazionale* ausgewiesen.

Den Platz vor ihrem Eingang überragten erst seit kurzem die hohen Säulenhallen zweier im Halbrund errichteter mehrstöckiger Bauten. Mit einem mondänen Springbrunnen bestückt, unter dessen Fontänen bronzene Najaden in der Morgensonne badeten, trug er den Namen *Piazza Esedra*. So hatte man ihn nach der gegenüberliegenden Exedra der Diokletiansthermen benannt, in die Michelangelo im 16. Jahrhundert die Kirche Santa Maria degli Angeli hineingebaut hatte. Heute und seit dem Ende des Königreichs

Italien heißt der Platz *Piazza della Repubblica.* Auf ihm hatte man sich vor neun Uhr morgens versammelt, um gemessenen Schritts und in geordneten Reihen gemeinsam die Straße hinabzuziehen.

Falls dies eine Prozession hinüber zum Vatikan war, warum waren dann keine heiligen Symbole und, trotz der vielen stattlichen Herren in dunklen Anzügen mit aufgesetzten Zylindern, keine Kleriker zu sehen und auch keine geistlichen Gesänge zu hören? Aber man zog hier heute nicht zum Vatikan, obgleich man bei fast jedem Schritt mit den römischen Hinterlassenschaften des Papsttums in Tuchfühlung kam. Auf halber Strecke berührte man den rückwärtigen, mit dem Grün eines Parks bedeckten Abhang des Quirinalshügels mit der weiter oben gelegenen, vormaligen Stadtresidenz der Barockpäpste. Nach dem Einmarsch der Garibaldianer in Rom und dem Ende des Kirchenstaats im Jahre 1870 residierten dort die Könige des piemontesischen Hauses Savoyen. Daraufhin erklärten sich die Päpste zu freiwilligen Gefangenen im Vatikan und taten für ein halbes Jahrhundert keinen Fuß mehr in die Stadt, nicht einmal vor die Türen und Loggien von Sankt Peter. Seit 1947, als Italien zur Republik wurde, ist der Quirinal der Amtssitz des italienischen Staatspräsidenten. Nach den aus Konstantinischer Zeit stammenden Kolossalstatuen zweier Rossebändiger auf seinem Vorplatz, den Dioskuren, wird der Quirinal auch Monte Cavallo genannt.

Am Fuße des Abhangs, von dem die Straße nach einer letzten Biegung wieder auf eine große Piazza einmündete, konnte man einen flüchtigen Seitenblick nach dem Ruinenfeld des Trajansforums werfen, das sich hinter den beiden kuppelumrundeten barocken Zentralbaukirchen von Santa Maria di Loreto und Santissimo Nome di Maria öffnete. Ins Auge stach die schlanke und steil aufragende antike Triumphsäule, deren Sockel einst die Asche des Kaisers Trajan umschlossen haben soll. Das war ein besonderes Privileg, welches auch einem Triumphator nur in Ausnahmefällen eingeräumt wurde, da die Römer, wie vor ihnen die Etrusker, ihre Toten grundsätzlich nur außerhalb der Stadt der Lebenden beisetzen durften. Gleich einer versteinerten Filmwochenschau schilderte das sich schier endlos von unten nach oben hinauf-

Trajanssäule
Stich von Giovanni Battista Piranesi, um 1750

windende Reliefband der Bildnissäule die Geschichte des trajanischen Feldzugs ins Land der Daker, dem heutigen Rumänien. Zwar konnte man – außer im Projektorenlicht einer schräg einfallenden Abendsonne – keine Einzelheiten erkennen, aber darauf wie auf die Inhalte der Erzählung kam es am wenigsten an, vielmehr aber auf die Wahrnehmung des gleichmäßig fortlaufenden Erzählrhythmus. Dieser war gewissermaßen an »Weitsichtige« adressiert, die sich – so wie die an diesem Morgen hier Vorbeiziehenden – das bebilderte Säulenrund aus dem Gleichmaß ihrer eigenen, feierlich gesetzten Schritte und dem Gliedertakt angepaßten Augenbewegungen erschlossen.

Das Überleben der Säule verdankte sich dem sagenumwobenen Ruf, den der heidnische Kaiser unter den Christen des Mittelalters genoß. Mehrere Legenden, deren christliche Ikonographie von den Reliefdarstellungen der Säule selbst angeregt ist, rankten sich um Trajans angebliche Tugenden der Gerechtigkeit und der Mildtätigkeit. Von ihren Beispielen angezogen, habe der heilige Papst Gregor der Große, der die Kirche von 590 bis 604 regierte, einst vor der Säule innegehalten und sich Trajans armer Seele angenommen: »Tiefe Traurigkeit überkam ihn« – so überlieferte Gregorovius die populäre Legende –, »daß ein so gerechter Herrscher der ewigen Verdammnis anheimgefallen sei. Er weinte darüber, bis er zum St. Peter kam, wo er in Verzückung fiel und eine himmlische Stimme rufen hörte: sein Gebet um Trajan sei erhört, die Seele des heidnischen Kaisers erlöst, aber er solle sich nie mehr beikommen lassen, für Heiden zu beten.« Die Spitze des Monuments, die einstmals das goldene Standbild des Kaisers zierte, nahm seit 1588 das Kolossalbildnis des heiligen Petrus ein.

Der Blick und die Handbewegung des Apostels war der Nordseite des Platzes und dem Ausgang des Corso zugewandt, der Richtung, aus welcher die zahlenmäßig größten Pilgerscharen nach Petri Grabeskirche zu strömen pflegten. Diese älteste, geradlinigste und belebteste aller römischen Promenaden trug seit der Antike, als sie mit Triumphbogen überspannt war, deren Überreste noch im 16. Jahrhundert zu sehen waren, nacheinander mehrere Namen – Via Flaminia, Via Recta (»gerade«), Via Lata (»breite«) –, bis sie nach einem berühmten Pferderennen, das man hier seit der Renaissance alljährlich zum Karneval veranstaltete, umgetauft wurde. Wie durch ein Teleskop waren am fernen Ende des Corso, an dem hundert Jahre zuvor auch Goethe sein römisches Quartier genommen hatte, die schimmernden Umrisse des Flaminischen Obelisken und der Porta del Popolo zu erkennen.

An diesem Verkehrskreuz zu Füßen der Großbaustelle eines Nationaldenkmals für den elf Jahre zuvor – nur wenige Wochen vor dem Tode auch seines Gegenspielers Pius IX. – verstorbenen König Vittorio Emanuele II. überschnitt sich die Route des Pfingstzugs des Jahres 1889 mit der historischen Marschrichtung der feierlichen Romeinzüge und Pilgerprozessionen, um nunmehr sogar zusammenzulaufen. Als ginge man von diesem Platz aus wieder zu einer anderen Stadt über, wurde er von den wehrhaften und zinnenbekrönten Mauern eines mächtigen alten Palasts überragt. Das Gebäude, der *Palazzo Venezia,* hatte der *Piazza Venezia* den Namen gegeben. Der aus Venedig stammende Kardinal Pietro Barbo hatte es sich Mitte des 15. Jahrhunderts errichten lassen, bevor er es unter dem Papstnamen Paul II. zu seiner Stadtresidenz erwählte.

Räumlich wie zeitlich am Eingang zur Stadt der Renaissance stehend, hatte dieser Palast ein erstes deutliches Zeichen dafür gesetzt, daß die nach Rom zurückgekehrten Päpste nicht nur in ihren angestammten und geheiligten Bezirken, sondern auch im profanen Stadtraum selbst nach einem sichtbaren und machtvollen Ausdruck ihrer Präsenz strebten. In einem der nächsten Schritte hatte Papst Paul III. aus der Familie Farnese ein Jahrhundert danach das Gesicht des benachbarten Kapitolshügels von der verwüsteten antiken Forumsseite in die entgegengesetzte, dem Vatikanshügel zugewandten Himmelsrichtung gedreht und den Hügelaufgang nach Plänen Michelangelos neu bebauen lassen. Die leicht ansteigende, trapezförmige Platzanlage mit ihrem von der Mitte aus dem Boden eingezeichneten Oval lieferte bereits im räumlich Kleinen wie im symbolisch Großen das Vorbild für Berninis Neugestaltung des Petersplatzes nochmals ein Jahrhundert darauf.

Das Reiterstandbild des Kaisers Marc Aurel, das die Mitte des Platzes einnimmt, auf dem radialförmig eingelegte Steine die Umrisse des Universums nachzeichnen, hatte das Mittelalter wiederum nur deshalb überlebt, weil man es auf seinem ehemaligen Standort vor dem Lateran irrtümlich für ein Bildnis des großen Konstantin ansah. Der Exilflorentiner Michelangelo, der auf dem Kapitol republikanische Rom-Ideale versinnbildlichen wollte, hatte sich zwar gegen eine Verlagerung des imperialen Reiterbildnisses auf »seinen« Platz ausgesprochen, doch der Papst war anderer Meinung. Den rückwärtigen Platzabschluß, zusätzlich durch eine Freitreppe hervorgehoben, bildete der Senatorenpalast, der Sitz des kommunalen Roms, was unter der Stadthoheit der Päpste mehr ein symbolischer Traditionsname als Ausdruck realer städtischer Freiheit und Selbstverwaltung war. Bühnenprospektartig flankieren ihn die beiden einander gegenüberliegenden Paläste der Konservatoren, wie man die Aufseher über die römischen Antiken und städtischen Kunstsammlungen nannte, und des kapitolinischen Museums. Dessen Sammlung wurde bereits im Jahre 1471 durch Papst Sixtus IV. begründet, der damals einen Teil der im Lateran und Vatikan zusammengetragenen Antiken hierher zurückführte und dazu die würdevollen Worte fand: »Feierlich übergebe ich diese schönen Statuen dem römischen Volk, woraus sie einst entstanden waren.«

Nach der Stadtseite des Kapitols und als Aufgang von der Piazza Venezia schuf Michelangelo einen großräumigen und von antiken Dioskuren flankierten Rampenaufstieg, der eher einer leise ansteigenden zeremonialen Schwebebrücke zur Aufnahme großer Prozessionen als einer Treppe gleicht. Sie ist das Gegenstück und der keilförmig von der gleichen Ausgangsbasis am Boden ausgehende Korrespondenzpartner jener fürwahr ungeheuer steil ansteigenden und breiten Stiege zur neben dem Kapitol gelegenen Kirche von Santa Maria in Aracoeli aus dem 6. Jahrhundert. Aracoeli ist die Stammkirche der römischen Kommune, weshalb in ihrem Inneren auch die mit dem S.P.Q.R. (*Senatus populusque Romanus* – »Senat und Volk der Römer«) gezeichneten Inschriften die von den Päpsten angebrachten Weihe- und Gedenktafeln

Blick auf den Kapitolsplatz mit Aracoeli
Zeichnung von Karl Friedrich Schinkel, 1809

überwiegen. Während des Exils der Päpste und auf dem Höhepunkt des Ringens der Kommune um ihre Selbständigkeit hatten die Römer die aus 124 Marmorstufen errichtete Freitreppe zum Dank für die Überwindung der verheerenden Pest des Jahres 1348 gestiftet. Fortan wurde sie »Himmelsstiege« genannt.

Die Treppe würdigte den Ort, an dem die tiburtinische Sibylle einst dem Augustus eine Himmelsvision eröffnet haben soll: »Da erschien um Mittentag«, heißt es in der *Goldenen Legende* des Jacobus da Voragine, der berühmtesten Quellensammlung von sagenhaften und bildhaften Motiven spätantiken und mittelalterlichen

Ursprungs, »ein güldener Kreis um die Sonne, und mitten in dem Kreis die allerschönste Jungfrau, die stand über einem Altar und hielt ein Kind auf ihrem Schoß.« Der Kaiser habe sich davor zu Boden geworfen, und die Sibylle habe ihm bedeutet: *Haec est ara coeli* – »dies ist der Altar des Himmels«. Bereits Augustus soll die Erscheinung mit der Errichtung eines Altars an selbiger Stelle gewürdigt haben, was wiederum den Anlaß zur späteren Gründung und Namengebung dieses ältesten römischen Marienheiligtums lieferte, das auf den Fundamenten eines antiken Junotempels ruht.

Zum Altar von Ara Coeli führte Mitte des 14. Jahrhunderts jener seltsame, nach antikem Muster und mit originalen Requisiten in Szene gesetzte Triumphzug des Cola di Rienzo, den Richard Wagner in einer Oper verewigte. Der hochtalentierte Sohn eines Herbergswirts und einer Wäscherin vom Tiberufer war seit seiner Jugendzeit durch die Schulen der Straßen und Ruinen Roms gegangen, hatte Bildwerke studiert, Inschriften entziffert und die zugehörigen Begebenheiten und Ideen in den Werken der antiken Autoren nachgelesen. Von der Idee der Wiederherstellung des Imperiums durch das dazu auserwählte römische Volk besessen, noch dazu mit großer Beredsamkeit begabt, ließ er sich zum Volkstribunen ausrufen. Er stellte die Republik wieder her, mahnte die italienischen Städte und Völker zur Einheit und rief sie zur symbolischen Wiedervermählung mit der Mutterstadt nach dem Kapitol. Bald darauf griff er in Sankt Peter nach dem Kaisergewand, nachdem er zuvor im Lateran, um der symbolischen Wiedergeburt des Imperiums willen, ein Bad in derselben Taufwanne genommen hatte, worin Konstantin einst vom Aussatz gereinigt worden sein soll. Von Petrarca, der selbst zu Ostern des Jahres 1341 auf dem Kapitol den Lorbeer der Dichterkrone empfangen hatte, soeben noch gefeiert, verlief Colas Fall nach siebenmonatiger Herrschaft jedoch ebenso schnell wie sein Aufstieg. Am Ende, nach seiner Abdankung und dem Ablegen des Kaiserornats auf dem Altar von Ara Coeli, wurde er im Jahre 1354 von seinen vormaligen Anhängern an der Stelle seines späteren, zwischen den beiden Aufstiegen gelegenen Denkmals zu Tode gebracht.

Cola di Rienzo
Denkmal von Girolamo Masini an der Treppe zum Kapitol, 1887

»Altar des Vaterlands« wurde das daneben in den Römerhimmel hinaufragende Denkmal für den Savoyerkönig seit dem Ersten Weltkrieg und dem feierlichen Einzug des »Unbekannten Soldaten« in sein Grab genannt. Das auf dem Kapitolshügel versammelte Ensemble zweier Jahrtausende sucht es wie eine gigantische Kalksteingruft zu umschließen und zehrt dabei ebenso sehr von der weltgeschichtlichen Höhenlage wie von der sakralen Nachbarschaft zu Aracoeli, die es zu säkularisieren vorgibt. Die romtopographisch wie weltgeographisch herausragenden Anschlußpositionen des Palazzo Venezia wiederum veranlaßten noch im vergangenen Jahrhundert den faschistischen Diktator Benito Mussolini dazu, genau dort seinen Amtssitz zu nehmen und das Rampenlicht der Umgebung zu nutzen. Vom Balkon aus und vorzugsweise im nächtlichen Fackelschein pflegte der leidenschaftliche Rhetor sich seinen auf der Piazza Venezia versammelten Anhängern zu zeigen und sie mit akrobatischer Gestik, einem den Gipsabgüssen der römischen Antike abgeschauten Pathos und mit donnernden Brandreden zu beschwören.

Auf diesem Platz machte auch der feierliche Umzug des Jahres 1889 eine zweifache Drehbewegung. Wie bei den Wendungen religiöser Prozessionen vor ihren Stationen und Übergängen wurden die Teilnehmer nicht mehr nur der Reihen der unmittelbar vor oder hinter ihnen Schreitenden gewahr, sondern konnten sich jetzt selbst als versammelte Menge oder als marschierende Kolonne betrachten. Am Palazzo Venezia seitlich vorbei, verließ der Zug wieder den Platz und betrat auf einer erst seit kurzer Zeit durch das schmale und dichte Gassengewirr der römischen Altstadt geschlagenen Straße das Rom der Renaissance und des Frühbarock. Der vordere Abschnitt beherbergte seit dem ausgehenden 16. Jahrhundert das Jesuitenviertel mit den Hauptniederlassungen und Weltkirchen dieses bedeutendsten, mächtigsten und – auch innerhalb der Kirche selbst – gefürchtetsten Ordens der katholischen Gegenreform. »Es ist ein Wunder«, bemerkte bereits Montaigne bei seinem Romaufenthalt des Jahres 1581, »welche besondere Rolle dieser Orden in der Christenheit spielt; ich glaube, es gab nie eine Brüderschaft oder Vereinigung unter uns, die einen solchen Rang einnahm und solche Wirkungen erzielte, wie die Jesuiten sie erwerben können, wenn sie ihre Ziele weiter verfolgen. Sie besitzen bald die ganze Christenheit.«

Neben dem Vatikan, der seit der erzwungenen Beseitigung aller weltlichen Machtansprüche seine Gegner nur noch kraft öffentlich aushängender Exkommunikationsbullen brandmarken konnte, waren die Schriften, Zeitungen und Predigten der Jesuiten auch im Jahre 1889 noch zu propagandistischen Kriegserklärungen fähig. »*Sie* bedrohen am meisten die Häretiker unserer Zeit«, hatte Montaigne, der als Bürgermeister von Bordeaux die Jesuiten unter strenge Beobachtung stellte, noch hinzugefügt. Für die jesuitische Zeitung *Civiltà Cattolica* kam die Pfingstdemonstration einer »Inbesitznahme« der Stadt »durch den Atheismus« gleich, einer Besetzung »von jenem Rom, das seit vierzehnhundert Jahren die Hauptstadt der christlichen Welt gewesen ist«.

Der prekäre Beweggrund, der auch dafür sorgte, daß der Straßenverkehr in der römischen Innenstadt von der Polizei aufgehoben und in den Höfen nahegelegener Paläste bewaffnete Infanterie und Kavallerie bereitgehalten wurde, um bei gewalttätigen Zusammenstößen einzugreifen, sollte sich bald und im wahrsten Sinne des Wortes enthüllen. Doch zuvor bewegte sich der Festzug an der jesuitischen Haupt- und Grabeskirche des Ordensstifters Ignatius von Loyola, *Il Gesù*, vorbei, die seit ihrer Erbauung durch Vignola in den Jahren nach 1568 allen Jesuitenkirchen in der Welt die ideale, auf die perspektivische Mittelachse und den Altarraum ausgerichtete Raum- und Fassadengestalt geliefert hatte. Mit illusionistischen Deckengemälden und zusammenhängenden Bildprogrammen, die in der nahen Kirche San Ignazio nochmals eine Steigerung erfuhren, wurde wiederum nicht nur für Rom allein, sondern auch für den weltgeographischen Einzugsbereich des Barocks und der Gegenreformation eine sinnenbewegende, auf theatralische Wirkungen zielende Überredungs- und Überzeugungskunst geschaffen, die bislang ohne Vorbild war. »Ferner fiel uns auf«, hatte noch Montaigne verwundert zu Notiz genommen, »daß fast gar keine Bilder vorhanden waren, wenn sie nicht ganz aus jüngster Zeit herrührten. Mehrere alte Kirchen haben kein einziges aufzuweisen.« Erst seit dem römischen Auftreten der Jesuiten und anderer katholischer Reformorden sollte sich dies von Grund auf ändern, auch im Sinne radikaler Umbauten.

Auf dem Platz vor Il Gesù, der Kirchenfassade direkt gegenüber, nahm nach dem Zweiten Weltkrieg die *Democrazia Cristiana* (DC), die katholische, staatstragende Partei Italiens schlechthin, ihr repräsentatives Hauptquartier, bis sie sich in den neunziger Jahren auflöste. Nicht allzu weit davon um die Ecke, in der »Straße der dunklen Läden« (*Via delle Botteghe Oscure*) – was durchaus nicht metaphorisch aufzufassen war, sondern sich auf die einstige Vielzahl kleiner Läden und Werkstätten hinter altertümlichen Bogenöffnungen bezog –, residierte ebenfalls bis zur Selbstauflösung der *Partito Comunista Italiano* (PCI). Auch solcher wechsel-

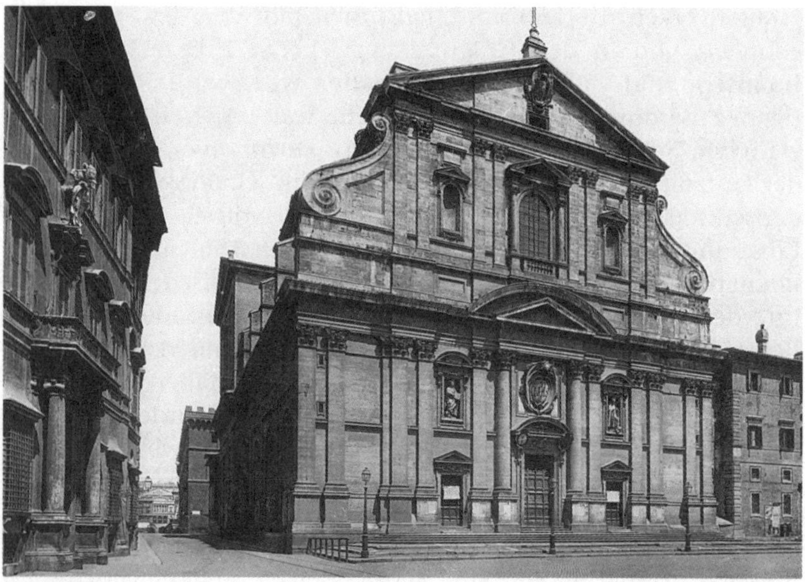

Platz und Kirche Il Gesù

vollen Zukunft uneingedenk, zogen die Demonstranten des Jahres 1889 weiter auf dem neuen, als Fortsetzung der Via Nazionale geplanten und mit Gründerzeithäusern bebauten *Corso Vittorio Emanuele II*. Die Fundamente dieser Bresche, die wenige Jahre zuvor in das dichte Gewirr der engen römischen Altstadtgassen geschlagen wurde, deckten sich annähernd mit dem Verlauf der einstigen *Via Papale*. Es war dies jedoch keine Straße im eigentlichen Sinn, sondern lediglich eine feierliche, von Päpsten und Pilgern genommene Route. Die Bahn nach Sankt Peter war im römischen Wegeknäuel eher zu suchen als »ausgebreitet« vorzufinden. Doch gab es genügend Orientierungsmarken, denen nur zu folgen war.

Vorbei an einem der ältesten römischen Theater, dem im Jahre 1731 eröffneten Teatro Argentina – die auf dem Largo Argentina gegenüber zu sehenden Tempelruinen aus Roms ältesten republikanischen Zeiten wurden erst im dritten Jahrzehnt des 20. Jahrhunderts freigelegt –, erreichte der Zug die kuppelbekrönte Kirche von San Andrea della Valle. Sie war durch Carlo Maderna seit 1556 erbaut und von Carlo Rainaldi später im neuen Stil von Il Gesù verändert worden. Ihr Altarraum wurde zwischen 1624 und 1628 mit Fresken des bolognesischen Malers Domenichino ausgemalt. Sie stellen Szenen aus dem Leben des heiligen Andreas dar, des dritten, in Rom besonders verehrten Apostels, der ein leiblicher Bruder des Petrus war. Im Triumphbogen der Chorwölbung zeigt Johannes der Täufer dem Petrus und dem Andreas den kommenden Erlöser. Auch beider Berufung ist gemeinsam dargestellt, so wie Andreas, nach dem Gang zur Richtstätte, denselben Kreuzestod wie sein Bruder und wie zuvor schon der Heiland erleiden mußte.

Wie die Kuppel von San Andrea della Valle im römischen Stadtraum satellitenhaft auf die Kuppel des Petersdoms bezogen ist und dem Rompilger die Zielrichtung weist, so erfüllt auch die im Innenraum ausgebreitete apostolische Genealogie eine Schaltfunktion im topographischen Netzwerk der römischen Stadtkirchen. Zur Petersbasilika als dem gleichsam natürlichen Austausch- und Korrespondenzpartner treten die Laterankirche und sieben weitere, dem Täufer Johannes geweihte Kirchen allein in Roms engerem historischen Stadtgebiet sowie mehrere, ebenfalls dem Kult des Apostels Andreas geweihte Heiligtümer, darunter Borrominis Kirche San Andrea delle Fratte zwischen dem Pincio und dem Quirinal und die vom Konkurrenten Bernini erbaute Kirche San Andrea al Quirinale bei der damaligen päpstlichen Stadtresidenz.

Schließlich passierte der Zug nur noch einen einzigen vatikanischen Außenposten, den Palazzo della Cancelleria. Dieses – nach dem Palazzo Venezia – zweite, ehemals Bramante zugeschriebene Hauptwerk der römischen Profanarchitektur im Stil der reiferen Frührenaissance wurde gegen Ende des 15. Jahrhunderts von einem unbekannten Architekten, der aufgrund der Nähe zu Albertis florentinischem Palazzo Rucellai in dessen Umkreis zu suchen ist, für den Papstnepoten Kardinal Raffaello Riario errichtet. Der päpstlichen Kurie als Verwaltungssitz und als Gerichtsgebäude des höchsten innerkirchlichen Tribunals der *Sacra Rota Romana* dienend, gehört das gewaltige Gebäude, dessen Innerem eine frühchristliche Kirche – San Lorenzo in Damaso – einverleibt ist, seit dem Ende des Kirchenstaats zu den exterritorialen vatikanischen Domänen innerhalb der Stadt.

Als der Demonstrationszug vor dem Palast in eine Seitenstraße einschwenkte, trennten ihn nur noch wenige Schritte von seinem Ziel, das auch von den Fenstern der rückwärtigen Front der Cancelleria aus gut einsehbar war. Wenn Rom, wie der Kunsthistoriker Kurt Badt einmal schrieb, aus »zwei ihrem Wesen nach entgegengesetzten Städten« besteht, dann ist nicht das Kapitol und ist auch nicht die Piazza del Popolo der ins Stadtbild eingeschriebene Gegenpol zum Vatikan und zum Petersplatz, sondern jener Campo de' Fiori, zu dem das bürgerliche und patriotische, laikale und antiklerikale Rom an diesem Pfingstsonntag des Jahres 1889, hundert Jahre nach der Französischen Revolution, aufgebrochen war.

Campo de' Fiori
Oder
Apostel, Apostaten und ihre Nachfolger

Auf Roms weltlichstem Platz, obschon einem der ältesten Plätze der Stadt, erhebt sich keine einzige Kirche und steht und stand auch zu keiner anderen Zeit ein Heiligtum – es sei denn, man erblickte in dem Kino mit der Leuchtschrift *Farnese*, das die Stirnseite der Piazza einnimmt und nach dem um die Ecke gelegenen Farnesepalast benannt ist, einen modernen, mittlerweile auch schon in die Jahre gekommenen kultischen Platzhalter. Der Campo de' Fiori – wörtlich das »Blumenfeld« oder der »Blumenacker« und damit aus der gleichen etymologischen Wurzel wie der *Peregrinus* gebildet – war im 19. Jahrhundert wie schon im Rom der Renaissance, als er seine bis heute erhaltene bauliche Gestalt und das leicht trügerische volkstümlichen Kolorit erhielt, der Mittelpunkt des Roms der kleinen Händler und Handwerker. »Der Blumenmarkt entzückt Maler und Poeten«, schrieb Wolfgang Koeppen in der Nachkriegszeit: »Der Platz ist städtisch, mittelalterlich, potenziert städtisch, baumlos, grünlos, von hohen Häusern umzogen. Das gibt den Blumen den Auftritt, hebt sie hervor, verfremdet sie [...].« Sie stehen dort auch heute noch in Wassereimern und in surrealer Nachbarschaft zu den Fischen, die ebenfalls in Wasserkübeln auf Kundschaft warten.

Eine anschauliche Beschreibung des historischen Gesichts dieser Piazza, die in mancher Beziehung – auch was die Zwiespältigkeit der Ausblicke aus dem beliebten *Albergo del Sole* angeht – noch immer gültig ist, gab vor gut hundert Jahren Ferdinand Gregorovius:

> Der lebhafte Verkehr ließ auf Campo di Fiore die ersten größeren Gasthäuser Roms entstehen, die Tavernen zur Kuh, zum Engel, zur Glocke, zur Krone und zur Sonne. Von ihnen dauert noch der Albergo del Sole fort. Dieses heute älteste Hotel Roms, welches vier und wohl mehr Jahrhunderte hindurch Reisende aller Länder beherbergt hat, wurde aus dem Material des Pompejustheaters erbaut: ein

großes finsteres Gebäude mit gewölbtem, tiefem Eingang, welcher kastellartig verrammelt werden konnte. Ein alter Sarkophag dient noch zum Brunnen des inneren Hofs. Es ist nur zufällig, daß dieses Gasthaus nebst der Campana [Glocke] zuerst im Jahre 1489 erwähnt wird; denn am 6. Mai desselben kehrten der Herzog Otto von Braunschweig mit neunundzwanzig Pferden in der Campana, am 13. September der Botschafter Frankreichs, Guillelmus de Pithanea, in der Sonne ein. Beide Gasthäuser waren damals die vornehmsten Roms, doch sicherlich von sehr primitiver Natur. Die Herren, welche dort abstiegen, konnten jeden Tag gewärtig sein, aus ihren Fenstern eine Hinrichtung mitanzusehen, oder sie sahen in ihrer Nähe Gehenkte an den Galgen schweben, denn der Campo di Fiore, das »Blumenfeld«, diente zur Richtstätte Roms. Wunderlicherweise verwandelte sich auch die *Berlina vecchia*, der Ort des Prangers in der Nähe jenes Platzes, in die Straße del Paradiso.

Auch Proustsche Namen können täuschen, und so sind die eher düster wirkenden Nachfolger der Blumenkinder der siebziger Jahre, die nach Marktschluß heute das Regiment über den Campo und seine zusammengekehrten Kompost- und brennenden Abfallhaufen führen, hier nicht ganz fehl am Platze. Einen Augenzeugenbericht über den Campo de' Fiori als zentraler römischer Hinrichtungsstätte liefert der Chronist Stefano Infessura:

Im Jahre 1444, am 12. Dezember, wurde Angelotto degli Foschi, Kardinal von San Marco, ermordet, und zwar von seinem Kammerdiener, der ihn ausraubte. Und aus diesem Grunde wurde der besagte Kammerdiener sofort gefangengenommen. Man schleifte ihn vom Kapitol bis zum Hause des Kardinals; dort wurde er gebunden auf einen Karren gelegt, bis zum Richtplatz auf dem Campo dei Fiori geführt und dabei mit glühenden Zangen gezwickt. Auf dem Richtplatz wurden ihm die Hände abgehauen, und dann wurde er aufgehängt und dann gevierteilt und die vier Teile wurden angeheftet in vier Stadtvierteln, an vier Plätzen von Rom, ein Teil am Ponte Molle, einer auf dem Campo dei Fiori, einer am Monte Mario und der letzte an der Porta Santo Giovanni. Die Hände wurden angenagelt an der Mauer der Porta Santo Pietro.

Doch nicht nur Verbrecher wurden hier hingerichtet, sondern auch Ketzer nach ihrer Aburteilung durch das päpstliche Inquisitionsgericht vom weltlichen Arm der Kirche verbrannt. Zu Ehren eines solchen Apostaten, wie die Kirche die Verkünder ketzerischer Lehren nannte,war auch der Festzug zu Pfingsten des Jahres 1889 veranstaltet worden. Am 16. Februar des von Papst Clemens VIII. ausgerufenen Heiligen Jahres 1600 hatte man an selbiger Stelle den Philosophen, Dichter und vormaligen Dominikanermönch Giordano Bruno nach achtjähriger Untersuchungshaft und zwei Prozessen bei lebendigem Leibe den Flammen übergeben. Ein bronzenes Denkmal, das seiner am Ort der Hinrichtungsstelle gedachte, sollte jetzt feierlich enthüllt werden. Dazu waren die Abordnungen und Anhänger eines abermals neuen, diesmal laizistischen Roms im Rahmen dreitägiger Feierlichkeiten nach dem Campo de' Fiori gezogen.

Dem Denkmalbau und seiner Ortswahl waren Jahre heftiger politischer und propagandistischer Auseinandersetzungen vorausgegangen. Sie wurden von Studentenunruhen, Protesten aus dem Vatikan, Angriffen seitens der klerikalen Presse und Parteien sowie von wechselseitigen Drohungen und Anfeindungen begleitet. Neben Politikern, Parlamentariern, Universitätsangehörigen und Freimaurern hatte sich ein namhaftes internationales Ehrenkomitee für das Denkmal eingesetzt. Victor Hugo, Ernest Renan, Herbert Spencer, Ernst Haeckel und Henrik Ibsen gehörten ihm ebenso an wie der römische Ehrenbürger Ferdinand Gregorovius. Zur vorauseilenden Strafe hatte der Vatikan dessen römische Stadtgeschichtsschreibung bereits auf den Index der verbotenen Bücher gesetzt.

Die Piazza war von Menschen überfüllt. Für die Ehrengäste hatte man Tribünen errichtet, über denen die Fahnen der Trikolore und die Banner der verschiedenen Abordnungen in der Vormittagssonne wehten, neben Schriftbändern, auf denen Aussprüche und Sentenzen Brunos zu lesen waren. Auch die berühmt gewordenen letzten Worte des Angeklagten an seine Richter wurden wiedergegeben: *Tremate più voi nel pronunziare questa sentenza che io nell'ascoltarla* – »Ihr fürchtet Euch mehr vor der Verkündung dieses Urteils als ich davor, es zu hören«. In der Mitte des Platzes zeichnete sich unter einer weißen Verhüllung bereits die dunkle

Masse eines Standbildes ab. Die Festrede hielt ein republikanischer Parlamentsabgeordneter und stadtbekannter Freimaurer; ein Freimaurer und radikalliberaler Abgeordneter war auch Ettore Ferrari, der Bildhauer und Schöpfer des Denkmals.

Als das weißbedeckte, aber nachtschwarze »Phantasma«, wie es eine römische Zeitung nannte, endlich enthüllt wurde, erblickte man unter einer tief in die geneigte Stirn herabgezogenen Mönchskapuze einen mit angestrengter und düsterer Miene vor sich hin sinnenden, stattlichen Mann im mittleren Lebensalter. Er war in das Gewand eines Ordens gekleidet, das der Dargestellte be-reits in jungen Jahren abgestreift hatte und das Bruno unter keinen Umständen mehr anlegen wollte. Mit einer Geste, die des Apostels Paulus würdig wäre, stak der Zeigefinger seiner Rechten wie ein Platzhalter zwischen einem zum Öffnen bereiten Buch, das der Philosoph zwischen seinen in der Körpermitte überkreuzten Händen hielt, als wollte er sich entschlossen darauf stützen. Auf dem Sockel waren rundum acht Medaillons mit den Bildnissen anderer berühmter Opfer von religiöser Intoleranz aus mehreren Jahrhunderten angebracht, darunter Jan Hus, Petrus Ramus, John Wycliffe, Tommaso Campanella und Paolo Sarpi. Gleichfalls auf dem Sockel war die Gedenkinschrift zu lesen: *A Bruno, il secolo da lui divinato, qui dove il rogo arse* – »Bruno gewidmet, von dem Jahrhundert, das er vorausgeahnt, hier, wo der Scheiterhaufen brannte.«

Risorgimento nannte sich die patriotische Einigungsbewegung Italiens im bewußten historischen Anklang an die Wiedergeburtsidee der *Renaissance,* und derart feierlich heiligte das moderne, aufgeklärte und liberale Bürgertum sein Selbstverständnis mit einem Säkularbewußtsein, das den Philosophenketzer des 16. Jahrhunderts zum prophetischen Vorläufer des 19. Jahrhunderts machte. Wie die Historikerin Anna Foa gezeigt hat, standen die symbolischen Ausdrucksformen dieses Bewußtseins wider alle äußerliche Willenserklärungen sowohl der Beteiligten als auch ihrer Gegner, die Brunos Denkmal zur Ausgeburt einer »revolutionären Hydra« erklärten, ganz im Zeichen der christlichen Tradition. Mehr noch waren sie im unbeabsichtigten Einklang mit der Begehung »Heiliger Jahre«, wie sie die römische Kirche seit der Jahrhundertwende von 1300 eingesetzt hatte.

Waren die Romfahrten der Pilger um des Besuchs der Gräber der Apostel und Märtyrer willen unternommen worden, so wurde auch am Ende des 19. Jahrhunderts ein dreihundert Jahre zuvor das Opfer eines Blutgerichts gewordener vermeintlicher »Glaubenslehrer« in den geheiligten Rang eines vorauseilenden Märtyrers und zur erwählten Symbolfigur einer kommenden Zeit erhoben. In Überbrückung aller dazwischenliegenden Zeiten verband der Kontinuitätsgedanke eine *Renaissance*, welche in Gestalt von Brunos sterblichem Leib im Jahre 1600 den Flammen übergeben wurde, mit dem *Risorgimento* des 19. Jahrhunderts. Auch und gerade der Wortlaut und Sinn jener Sprachgeste eines *divinato*, die einer vermeintlichen Vorläufergestalt gottesprophetische Eigenschaften zusprach, hätten aus dem feierlichen Vorratsarsenal pontifikaler Inschriften stammen können.

Aller Unversöhnlichkeiten zum Trotz standen sich die klerikalen und antiklerikalen Parteiungen Roms an diesem Pfingstsonntag näher, als sie sich dessen bewußt waren. Seinen Ausdruck fand das nicht zuletzt darin, daß derjenige, der sich durch die Denkmalenthüllung am meisten angegriffen und entehrt fühlen mußte, seinerseits bei einer Statue Zuflucht suchte: Am anderen Ufer der Stadt, in Sankt Peter – dort, wohin Brunos Standbild provokativ ausgerichtet ist –, verharrte Papst Leo XIII. von den Morgen- bis in die Abendstunden des 9. Juni 1889 schweigend, fastend und betend vor jener berühmten Bronzestatue des Apostels, der seit Jahrhunderten eine besondere kultische Verehrung zuteil geworden war.

Vor diesem Bildwerk des auf einem Marmorsessel *in cathedra* thronenden Petrus, das als einzige Statue des Petersdoms noch aus der alten Konstantinischen Basilika stammt, drängen sich die Rompilger noch heute in bisweilen langen Warteschlangen, um den vorgestreckten rechten Fuß des Apostelfürsten mit den Händen oder den Lippen zu berühren. Von den ungezählten Küssen der Jahrhunderte hat der Fuß seine Zehen verloren und seine dunkle Farbe eingebüßt. Der von seinem Landsmann Heinrich

Heine als bester Romschreiber seiner Zeit gelobte Wilhelm Müller beschrieb den Pilgerandrang vor der Petrusstatue am Festtag des Apostels:

> Ein anderer Haufe drängt sich rechts nach der bronzenen Statue des Patrons, um ihm den Fuß zu küssen. Heute, an seinem Tage, wird diese Berührung von ganz besonders segensreichen Wirkungen sein: darum will keiner dem anderen nachstehen: Mann und Weib, vornehme und gemeine Köpfe, schon mit halboffenen Lippen, streben auf die blankgeküßte Zehe los und scheuen weder Drang noch Stoß. Der Heilige hat sein Staatskleid überzogen: reiche, bunte, steife Seidenstoffe, mit Gold und Steinen durchwebt, decken ihn von oben bis unten; nur der schwarze Kopf, die Hände und der Fuß gucken mohrenhaft aus der Umhüllung hervor.

Lange Zeit wurde die Statue für ein authentisches antikes Porträt des Apostelfürsten angesehen. Auch Gelehrte, die daran Zweifel anmeldeten, waren von der antiken oder zumindest spätantiken Herkunft überzeugt. Die einen hielten das Werk für eine umgebildete Statue des Jupiter Ammon, die anderen für eine Nachschöpfung des 5. Jahrhunderts nach dem Vorbild eines antiken Philosophen. Einer populären Legende nach sei sie auf Geheiß von Papst Leo I. dem Großen aus der eingeschmolzenen Bronze des Kapitolinischen Jupiter gefertigt worden, womit die Kult- und Schutzfunktion des antiken Hauptgottes, der wie Petrus ja auch meteorologische Befugnisse hatte, auf das Bildnis des römischen Stadt- und Kirchenpatrons übergegangen wäre. Erst heute ist das Rätsel der Statue gelöst: Mit ziemlicher Sicherheit handelt es sich um eine Arbeit des florentinischen Dom- und Stadtbaumeisters Arnolfo di Cambio, die vermutlich von Papst Bonifaz VIII. im Zusammenhang mit dem Jubeljahr 1300 in Auftrag gegeben wurde.

In der einen Hand die Schlüssel haltend, die andere Hand zum Segen erhoben, war in dunkler Bronzefarbe auch hier ein strenger, einstmals unruhiger Geist dargestellt, der seine Lehren in Rom mit dem Märtyrertod bezahlt hatte. Wie Giordano Bruno, der durch ganz Europa teils auf Reisen, teils auf der Flucht war und an vielen Orten lehrte, war Petrus ein Wanderer, bisweilen auch ein

Flüchtling durch die Welt seiner Zeit, der erste und prominenteste Rompilger schlechthin. Petrus war ein Erwählter, in Rom fand er seine miterwählte Gemeinde, und von Rom aus adressierte er seine Anhänger in der Welt ebenfalls als »Römer« in einem an die augusteischen Erweckungssätze eines Vergil erinnernden Sinne: »Ihr aber seid ein auserwähltes Geschlecht, ein königliches Priestertum [*regale sacerdotium*], ein heiliges Volk, ein Volk der Erwerbung «, heißt es im ersten Petrusbrief, der mit dem Gruß der »in Babylon« – noch aus jüdischer Tradition heraus ist damit Rom gemeint – versammelten Kirche unterzeichnet ist: *salutat vos ecclesia, quae est in Babylone coelecta.*

Petrus indessen war auf seinem römischen Katheder vorläufig zur Ruhe gekommen und seßhaft geworden. Der »Heilige Stuhl« – die *Santa Sede* –, wie der Vatikan protokollgerecht genannt wird, verkörpert die höchste priesterliche Gewalt, die sich kraft erwählter und gewählter Nachfolge jeweils auf denjenigen überträgt, der ihn rechtmäßig einnimmt. Bruno hingegen hatte weder eine Konfession gelehrt noch eine Kirche gegründet. Seine pantheistischen Lehren von der Unendlichkeit der Welt und der Unsterblichkeit einer Weltseele waren konfessionell neutral. Sie standen in einer eher undeutlichen Tradition, die sich von der jüdisch-arabischen Philosophie des Averroes und des Maimonides über den Holländer Baruch Spinoza bis zur Natur- und Weltsicht des Weimarers Johann Wolfgang Goethe spannte. Ein bis zwei Jahrhunderte vor Bruno war es auch in Rom noch ungefährlich, ähnliche Gedankenspiele und Denkmodelle auszubreiten. Das zeigte das Beispiel des Deutschen Nikolaus von Kues, der es in Rom sogar zum Kurienkardinal brachte und dessen Grabmal, gegenüber dem »Moses« von Michelangelo, in der Kirche San Pietro in Vincoli auf dem Esquilin zu sehen ist.

Giordano Bruno hingegen, im Jahre 1548 im neapolitanischen Nola geboren und im Knabenalter einem Dominikanerkonvent anvertraut, wurde bereits als Novize gewisser Häresien bezichtigt. Als man nach weiteren Verdächtigungen einen Prozeß gegen ihn vorbereitete, verließ er den Konvent von Neapel und begab sich nach Rom zu seinen Ordensbrüdern von Santa Maria sopra

Minerva – nahe beim Pantheon –, wo auch das Mitte des 16. Jahrhunderts durch Papst Paul III. Farnese eingerichtete höchste römische Inquisitionstribunal seinen Hauptsitz hatte. Der Ort war mithin etwas unsicher, zumal dort neue Anschuldigungen gegen Bruno erhoben wurden und man bei ihm die verbotenen Schriften des Erasmus von Rotterdam entdeckte. Im März des Jahres 1576 ergriff Bruno die Flucht und begab sich auf eine langjährige *Peregrinatio* durch Norditalien und die Länder jenseits der Alpen.

Bereits im calvinistischen Genf mußte er sich einer drohenden Verhaftung erneut durch Flucht entziehen. Nach Aufenthalten in Lyon und Toulouse schlug er die Universitätslaufbahn ein und lehrte, einem Ruf König Heinrichs III. folgend, an der Pariser Sorbonne. Infolge der religiösen Bürgerkriege war auch Paris ein unsicheres Pflaster, weshalb Bruno im Jahre 1585 nach London übersetzte. Am Hof der Königin Elisabeth genoß er hohes Ansehen, war aber auch in Kabale verwickelt, so daß man ihn bald wieder in Paris antraf, wo er im Kreise der um eine neutrale und befriedende Rolle in den Religionskonflikten bemühten sogenannten *Politiques* verkehrte. Anschließend wanderte er durch Deutschland und Mitteleuropa, hielt sich längere Zeit in den Hochburgen des Protestantismus von Wittenberg und Helmstedt sowie am Prager Hof des habsburgischen Kaisers Rudolf II. auf. Mehrfach besuchte er die Verlagsstadt Frankfurt am Main, wo seit 1591 seine Bücher und Schriften gedruckt wurden.

Als Bruno im Jahre 1592 wieder nach Italien zurückkehrte, hoffte er auf Aussöhnung mit dem Papst und auf die Zurücknahme der Exkommunikation. In Venedig, wo er mit Galileo Galilei verkehrte, wurde er jedoch denunziert und verhaftet. Zunächst beschäftigte sich ein lokales Inquisitionsgericht mit seinem Fall, bis im Jahr darauf die römische Spitzenbehörde den Prozeß an sich zog und Brunos Überstellung verlangte. Erst auf Druck des Apostolischen Nuntius gab der um seine Unabhängigkeit besorgte venezianische Senat dem römischen Ersuchen nach. In Rom wurde Bruno in den neben dem Petersdom, beim *Arco delle Campane* des Vatikans gelegenen Gefängnissen des Heiligen Offiziums eingekerkert. Hier erwartete ihn ein Tribunal, in dem neben dem General des verhaßten Dominikanerordens auch der berühmte jesuitische Theologe Roberto Bellarmin zu Gericht saßen. Außerdem nahm Papst Clemens VIII. persönlichen Anteil an Brunos Fall und wohnte den Untersuchungen und Verhandlungen bisweilen selbst bei. Die Verhandlungen des formal korrekt und ohne Anwendung der verschärften Folter geführten Prozesses lief darauf hinaus, daß Bruno seinen Irrlehren bedingungslos abschwören müsse. Doch dieser war nur zu wenigen Zugeständnissen bereit. Schließlich drängte der Papst, den langjährigen Prozeß zu beschließen. Das Urteil konnte unter den gegebenen Umständen nur eines sein: Die Schriften des Ketzers sollten auf dem Petersplatz und der unreuige Ketzer auf städtischem Platz dem Feuer übergeben werden.

Am 17. Februar des Heiligen Jahres 1600 wurde Bruno zur Hinrichtungsstätte geführt. Den einzigen überlieferten Bericht enthalten die Protokolle einer römischen Laienbruderschaft, deren Aufgabe es war, todgeweihte Delinquenten auf ihrem letzten Weg zu begleiten und sie zur Beichte anzuhalten. Nach dem enthaupteten Täufer Johannes nannte sich die Vereinigung *Compagnia di San Giovanni Decollato* und hatte ihren Sitz bei der gleichnamigen Kirche nahe der Tiberinsel. Ihre Mitglieder waren vorwiegend Florentiner, da der Vorläufer Christi der hochverehrte Patron ihrer Heimatstadt war. Zu seinen römischen Lebzeiten gehörte auch Michelangelo Buonarroti dieser Bruderschaft an, die ihrer Körper und Gesicht völlig verhüllenden Gewänder wegen ziemlich gespenstisch gewirkt haben muß. In ihren Akten, die erst auf Druck des neuen italienischen Staats freigegeben wurden, heißt es nüchtern, man habe Giordano Bruno, den »abtrünnigen und ketzerischen Bruder (*frate apostata*) aus Nola und unbußfertigen Häretiker«, vergeblich zur Beichte und zur Reue aufgefordert. Auch den vereinten Bemühungen von sieben Predigern verschiedener Ordensgemeinschaften habe jener sich entzogen. So »wurde er zum Campo di Fiori geführt, dort entkleidet, nackt an einen Balken gebunden und verbrannt. Bis zum letzten Augenblick war er in ständiger Begleitung unserer Bruderschaft, die Litaneien sang, ihm beistand und Trost zusprach, damit er von seiner Halsstarrigkeit ablasse, mit der er am Ende sein erbärmliches und unglückliches Leben beschloß«.

Brunos »Konfession«, seine Gelehrtenbiographie und seine Schriften, boten indessen ebensowenig Grund dafür, ihn in der Mönchskutte darzustellen, wie sein bis zuletzt selbstbewußtes und von der Richtigkeit seiner Anschauungen überzeugtes Auftreten vor seinen Richtern. Für seine Gegner war und blieb er ein »Apostat«, aber weder für sich selbst noch für seine Schüler wollte er der »Apostel« einer neuen Religion oder Weltanschauung werden. Als »Akademiker von keiner Akademie« hatte er sich selbst bezeichnet; als Märtyrerapostel wurde er dreihundert Jahre danach auf dem Campo de' Fiori jedoch dargestellt und gefeiert. Selbst im fernen New York hielt der Philosoph Thomas Davidson eine Rede vor dem *Manhattan Liberal Club*, darin er einen Vergleich zwischen Giordano Bruno und Jesus Christus anstellte und zu dem Ergebnis kam, daß Bruno der »bedeutendere Erlöser« und »noblere Märtyrer« gewesen sei. Andere Amerikaner, die sich dem Denkmalaufruf anschlossen, forderten sogar die Einführung eines neuen Kalenders, der vom Jahr des Brunoschen Feuertods an die »Epoche des Menschen« datieren sollte. In ähnlicher Weise, wie sich frühchristliche römische Darstellungen der Apostelgeschichte an der Gestalt und Passion des Erlösers angelehnt hatten und um deutliche Parallelisierungen zwischen Petrus und Christus bemüht waren, verbreiteten jetzt populäre Broschüren und illustrierte Flugschriften eine nach christlichen Musterbildern gestaltete Bruno-Ikonographie.

Als Gegenbild zur geheiligten Bronzestatue von Sankt Peter und als Kriegserklärung an den Vatikan wurde Brunos Standbild allerdings auch dort aufgenommen. Im Verlauf des Denkmalstreits hatte der Papst gedroht, Rom aufzugeben und zu verlassen. Mit Protestaufrufen, Hilfeersuchen und den *ex cathedra* verkündeten Worten, wonach »die Sicherheit unserer Person in Gefahr« sei, wandte sich Leo XIII. Graf Pecci nicht nur an die schwarze Aristokratie Roms, sondern auch an die internationale Staatenwelt. Auch außerhalb Roms wurden aus diesem Anlaß

Messen gelesen und Fürbitten gehalten. Gregorovius hielt in seinem nachrömischen Tagebuch eine gar merkwürdige Anekdote fest:

> Die Errichtung des Bruno-Denkmals in Rom vor den Augen des Papstes regte die Fanatiker auf [...]. Die Bischöfe erließen Hirtenbriefe und veranstalteten Sühnegebete in den Kirchen. In Rosenheim in Bayern ereignete sich bei dieser Gelegenheit ein köstliches Mißverständnis: die Bauern dort beteten in der Kirche für Giordano Bruno, unter welchem sie einen Mann verstanden, der seit vielen Jahrhunderten im Fegefeuer brennt und daraus auf Befehl des Papstes durch Gebete zu erlösen sei.

Für eine päpstliche und klerikale Gegenkundgebung bot sich kein günstigerer Anlaß als das zeitlich nahe vatikanische Hauptfest von Petrus und Paulus am 29. Juni. Zur Erinnerung an den gemeinsamen Märtyrertod der beiden Apostel im Rom des Jahres 67 seit dem dritten Jahrhundert bezeugt, wurde es alljährlich mit besonderer Prachtentfaltung und mit der Illumination des Petersdoms durch Fackellicht begangen. An diesem Junitag war Rom auch im Jahr 1889 voll mit Pilgern und Fremden, auch wenn man seit dem Bruch zwischen dem Vatikan und dem italienischen Staat den Petersdom zu Papstmessen nur noch mit vorgemerkten Eintrittskarten betreten konnte.

Wie es der Tradition entsprach, wurde die Bronzestatue des Petrus mit den päpstlichen Prachtgewändern bekleidet und stand im festlichen Mittelpunkt aller Zeremonien. Aus seinem vatikanischen Palast kommend, nahm der Papst den inneren Zugang zur Petersbasilika. Seit den demütigenden Ereignissen des Jahres 1870, die das Ende des Kirchenstaates besiegelten, hatte kein Papst mehr weder den Petersplatz betreten noch sich den wartenden Gläubigen von der Benediktionsloggia des Petersdoms aus gezeigt. Auf seinem in der Höhe getragenen Thronsessel, der *Sedia gestatoria,* zog der von Pfauenwedeln umfächerte Pontifex Maximus, die Tiara auf dem Haupt, wie ein antiker Triumphator zunächst durch die *Sala Regia,* den von Giorgio Vasari im späten 16. Jahrhundert mit Fresken der Ereignisse um die Pariser Huge-

Scala Regia, Vatikan
Gian Lorenzo Bernini, 1659–66

nottennacht ausgemalten Prachtsaal. Von hier aus betrat der Zug die *Scala Regia*, die von Bernini geschaffene Prachttreppe, und stieg hinunter, vorbei an Berninis Reiterstandbild Konstantins des Großen, in die Vorhalle der Peterskirche, an deren Eingangswand der Florentiner Giotto aus Anlaß des Heiligen Jahres 1300 das Mosaik der *Navicella* geschaffen hatte – das zum Symbol der »Kirche« gewordene »Schifflein«, auf dem Jesus und die vereinten Apostel den stürmischen See Genezareth überquerten.

Durch das zum Heiligen Jahr 1450 von dem florentinischen Bildhauer Antonio Filarete geschaffene bronzene Mittelportal hielt der Papst endlich feierlichen Einzug in die Grabeskirche des Apostelfürsten. Vor dessen Statue im Mittelgang beim letzten Pfeiler vor dem Altarraum beugte der Papst sich nieder, um seinem Vorgänger die Füße zu küssen und ihm die Tiara aufs Haupt zu setzen. Auf den Tribünen des Doms hatte sich die römische Aristokratie versammelt, ebenfalls im Ornat und mit ihrem gesamten Hofstaat, um den päpstlichen Segen entgegenzunehmen. Zeitgleich mit den Zeremonien in der Petersbasilika und über den ganzen Tag verteilt, wurden in sämtlichen römischen Kirchen Bußgottesdienste gelesen und Fürbitten dafür gehalten, die Stadt von der Schmach des Sakrilegs vom 9. Juni zu befreien.

Den Campo de' Fiori, den Ort des Triumphs »der Rabbiner der Synagogen, der Erzväter der Freimaurerei und der Parteiführer des demagogischen Liberalismus« – wie die Jesuitenzeitung *Civiltà Cattolica* schrieb –, wollte man so lange in *Campo Maledetto* umbenannt wissen, bis das Denkmal wieder fiele, um einer dem Herz' Jesu geweihten Kapelle Platz zu machen. Die Forderung, Brunos Denkmal zu entfernen, wurde auch wieder im Jahre 1929 erhoben, als die freiwillige Gefangenschaft der Päpste im Vatikan endete. Damals wurden die Beziehungen zwischen dem Vatikan und dem italienischen Staat in den sogenannten Lateranverträgen erstmals für beide Seiten verbindlich und diplomatisch geregelt. Doch jenes Ansinnen lehnte Mussolini ab.

Heilige und unheilige Jahre

Zwischen dem Denkmalstreit und den Lateranverträgen lag das auf beiden Ufern des Tibers unterschiedlich begangene Doppeljubiläum des Jahres 1900. Erstmals seit dem Jahre 1825 standen die Heiligen Pforten von Sankt Peter, Sankt Paul vor den Mauern, Sankt Johannes und Santa Maria Maggiore wieder offen, auch wenn Leo XIII. den Römern und Rompilgern den gewohnten Segen von der zur Platzseite geöffneten Benediktionsloggia des Petersdoms verweigerte und die Eingangshalle nicht überschritt. In den Heiligen Jahren 1850 und 1875 waren die *Porte Sante* wie schon zum Centenarjubiläum von 1800 zugemauert geblieben.

Im Gefolge der Französischen Revolution und des Aufstiegs Napoleons mußte Rom vorübergehend sogar ohne einen amtierenden Pontifex Maximus auskommen. Im Jahre 1796 hatte Napoleon dem Kirchenstaat den norditalienischen Territorialbesitz der Emilia Romagna entrissen. Zwei Jahre darauf wurde in Rom die Tiberinische Republik ausgerufen. Napoleon ließ Pius VI. Graf Braschi durch seine römischen Besatzer verhaften und nach Frankreich deportieren, wo der Papst 1799 verstarb. Sein Nachfolger Pius VII. Graf Chiaramonti, den Napoleon 1804 zur demütigenden Kaiserkrönung nach Paris bestellte, wurde erst im Frühjahr 1800 in Venedig gewählt und konnte nicht vor dem Sommer desselben Jahres nach Rom zurückkehren. Acht Jahre später wurde Rom von französischen Truppen besetzt, und der Kaiser proklamierte das Ende des Kirchenstaats. Auch Pius VII. wurde verhaftet und mußte Rom über die Milvische Brücke, die unter seinem Pontifikat gerade erst das auf der Nordseite ausgebaute Triumphportal erhalten hatte, als persönlicher Gefangener des Bonaparte in Richtung Frankreich verlassen. Von 1809 bis 1811 war Rom ein annektierter Teil des Napoleonischen Reiches.

Erst die Rückgabe und Restauration des Kirchenstaats nach Napoleons Fall und dem Wiener Kongreß von 1814 ermöglichte Papst Leo XII. Graf della Genga, der auch den vormals aufgehobenen Jesuitenorden wiedereinsetzte, vorübergehend eine traditionsgerechte Begehung des Heiligen Jahres von 1825. Sein Stadtbaumeister Giuseppe Valadier hatte aus diesem Anlaß der Piazza del Popolo ihre heutige Gestalt gegeben. In diesem Jahr kamen 400 000 Pilger nach Rom, das damals 160 000 Einwohner zählte. Unter den Fremden befand sich, neben dem neapolitanisch-sizilianischen Bourbonenkönig Ferdinand IV. und seiner Gemahlin Christina von Savoyen sowie zahlreichen Repräsentanten des europäischen Hochadels, auch der Mailänder Dichter Alessandro Manzoni. Sein 1827 erschienener Roman *I promessi sposi* (»Die Verlobten«) sollte zum bürgerlichen Hausbuch und romantischen Katechismus des Risorgimento werden.

Der aus dem märkischen Grafengeschlecht der Mastai-Ferretti stammende Pius IX., der auf dem künftigen Ersten Vatikanischen Konzil von 1869/70 das Dogma der päpstlichen Unfehlbarkeit durchsetzen sollte, hatte bei seinem Amtsantritt im Jahre 1846 noch große Erwartungen auf eine Liberalisierung und Modernisierung der politischen und kulturellen Verhältnisse im Kirchenstaat erweckt. Seine erste Amtshandlung war der Erlaß einer Amnestie für politische Gefangene. Die Wende kam jedoch bereits im Revolutionsjahr 1848. Während der Novemberunruhen fiel sein Innen- und Polizeiminister Pellegrino Rossi einem Attentat zum Opfer, woraufhin der Papst nach Gaeta ins sichere Bourbonenreich floh.

Im Februar 1849 riefen die Revolutionäre Rom erneut zur Republik aus und erklärten die weltliche Macht des Vatikans ein für alle Mal für beendet: Das Papsttum – die Unabhängigkeit in der Ausübung seiner geistlichen Macht unangetastet – werde »de facto und de jure« der Regierung über den Römischen Staat entledigt, und die »Regierungsform des Römischen Staats« sei künftig die »reine Demokratie unter dem ruhmreichen Namen der Römischen Republik«, lauteten die Artikel des ersten, von der konstituierenden Versammlung erlassenen Dekrets. Jacob Burckhardt berichtete am 18. Februar aus Rom: »Eine Abwesenheit von wenigen Tagen hat mich belehrt, daß ein pünktlicher Korrespondent in diesen Zeiten die ewige Stadt gar nicht verlassen darf [...]. So verließ ich z. B. Rom als monarchische Stadt und fand bei meiner

Rückkehr den Anfang einer Konstitution vor.« Ein paar Wochen später schrieb er: »Die Jesuiten verlassen Rom! [...] vor dem Gesù ein Auflauf.«

Im Gegenzug leitete der Papst eine autoritäre und restaurative Wende zur strengen Theokratie ein. Burckhardt notierte am 27. März 1849: »Seit acht Tagen ist Rom nicht mehr das alte. Der Kirchenstaat ist aggressiv geworden [...].« Gegen seine römischen Gegner rief Pius IX., wie einst die mittelalterlichen Päpste, fremde Interventionsheere zu Hilfe. Vom 25. April 1849, als die Franzosen im nahegelegenen Hafen von Civitavecchia an Land gingen, bis zum 30. Juni, als die letzten Bastionen niedergeschossen waren, hielt der Widerstand der Garibaldianer dem Belagerungsring stand. Am 3. Juli kapitulierte die Republik, doch fühlte sich Pius IX. erst zu Ostern des Heiligen Jahres 1850 sicher genug, um den Vatikan wieder in Besitz zu nehmen, dessen Heilige Pforte dennoch verschlossen blieb.

Seine politischen Gegner aus dem liberalen und laizistischen Lager des Kirchenstaats bedachte der Papst, außer mit der Gewalt seiner Söldnertruppen, mit einer Flut von Exkommunikationsbullen, die stets an mehreren Orten Roms gleichzeitig aushingen: auf dem Petersplatz wie vor der Lateransbasilika, vor dem Palast der Kurie auf dem Montecitorio – dem heutigen Sitz des italienischen Ministerpräsidenten – und schließlich auch auf dem Campo de' Fiori, dem alten Hinrichtungsplatz. Die feierliche Verkündigung des Dogmas von Mariens Unbefleckter Empfängnis am – seither zum Festtag eingesetzten – 8. Dezember 1854 verwandelte Pius IX. in eine mehrtägige Demonstration der weltlichen Papstherrschaft. Nach dem Vorbild des Renaissancepapstes Sixtus V. – wie dieser nahm sich Pius IX. insbesondere der römischen Verkehrswege an und eröffnete die ersten Eisenbahnlinien nach Frascati und Civitavecchia – wurde noch in denselben Wochen eine gewaltige antike Säule, von Galeerensklaven gezogen, auf die Piazza di Spagna bei der Spanischen Treppe transportiert, um dort mit Sockelstatuen und einem Kolossalstandbild der Madonna bestückt zu werden.

Das Denkmal fand seine Aufstellung vor dem Palast der Glaubenspropaganda (*Propaganda Fide*), jener päpstlichen Missionskongregation, die als erste moderne Propagandaeinrichtung überhaupt von Rom aus seit dem 17. Jahrhundert die übrige Welt mit Druckwerken und Bildern belieferte. Laut Gregorovius gab seine Enthüllung den verschiedenen *Pasquinos* der Stadt neuen Auftrieb zu ihren verbotenen Aktivitäten. Als einen *Pasquino* bezeichnete man seit dem Mittelalter in Rom eine Reihe von »sprechenden« Statuen. Das waren zumeist die verstümmelten Torsi antiker Statuen, denen die Römer nächtens Zettel satirischen, bisweilen auch pornographischen Inhalts anhefteten. Das berühmteste Exemplar ist noch heute vor dem Palazzo Braschi in Gebrauch, nahe beim Zugang zur Piazza Navona aus der Richtung des Corso Vittorio Emanuele. Im September 1857 notierte Gregorovius in sein Tagebuch: »In Rom fand ich die Madonnensäule auf dem spanischen Platz enthüllt. Dies schlechte Machwerk sieht aus wie ein umgekehrter Champagner-Propfen. Pasquino hat es mit Satiren überschüttet. Da an der Statue des Moses der Mund zu klein geraten ist, ruft ihm der Pasquino zu: *parla!* [›spreche!‹] Der Moses mit zugekniffenem Mund: *non posso* [›ich kann nicht‹]. *Dunque fischia!* [›Dann pfeife!‹] Der Moses: *sì, io fischio lo scultore* [›Ja, ich pfeife auf den Bildhauer‹].«

Eine weitaus drastischere Episode, die in Rom als ein Vorzeichen für das kommende Ende des weltlichen Papsttums aufgenommen wurde, kommentierte Gregorovius in denselben Jahren: »Am 12. April [1855], 5 Uhr abends, brach der Fußboden im Hause bei S. Agnese [fuori le Mura] unter dem Papst ein. Viele Kardinäle, der französische General, der österreichische Graf Hoyos und mehr als hundert Propagandaschüler stürzten mit ihm ins Untergeschoß. Der Sturz des Papsttums ist dadurch sinnbildlich angezeigt; doch hatte er noch keine Folgen: Ich sah Pius IX. bald darauf vor dem Tor del Popolo fahren; er sah ganz verklärt aus.« Drei Jahre später notiert derselbe Chronist: »Die weltliche Macht des Papstes neigt sich dem Ende zu. Die französischen Truppen halten sie noch als eine Larve aufrecht, und deshalb dürfen sie Rom nicht verlassen.« Anfang Mai 1859 heißt es lakonisch: »Täglich ziehen Römer zur Freiheitsarmee ab.« Die Stadt war seither

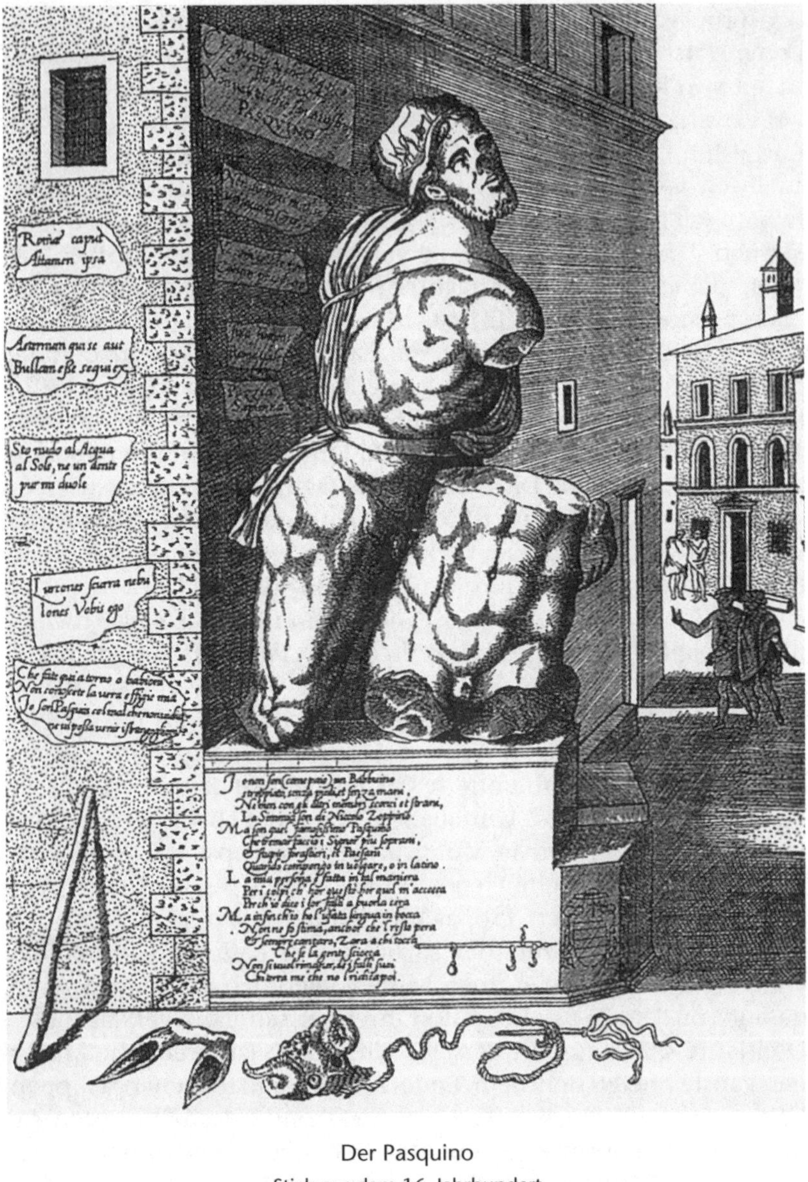

Der Pasquino
Stich aus dem 16. Jahrhundert

»in zwei große Parteien geteilt, die klerikale und die nationale«, und Bürgerkriegsstimmung herrschte bisweilen sogar an Festtagen, wie zum Karneval des Jahres 1862, als die papsttreuen Legitimisten mit weiß-gelben Farben und ihrem Schlachtruf *Evviva il Papa* (»Es lebe der Papst«) auf dem Corso feierten, die Nationalen hingegen im Schweigemarsch zwischen Kapitol und Kolosseum auf der Via Sacra des Forums hin und her zogen: »Als die demonstrierende Masse vom Kapitol wieder in die Stadt zurückströmte «, berichtet Gregorovius, »stieß sie mit dem legitimistischen Karneval zusammen; es gab Verwundungen und Verhaftungen.«

Am Morgen des 20. September 1870, genau um 9 Uhr 45, war das Ende des Kirchenstaats und der – wie es genannt wurde – »zeitlichen Macht« *(potere temporale)* des Papsttums gekommen. Unterstützt von piemontesischer Artillerie und nach im Morgengrauen einsetzenden Bombardements hatten Garibaldis Bersaglieri an der Porta Pia eine Bresche in die Stadtmauern geschlagen und zogen bewaffnet in der künftigen Hauptstadt des Königreichs Italien ein, um noch am selben Tag in einem Zeremonialakt auf dem Kapitol die Herrschaft der Päpste über Rom und den Kirchenstaat zu annullieren. Papst Pius IX. schloß sich seither – wie der Heilige Stuhl es offiziell beschrieb – als »Gefangener seiner selbst« *(di se stesso prigioniero)* im Vatikanischen Palast ein, um für mehrere Jahre nicht einmal mehr den Petersdom zu betreten. Auf dem Petersplatz hielten fortan demonstrativ Soldaten der italienischen Konige Wache. Die Kardinäle der römischen Kurie benutzten beim Ausfahren nur noch neutrale Wagen ohne Hoheitsabzeichen. »Nur einzelne Priester«, vermerkte Gregorovius, »durchschleichen die Straßen, furchtsam und Schatten gleich.« Derselbe Gregorovius, obgleich sonst ein leidenschaftlicher Antiklerikaler, fiel ob der lange erwarteten römischen Wende indessen seinerseits in tiefste Melancholie und beeilte sich, sein historiographisches Lebenswerk zu beenden, um Rom schließlich mit Athen einzutauschen:

> Die gewaltsame Umwälzung der Stadt erscheint mir wie die Metamorphose eines Taschenspiels. Italiener haben die Päpstlichen abgelöst. Statt der Zuaven durchziehen Bersaglieri die Straßen mit einer Art von Reiterbande Musik.

> Hundert schlechte Zeitungen sind wie Pilze aufgeschossen und werden in allen Straßen ausgeschrien. Eine Invasion von Verkäufern und Scharlatanen füllt die Plätze. Alle Augenblicke hängt man Fahnen aus, macht man Demonstrationen. Man hat Denkmäler dekretiert [...].
>
> Rom wird die weltrepublikanische Luft einbüßen, die ich hier 18 Jahre geatmet habe. [...] Ja, dies Rom ist ganz entzaubert worden.

Erst am 11. Januar des Heiligen Jahres 1875, das eher zu einem Notjahr der römischen Kirche geriet, verließ der gestürzte Monarch vorübergehend seine Kammer, um sich über die königlichen Stufen der *Scala Regia,* vorbei – vielleicht gesenkten Blicks – am majestätischen Reiterbildnis des großen Konstantin nach Sankt Peter zu begeben, um vor der Statue des thronenden Apostelfürsten zu beten. Von ihr hatte er sich in den Jahren zuvor vertreten und ihr an hohen Festtagen die Pontifikalgewänder anlegen lassen. Zum Aposteltag des Jahres 1871, als der Papst gleichzeitig sein 25. Amtsjubiläum beging, wurde dem Bronzepetrus zusätzlich ein Medaillon mit dem Abbild seines lebenden Nachfolgers umgehängt, und die Besucher drängten sich wieder, um ihrem Idol den Fuß zu küssen. Aber auch bei jener kurzen leibhaftigen Papstvisite im eigenen Haus blieb nicht nur die *Porta Santa* vermauert, sondern es wurden auch alle übrigen Eingangsportale von Sankt Peter eigens verschlossen.

Pius IX. starb drei Jahre später, ohne noch einmal in der Öffentlichkeit gesehen worden zu sein. Sein Nachfolger Leo XIII., der erstmals wieder die Heilige Pforte von Sankt Peter öffnen sollte, welche niemals zuvor über einen so langen Zeitraum verschlossen geblieben war, vollendete während der von ihm einberufenen Centenarfeier 1900 bereits sein neunzigstes Lebensjahr. Das hinderte ihn nicht daran, eine gewaltige Neuerung einzuführen oder sich an sie anzuschließen: An die Stelle der unzähligen Fackeln, mit denen seit Jahrhunderten die Fassade und Kuppel des Petersdoms zu hohen Festlichkeiten illuminiert worden waren, trat erstmals sogenanntes *elektrisches Licht.* Die »römische Frage« hingegen, gemeint ist die Regelung der diplomatischen Verhältnisse und die Aufteilung der Besitztümer zwischen Vatikan und Quirinal, war zwar noch lange nicht gelöst, aber eine gewisse Beruhigung und eine zunehmende Bereitschaft zur friedlichen Koexistenz trat ein. Zu den prominentesten Vatikanbesuchern des Heiligen Jahres zählte der italienische König Umberto I., und aus Florenz kam der große patriotische Dichter Ugo Foscolo angereist. Im Gegenzug kondolierte Leo XIII. persönlich dem Königshaus aus Anlaß von Umbertos I. plötzlichem Tod infolge eines Attentats.

Die anfangs ungeliebte Moderne ging auch am Vatikan nicht ohne flüchtigen Gruß vorbei. Davon zeugen neben der römischen Eisenbahn und der vielseitigen und einfallsreichen Verwendung der Elektrizität auch der Gestaltwandel der Pilgerliteratur. Deren Ursprünge reichen zurück bis ins frühe Mittelalter auf immer neue, korrigierte und ergänzte Abschriften der von Pilgergeneration zu Pilgergeneration weitergereichten Itinerarien und Guiden. Ihnen folgten die anfangs ebenfalls handschriftlichen, später auch gedruckten *Mirabilia urbis Romae*, in denen die römischen Wunderwerke aller Jahrhunderte, samt zugehörigen Historien, Legenden und Reliquieninventaren detailliert verzeichnet und um praktische Hinweise über die Erreichbarkeit und Qualität von Straßenwegen, Gasthäusern und Hospizen ergänzt wurden. An ihre Stelle wie auch an diejenige der neuzeitlicheren Erbauungs- und illustrierten Flugschriftenliteratur samt säkularisierten Ablegern in Gestalt der *Ciceroni, Volkmanns* und *Baedekers*, trat im Zuge der Verbreitung der Fotografie, der Lithografie und des modernen Pressewesens um 1900 ein neuer Typus von illustrierter, in ebenso hohen wie billigen Verkaufsauflagen erwerblicher Pilgerliteratur: *L'Anno Santo 1900. Guida illustrata ad uso del Pellegrino* nannte sich nur eine dieser Broschüren, verfaßt von einem anonymen Autorenkollektiv von Patres verschiedener Ordensgemeinschaften (*Scritti di PP. Religiosi di varii Ordini*). Auf dem Umschlag prangte eine Porträtfotografie des amtierenden Heiligen Vaters. Im Inhalt erhielt der Pilger nicht mehr nur alle Hinweise, die zu seiner geistigen Vorbereitung auf das Jubeljahr nötig waren, sondern auch eine Fülle praktischer Informationen über Rom, die Stadt und ihre Denkmäler, Galerien und Museen, ihre Verkehrsmittel, Restaurants, Hotels und Einkaufsmöglichkeiten, samt Karten und Ausschnittplänen, allen Öffnungszeiten, Linien- und Preisangaben, Adressen inklusive Telefonnummern, alles durchmischt mit kommerziellen Inseraten.

Eine ganz andere Art von »Pilgerschrift« erschien im selben römischen Jubeljahr unter dem Titel *Un episodio dell'anno santo 1600* (»Eine Episode aus dem Heiligen Jahr 1600«). Der Verfasser mit Namen Beniamino Manzoni ließ darin einen aufgeklärten, »laizistischen« Pilger auf eine fiktive Romfahrt gehen, enthielt sich zwar jeder flammenden antiklerikalen Rhetorik, unterließ es aber nicht, auf die Überschneidung des Jubiläums mit Giordano Brunos Flammentod im Jahre 1600 hinzuweisen. »Rom«, fuhr er fort, sei heute jedoch »frei und geöffnet für alle; und so, wie die katholischen Pilger ungestört ein und aus gehen können, ließen sich hier jetzt auch staatsbürgerliche Wallfahrten (*pellegrinaggi civili*) unternehmen«. Im Kern wurde für die Monumentalstrecke eines laizistischen Gegenjubiläums geworben: Der zivile Pilger zieht auf den Gianicolo mit dem Reiterstandbild Giuseppe Garibaldis, an die Porta Pia des Einzugs der Garibaldianer, zum Pantheon mit dem Grabmal des Königs Vittorio Emanuele und zu Brunos Denkmal auf dem Campo de' Fiori, jenem »Ort des Martyriums und der Verherrlichung des Großen, welcher die Ehre der italienischen Nation ist«.

Am 20. September 1900, zum 30. Jahrestag der Einnahme Roms, wurde die fiktive Laienwallfahrt durch Rom Wirklichkeit: Ernesto Nathan, Großmeister einer Freimaurerloge und künftiger Bürgermeister von Rom, organisierte das Programm eines Gegenjubiläums, das den Besuch von vier als »Laienbasiliken« bezeichneten Profanheiligtümern vorsah: Pantheon, Gianicolo, Porta Pia und der Sitz der Bürgerschaft auf dem Kapitol. Ob auf dem Gianicolo neben dem Denkmal Garibaldis auch die Gedenkstätte des unglücklichen Renaissancedichters Torquato Tasso im Kloster Sant'Onofrio auf dem Besuchsplan stand? Dieser war von demselben Papstmäzen Clemens VIII. nach Rom gerufen worden, der den Philosophen auf den Scheiterhaufen sandte. Einen Tag vor seiner geplanten Dichterkrönung auf dem Kapitol war Tasso am 25. April 1595 hier in geistiger Umnachtung verstorben.

Der gebürtige Florentiner Clemens VIII. Aldobrandini, der die Kirche von 1592 bis 1605 regierte, wußte im Geiste der barocken Gegenreform strengste Frömmigkeit mit feinstem Kunstsinn zu verbinden. Unter seinem Pontifikat wurde die Fertigstellung des Neubaus von Sankt Peter vorangetrieben und der zentrale Papstaltar errichtet, der den kuppelüberwölbten Altarraum mit dem Apostelgrab in den Grotten überbrückt. Das von ihm zur Jahrhundertwende ausgerufene Jubiläum markierte eine Wende auch in den Formen des Rompilgertums und der Frömmigkeit. Etwa eine halbe Million Fremde kamen aus diesem Anlaß nach Rom, und allein in Sankt Peter wurden in diesem Jahr 30000 Messen gelesen. Von den Rombesuchern hatten die meisten ihren Weg nicht mehr nach dem Modell des »frohen christlichen Pilgrams« auf einsamer Wanderschaft genommen. Die Pilger reisten jetzt vorwiegend in großen Gruppenformationen an. Zumeist handelte es sich um Gemeinschaften von Laienbrüdern, die strenge Regeln und Riten, die Verehrung bestimmter Heiligenpatrone und besondere Symbole und Bekleidungen, Gebete, Gesänge und andere Glaubenspraktiken miteinander teilten. Sie stellten bereits auf dem Weg nach Rom die Bewegungsordnungen und äußerlichen Erscheinungsformen her, die nach ihrer Ankunft eine enthusiastische Steigerung erfuhren.

Diese Gruppenpilger nahmen sich nicht nur selbst als Weggemeinschaften wahr, sondern wollten auch als solche wahrgenommen werden. Denen, die ihnen unterwegs begegneten, kündeten sie von dem unaufhaltsamen Sog, der von überall nach Rom führte, und sobald sie sich wieder auf ihren Heimwegen befanden, wirkten sie – und auch in ihrem künftigen Leben – als Botschafter Roms nach aller Welt. Rom selbst verwandelten sie in der Zwischenzeit in eine Stadt der endlosen und unaufhörlichen Prozessionen. Papst Clemens VIII. war persönlich um das Wohl dieser Pilgermassen besorgt und besuchte sie in ihren Hospizen. An den Prozessionen von Basilika zu Basilika nahm er häufig selbst teil. Auf den Knien rutschend, erklomm er beim Lateran mehrmals die geheiligten, der Überlieferung nach vom Tempel des Herodes aus Jerusalem stammenden Treppenstufen der *Scala Santa*, die einst Blutzeugen der Geißelung Christi waren.

Daneben verstärkte sich um 1600 aber auch eine ganz andere, individualistische Form des Rompilgertums: So wie sich Rom zu allen Zeiten gern mit seinen Fremden schmückte und durchweg von Fremden lebte, die es anzog und bisweilen auch wieder abstieß, vermochte die Stadt auch niemals eine lokale Künstlerschule von Bedeutung hervorzubringen. Die einzige Ausnahme waren die mittelalterlichen *Cosmaten*, so benannt nach einer römischen Familie von Kunsthandwerkern, die von Generation zu Generation das Wissen um die Kunst des Schneidens, Einlegens und Mosaizierens preziöser Steine weitergaben. Die Ergebnisse ihres Wirkens sind den Wänden, Decken und Fußböden der frühchristlichen Kirchen und Basiliken Roms abzulesen.

Die großen Wellen der Künstlereinwanderung nach Rom waren dagegen von Anfang an eng mit den Heiligen Jahren verbunden, die sich fortan nicht nur als die zyklisch wiederkehrenden Antriebsmaschinen für den Wiederaufbau Roms, sondern auch als Katalysatoren für das Gelingen oder Mißlingen individueller künstlerischer Lebenskrisen erwiesen. Giorgio Vasari, der Künstlerbiograph der Renaissance, kommentierte einst das römische Scheitern und den fluchtartigen Weggang von Künstlern wie Il Rosso, Fra Bartolommeo und Andrea del Sarto: »Land und Aufenthaltsort zu wechseln, heißt Natur und Eigenschaften, Sitten und Gewohnheiten wechseln, so daß man meint, ein anderer Mensch geworden zu sein und davon verwirrt und betäubt zurückbleibt« – es sei denn, der Künstler ist schwach genug (wie derselbe Vasari als Maler), sich an die neuen Bedingungen seines Schaffens anzupassen, oder stark genug (wie ein Michelangelo), in seinem Sinne auf sie einzuwirken und ihnen gegebenenfalls Widerstand entgegenzusetzen.

Bereits das erste kirchliche Jubeljahr 1300 hatte einen neuartigen, ebenso hochmobilen wie allerorts gefragten Künstlertypus hervorgebracht. Er wurde von niemandem besser verkörpert als von dem Florentiner Giotto di Bondone. Giotto war der erste Säkularkünstler schlechthin, überdies der Prototyp eines eleganten Wanderers von Stadt zu Stadt und von Hof zu Hof. Sowohl die Mosaikarbeit der *Navicella* in der Eingangshalle von Sankt Peter als auch ein durch spätere Restaurierungen weitgehend zerstörtes Fresko in der Laterankirche, das Papst Bonifaz VIII. bei der Verkündigung des Heiligen Jahres auf der Benediktionsloggia selbigen Ortes zeigt, gingen aus Giottos damaligem Pilgeraufenthalt hervor. Die Aufträge hatte ihm Kardinal Stefaneschi, der Propagator des Jubeljahres, persönlich vermittelt. Die zentrale Stelle, die Giottos zu allen Zeiten und insbesondere von seinem Landsmann Alberti bewunderte *Navicella* im Atrium bereits von Alt-Sankt Peter einnahm, entspricht im übrigen haargenau der kunstgeschichtlichen Bewertung Giottos durch Vasari. Noch mehr als zwei Jahrhunderte später stellte der Vater der modernen Kunstgeschichte Giotto als Portalfigur an den Eingang jener künstlerischen Wendezeit vom vermeintlich finsteren Mittelalter zur ersten Frühlingsblüte der Renaissance.

In der alten Petersbasilika hatte Giotto noch weitere Werke hinterlassen, die jedoch beim Umbau zerstört wurden. Ein erhalten gebliebenes, doppelseitig bemaltes Altarbild (Polyptychon) ist hingegen noch heute in der Vatikanischen Pinakothek zu bewundern. Der Papst, so schrieb Vasari, habe Giotto nach Rom gerufen, und er »erwies ihm viel Ehre« und »so viele Gunstbezeigungen, daß in ganz Italien davon die Rede war«. Danach konnte der florentinische Bürger und künftige Stadtbaumeister Rom wieder als ein begehrter und hochdotierter Künstlerheros verlassen, um den die Schriftsteller seiner Zeit im Nacherzählen humorvoller Anekdoten wetteiferten.

Nach diesem Muster, wenn auch nicht immer mit den gleichen Erfolgen, verliefen auch die künftigen, zyklischen Künstlerwanderungen nach Rom. Die wenigsten Künstler, mit Ausnahme des früh verstorbenen Malerfürsten Raffael – und auch der kam von anderenorts, aus dem umbrischen Urbino, und ging zunächst einmal durch die höhere Schule von Florenz –, waren oder blieben dort dauerhaft und ausschließlich seßhaft. Nachdem Rom im 15. und 16. Jahrhundert von den sich ausbreitenden toskanischen und umbrischen Maler-, Bildhauer- und Architektenschulen zehrte, erreichte die Stadt kurz vor 1600 eine neue Einwanderungswelle, diesmal aus Oberitalien. Vor allem aus Bologna verlegte eine ganze Malerfamilie namens Carracci samt Anhang ihren Sitz nach Rom, um hier und in Konkurrenz zu dem zeitgleich und aus derselben Richtung angelangten Lombarden Michelangelo da Caravaggio schulbildend zu werden. Die einen waren von glühender Raffael-Verehrung, der andere, wie sein Name andeutet, vom Vorbild des großen Florentiners angezogen worden. Während Caravaggio zwar ebenfalls eine eigene Schule ins Leben rief, ansonsten aber ein verwegener, beinahe anarchischer Haudegen war, der kaum einem Konflikt mit den weltlichen Gesetzen aus dem Wege ging, waren die Carracci hochgesittete Hofkünstler. Auch mit ihnen, wie mit denen, die ihnen zu Beginn des neuen Jahrhunderts aus Bologna nach Rom folgten – Guido Reni und Domenichino –, war wieder ein neuer Künstlertypus geschaffen. Am deutlichsten wurde er künftig von dem halb neapolitanischen, halb florentinischen Malersohn Gian Lorenzo Bernini verkörpert. Dieser wurde in Rom in den Ritterstand aufgenommen, durfte sich seither *Il Cavaliere* nennen und war gewohnt, auch von Päpsten, Königen und Kardinälen als solcher gewürdigt zu werden.

Das Hauptdenkmal des römischen Einzugs jener jungen Maler aus Bologna liegt auch nur wenige Schritte vom Campo de' Fiori entfernt, und ist mit diesem durch drei schmale, aber gut einsehbare Gassen verbunden. Es entstand zur selben Zeit, als Brunos Scheiterhaufen nebenan brannte. Seit 1597 war Annibale Carracci mit der Ausmalung der Galerie im Palazzo Farnese beschäftigt, und bald darauf folgte ihm sein Bruder Agostino nach Rom, um ihn zu unterstützen. Der vormalige farnesische Hausherr Papst Paul III. war derselbe, der auch die römisch zentralisierte Inquisitionspraxis eingeführt hatte, welcher Bruno zum Opfer fiel. Wenn die Carraccis und ihre Gesellen sich an jenem Februartag des Jahres 1600 aus den hohen Fenstern dieses wohl bedeutendsten und schönsten römischen Renaissancepalasts gelehnt haben, dann konnten sie dieselbe Renaissance brennen sehen, die das Gebäude errichtet hatte. Ihr hatte die Malerei der Brüder im Inneren des Palasts gerade ein triumphales Denkmal gesetzt, das die künstlerischen Antipoden jener Zeit – den Raffael der vatikanischen Stanzen und Loggien und den Michelangelo der Sixtinischen Kapelle – miteinander verbinden sollte.

Palazzo Farnese
Stich von Giovanni Battista Piranesi, um 1773

Der auf seinem malerischen, mit zwei Brunnen aus ägyptischem Granit gezierten Platz völlig freistehende, rechteckige Palast war von dem Florentiner Antonio da Sangallo dem Jüngeren und nach dessen Tod von Michelangelo vollendet worden. Erst die kürzliche Grundreinigung der Fassade hat eine beinahe pointillistische Farbenpracht aus gelbleuchtendem Ocker mit rötlich changierenden Einsprengseln wiederhergestellt. Durch die akademische Kunstgeschichte vermeintlich verbürgte Sehgewohnheiten werden hier in ähnlicher Weise hintertrieben wie von den restaurierten Fresken der Sixtinischen Kapelle im Vatikan. Nicht nur der Palast selbst, sondern auch seine gesamte Umgebung ist von einem Kolorit, der in Rom ohnegleichen ist. Im 16. Jahrhundert war der Familienpalast der Farnese der wichtigste außervatikanische Satellit der Renaissancepäpste. Hier wurden Dynastien gegründet, und von hier aus wurden andere Dynastien vernichtet, hier wurden Nepoten gezeugt und angenommen oder auch wieder verstoßen. Es war und blieb noch im 17. Jahrhundert ein Ort der höchsten Prachtentfaltung und Hofhaltung, und für die Dauer eines Jahres hatte auch die demissionierte Königin Christine von Schweden hier ein standesgemäßes Quartier gefunden.

Während die Pinsel der Carracci drinnen die platonischen, neuplatonischen wie unplatonischen Götter und Nymphen Metamorphosen tanzen und Hochzeiten begehen ließen, loderte draußen der Scheiterhaufen für den Dichterphilosophen – alles in einem, in einem Heiligen Jahr. Wenige Tage vor dem Beginn des dritten Millenniums hat der amtierende Pontifex Maximus in Rom wieder die Heilige Pforte des Petersdoms eröffnet. Ob das lange anhaltende 19. Jahrhundert, das die Bruno-Verehrer und Denkmalstifter der letzten Jahrhundertwende bereits im Renaissancezeitalter beginnen lassen wollten und das auch das 20. Jahrhundert mehr zu binden als zu lösen verstand, endgültig zu Ende ist, muß das neueste Säkulum erst noch erweisen.

Via del Pellegrino

Folgt man dem düsteren Blick des bronzenen Apostaten vom Campo de' Fiori, so gelangt man am nordwestlichen Ausgang des Platzes auf eine lange, schmale und gewundene Straße, die bereits hinter der Cancelleria beginnt und über ihre Verlängerungen hinunter zum Tiberufer führt. Für heutige Verhältnisse ist es eine ruhige, unauffällige Nebenstraße, die annähernd parallel zum Corso Vittorio Emanuele II., der ohrenbetäubenden Rennbahn in Richtung Vatikan, verläuft. Aber auch auf jener kleinen, unscheinbaren Straße gelangt man früher oder später zum gleichen

Ziel. Nur der Name *Via del Pellegrino* erinnert noch an die Zeit, als diese Straße eine der belebtesten Verkehrsadern der Stadt war und sich streckenweise mit dem Verlauf der Papstroute durch die römische Altstadt, der sogenannten *Via papale,* deckte.

Der Weg lohnt sich auch heute noch, allein schon wegen der vielen kleinen Läden und Antiquariate am Straßenrand. Das Tiefparterre des Hauses Nr. 78 beherbergt Roms ungewöhnlichste und sehenswerteste Buchhandlung, die an keiner anderen Stelle passender untergebracht wäre als hier: Die *Libreria del Viaggiatore* ist ausschließlich auf anspruchsvolle Reiseliteratur aus Geschichte und Gegenwart, daneben auch auf Schreibbedarf für den Reisenden spezialisiert. Man geht ein paar Stufen hinab und betritt die Vorratskammer einer mobilen Literatur, die ihre Leser gar nicht erst danach fragt, woher sie kommen oder wohin sie gehen. So lebt am Rande dieser historischen Passage der Stadt das alte, weltrepublikanische Rom weiter, von dem sich Ferdinand Gregorovius schon bei der vorletzten Jahrhundertwende verabschiedet hatte. Hier kann man stundenlang ungestört stöbern, und alles ist wieder so, wie es der Rom-Idee nach sein sollte: Die ganze Welt ist unmittelbar mit Rom verbunden, von Rom aus greifbar und erreichbar.

Im weiteren Verlauf lädt die Via del Pellegrino zu neuen Abstechern ein. Das hat bereits kulturgeschichtliche Gründe, insofern den Pilger früherer Jahrhunderte in der näheren Umgebung eine Fülle karitativer und spiritueller Versorgungseinrichtungen erwartete: Hospize und Hospitäler, Kirchen und Konvente. Hinzu kamen profane Dienstleistungsunternehmen wie Wirtshäuser, Devotionalienhändler und nicht zuletzt Banken und Bordelle. Der Pilgerprostitution suchte die Kirche zeitweise dadurch Herr zu werden, daß sie Frauen die Reise nach Rom untersagte, was im Gegenzug die einheimische Prostitution antrieb, die wiederum eine nicht immer geringgeschätzte Steuereinnahmequelle des Vatikans war. Frauen war es auch lange Zeit verboten, die dunklen Grotten und Grüfte unterhalb der Confessio von Sankt Peter zu betreten. Lediglich zu Pfingsten wurden sie eingelassen, wenn der Zutritt gleichzeitig den Männern untersagt war.

Obgleich weniger spezialisiert, bleibt die Einladung zum Abschweifen auch für den modernen Passanten erhalten, sofern er nur Rom nicht im Schnellverfahren nehmen, sondern von der Stadt wirklich etwas sehen möchte. Allein der in den achtziger Jahren des 19. Jahrhunderts mitten durch die Altstadt geschlagene Corso Vittorio Emanuele hat dieses seit dem Mittelalter lebendigste, geschäftigste und am dichtesten besiedelte Viertel Roms zersprengt und zusammengehörige Ensembles voneinander isoliert. Wendet man sich auf der Via del Pellegrino dennoch bei einer der nächsten Gelegenheiten nach rechts, so öffnet sich jenseits der zweiten Hauptstraße des Risorgimento ein Platz, der einst baulich und szenographisch geschlossen war. Eine breite Freitreppe führt hinauf zu der Kirche Santa Maria in Valicella, der auch *Chiesa Nuova* genannten römischen Hauptkirche des Filippinerordens und Grabeskirche seines Ordensstifters, des heiligen Filippo Neri. Die geräumige Kirche ist Teil eines größeren Gebäu-

S. Maria in Valicella und Oratorium der Filippiner
Stich von Giuseppe Vasi, 18. Jahrhundert

dekomplexes, der das Oratorium der Filippiner beherbergt. Es wurde erbaut von Francesco Borromini, Berninis Konkurrenten um die barocke Stadtbaumeisterschaft. Neben der Pilgerfürsorge waren die Filippiner besonders um die Pflege der Kirchenmusik und der geistlichen Gesänge bemüht, und sie waren die Erfinder des Oratoriums schlechthin. Ihre Bruderschaft, eher gegen den Willen des Gründers in einen regulären Orden umgewandelt, war ein Organ der stilleren katholischen Reform, nicht der militanten Gegenreformation.

Goethe hat in der *Italienischen Reise* eine ausführliche Lebensbeschreibung des humorvollen Florentiners Filippo Neri gegeben, der seine gelehrten Studien aufgab, um sich mit seinen Anhängern in Rom der Nöte der Pilger anzunehmen. Auf Neris Wirken und Organisationstalent gehen auch die Besucher- und Prozessionsrouten zu den Stationskirchen heiliger Jahre und hoher Feiertage zurück. Unter den Römern, die sein Fest alljährlich am 26. Mai begehen, blieb er so populär, daß man ihn dort *Il Santo*, den Heiligen schlechthin nennt. Peter Paul Rubens, als er in jungen Jahren nach Rom kam, hat in der Apsis der Kirche gleich drei Altargemälde zurückgelassen. Das Ensemble von Kirche, Oratorium, Freitreppe und Platz lebte einst von einem Überraschungseffekt: Auf Besucher und Fremde muß es wie ein erhebender Sog oder gleichsam wie sichtbare Musik gewirkt haben, aus engen und dunklen Gassen plötzlich und unerwartet in eine lichte Geräumigkeit hinauszutreten. Nicht ohne anfängliches Herzklopfen und Lampenfieber dürften sie sich wie Schauspieler gefühlt haben, die über schmale und dunkle Korridore eine offene, von Scheinwerferlicht überflutete Bühne betraten, vor der das Orchester bereits spielte.

Nach erneutem Zurückweichen vom Corso wieder dem Verlauf der Via del Pellegrino folgend, betritt man alsbald andere Straßenzüge. In diesem Quartier gehen die Straßen so unbemerkt ineinander über, daß die Promenade oftmals unversehens wieder in die Nähe des Ausgangspunktes zurückführt, obgleich man doch anscheinend geradeaus gegangen war. Wer der Anziehungskraft des Tibers und der nahen Engelsbrücke vorerst zu widerstehen vermag und, statt der sanften Gleitbewegung der Ellipse nach rechts in die Renaissancestraße der alten Banken, der *Via dei Banchi Vecchi*, nachzugeben, die Gegenrichtung einschlägt, trifft auf der sich schlangenförmig windenden *Via di Monserrato* bald wieder auf den Palazzo Farnese, um ihn aus ganz anderer Perspektive und in neuer nachbarschaftlicher Umgebung zu erblicken. Diese enge und pittoreske Straße, aus der jeder Reichtum entflohen ist, zeugt gleich einer Kulisse, die von dem Filmregisseur Luchino Visconti inszeniert worden sein könnte, von vergangenem römischen Adel. Als solcher hat ihr der italienische Schriftsteller Aldo Palazzeschi zu Beginn seines Nachkriegsromans *Roma* ein Denkmal gesetzt: »Die Fassaden ihrer Paläste lassen die melancholische Strenge des gefallenen Adels erkennen. Tagsüber sind sie dunkel, als wären ihre Hausflure der Sonne Roms gegenüber unempfindlich geworden.« In die zugemauerten Bogen der einst offenen Portici haben sich seit Generationen kleine Handwerksbetriebe und Läden eingenistet. Hier können einem auch heute noch die mobilen Werkstätten von Scherenschleifern begegnen, die sich auf Fahrrädern mit Anhängern bewegen, oder ältere, korrekt gekleidete Herren in schwarzgrauen, aber verschlissenen Anzügen, die sich langsam und doch zielbewußt die Straße entlang bewegen, um schließlich hinter den Eingängen verfallener Paläste zu verschwinden.

Auf halbem Weg in Richtung Piazza Farnese liegt die römische Nationalkirche der Spanier, die der einst vornehmen Straße ihren Namen gegeben hat. Santa Maria di Monserrato, benannt nach einem spanischen Wallfahrtsort, beherbergt die sterblichen Überreste der Borgiapäpste Calixtus III. und Alexander VI., deren spanische Höflinge und Prälaten im ausgehenden 15. Jahrhundert bevorzugt auf dieser Straße ihre Residenzen errichteten. In ihre Stammkirche wurde die Asche der Borgiapäpste jedoch erst im 19. Jahrhundert überführt, nachdem man sie jahrhundertelang in einem Versteck aufbewahrt hatte. Von den Schreckenstaten Alexanders VI. und dem gotteslästerlichen Treiben seiner schönen Tochter Lukrezia und deren blutrünstigem Bruder Cesare sind die Geschichtswerke und die Romliteratur längst zur Unwiederholbarkeit angeschwollen. Die Überlieferungen sind jedoch kaum von den Gerüchten zu unterscheiden, die erst Alexander Borgias nicht weniger machtbewußte und kriegerische Nachfolger in die Welt setzten, nachdem die spanischen Rivalen in Ungnade gefallen waren: angefangen von Julius II. della Rovere, der parallel zur Via di Monserrato seine eigene Straße – die *Via Giulia* – baute, bis hin zu Paul III. Farnese, der seinen konkurrierenden Familienstammsitz gleich um die Ecke besaß.

Neben dem Ausgang zur Piazza Farnese, der ursprünglich der Eingang zur Via Monserrato war, liegt die Kirche Santa Brigida, die ehemalige Wohnstätte der Schutzheiligen aller Rompilger, der heiligen Birgitta von Schweden. Die mittelalterliche Mystikerin und Visionärin gehörte zu jenen Pilgern, die nach Rom zogen, um – jedenfalls seit ihrem zweiten Aufenthalt im Jubiläumsjahr 1350 – gleich dort zu bleiben und daselbst künftig zu wirken. In ihrem heimatlichen Kloster war ihr das Gesicht und die Stimme Christi erschienen, der zu ihr sprach: »Gehe nach Rom, wo die Straßen mit Gold und dem Blute der Märtyrer bedeckt sind; dort wirst du so lange bleiben, bis du den Papst und den Kaiser wirst gesehen haben, denen du meine Worte verkünden sollst.« Aufgrund der römischen Abwesenheit der Päpste war dies freilich keine leichte Aufgabe, und um so mehr suchte die Heilige die Lücke nach Kräften selbst zu füllen. Die Bilder, die sie in Rom zu sehen bekam, sprachen jedenfalls mit solcher Leuchtkraft zu ihr, daß schon ein paar Jahrzehnte später die christliche Kunst überall in Europa von dem sprach und erleuchtet wurde, was die heilige Birgitta gesehen hatte. Birgittas in den sechziger Jahren entstandenen *Revelationes*, in denen sie ihre Visionen gesammelt hatte, fanden jedenfalls weite Verbreitung und inspirierten die Maler allerorten. Ihr Ziel, den Papst zur Rückkehr nach Rom zu bewegen, erreichte sie indessen nicht. Urban V., dem sie persönlich nachreiste, prophezeite sie einen baldigen Tod, sofern er den Heiligen Stuhl nicht an seinen Stammsitz zurückführe. Der Papst war kein guter Zuhörer, und so starb er, noch bevor seine Zeit gekommen war.

Am gegenüberliegenden Ausgang der Piazza Farnese kann man

die auf der Via Monserrato eingeschlagene Richtung geradewegs fortsetzen, um auf die *Piazza Pellegrino* mit der Pilgerkirche *Santissima Trinità dei Pellegrini* zu gelangen. Diesseits des Tibers die vorläufig letzte Hauptstation, an der seit dem römischen Wirken des heiligen Filippo Neri und seiner Laienbrüder den Fremden in großem Maßstab Obdach sowie Pflege an Leib und Seele geboten wurde, überschneidet sich bei dieser Kirche die christliche Pilgerreise mit einem anderen Weltpilgertum. Denn hier liegt der Übergang zum alten jüdischen Ghetto Roms. Über die Kirche selbst, die nach 1600 umgebaut wurde und deren benachbartes Hospiz in den Heiligen Jahren seit der zweiten Hälfte des 16. Jahrhunderts stets mehrere hunderttausend Pilger beherbergt hatte, wußte noch Stendhal folgendes zu berichten:

> Unter all den Quälereien, die man gegen die armen Juden ersann, mutet eine sehr merkwürdig an: Gregor XIII. kam auf die Idee, sie zu zwingen, sich jeden Sonnabend eine Sonderpredigt anzuhören; sie findet in der Kirche Santissima Trinità dei Pellegrini neben dem Ghetto statt. Bei Strafe einer Geldbuße zugunsten der Katechumenenkirche sind die Juden verpflichtet, hundert Männer und fünfzig Frauen in die Predigt zu schicken; da sie dort jedoch bald der Schlaf übermannt, geht ein Kirchendiener mit einem langen Stab durch die Reihen, um jeden zu wecken, den die Predigt eingeschläfert hat.

Gregorovius nannte die einst größte jüdische Diasporagemeinde der Welt die »allein noch lebendige Ruine des Altertums« und führte ihren Stammbaum weit hinter die von Kaiser Titus aus Jerusalem nach Rom verschleppten Sklaven und noch vor die Zeiten des Pompeius zurück, als Juden bereits in Trastevere sowie an den Brückenköpfen der Tiberübergänge ansässig waren und mehrere Synagogen unterhielten. Unter Kaiser Augustus lebten bereits 10000 Juden in Rom, die von allen Erschwernissen und Tributleistungen befreit waren, und unter Tiberius sollen es über 50000 gewesen sein. Neben den christlichen Katakomben oftmals übersehen, gibt es in Rom auch jüdische Katakomben mit vielen Grabstätten und Inschriften. Im Rom der Päpste hatten die Juden trotz vieler Bedrängnisse dennoch weniger als anderswo unter Verfolgungen zu leiden. Allerdings waren ihre Freiheiten und im Gegenzug deren Beschränkungen durchweg von der persönlichen Gunst oder Ungunst der jeweils regierenden Päpste abhängig. Systematische Judenverfolgungen gab es in Rom seit den Zeiten des Nero bis zum Jahr der deutschen Besatzung im 20. Jahrhundert hingegen nicht. Auch das Ghetto entstand erst unter den Päpsten der Gegenreformation, mit deren Auftreten sich die Lage der römischen Juden tatsächlich verschlechterte, obgleich zahlreiche Schlupflöcher, durch die man sich Privilegien erkaufen oder von Auflagen freikaufen konnte, auch da offenblieben.

Bereits die Päpste der Renaissance waren weitaus judenfeindlicher gesinnt als ihre mittelalterlichen Vorgänger. Papst Eugen IV., sonst ein Freund des Humanismus, schränkte die städtische Bewegungsfreiheit der römischen Juden ein und verbot ihnen den Bau neuer Synagogen, das Bekleiden öffentlicher Ämter und den Verkehr mit Christen überhaupt. Zu dem Schimpf, den Roms Juden erdulden mußten, zählte auch der berühmte Höhepunkt des römischen Karnevals. Seit den Tagen des Venezianers Paul II., der dem Spektakel regelmäßig von seinem Balkon über der Piazza Venezia aus beiwohnte, und noch bis ins Jahr 1668 ließ man nicht nur Pferde und andere Tiere, sondern auch Greise, Kinder und Juden durch den langen Schlauch des Corso Spießruten laufen.

Demütigend war auch das Unterwerfungsritual, dem die Juden beim Pontifikatsantritt eines jeden neuen Papstes zu folgen hatten. Manchmal blieb es bei einem streng formalisierten Akt, bei dem die Abgesandten der jüdischen Gemeinde dem Papst auf seinem Triumphzug zur Inbesitznahme des Laterans entgegentraten und seinen Schutz erflehten, indem sie ihm die fünf Bücher Mose sowohl zur Erinnerung als auch zur Begutachtung überbrachten. Unter den Beschränkungen und Schutzgeboten, die dem Papst als apostolischem Hüter der nachjüdischen Heiligen Schrift ohnehin auferlegt waren und denenzufolge die Juden, nach der Lehre der Kirchenväter, als die Antiquare der christlichen Religion aufzufassen waren, blieb es dem Papst individuell freigestellt, dem Ersuchen nachzugeben, vielleicht noch die Mahnung, sich alsbald zum rechten Glauben zu bekehren, hinzuzufügen, oder aber es schroff zurückzuweisen. Nicht jeder Papst war so souverän und arrogant zugleich wie der Florentiner Leo X. aus dem Hause Medici, über dessen Huldigungszug des Jahres 1513 berichtet wird: »Als der Papst auf seinem weißen Roß vorbeigeritten kam, baten die Juden um die gewohnte Bestätigung. Er nahm das offene Buch aus ihren Händen, las darin und sagte darauf: ›Wir bestätigen, aber wir stimmen nicht bei‹ (*Confirmamus sed non consentimus*); dann ließ er das Buch zur Erde fallen und setzte seinen Zug fort.«

Die geraubten Tempelschätze
Relief vom Titusbogen

Der eigentlich kritische und seit den Päpsten der Gegenreformation besonders entwürdigende Punkt dieser Handlung war jedoch sein Ort. Seit dem Ende des 16. Jahrhunderts wurde die Zeremonie auf die *Via sacra* des Forums verlegt. Die Juden wurden dazu verpflichtet, die Triumphbogen mit emblemverzierten Tüchern und Tapeten auszuschmücken und den Weg vom Titusbogen zum Kolosseum mit Teppichen auszulegen. Dem rituell bestätigten Triumph der christlichen *Ecclesia* über die jüdische *Synagoge* wurde somit die schmachvolle Erinnerung an die Zerstörung Jerusalems durch Titus, den Raub der Tempelschätze und den anschließenden Triumphzug mit den versklavten Gefangenen durch Rom untergelegt. Alle historischen und symbolischen Bezüge, die auf den Reliefs des Titusbogens selbst dargestellt waren, vom Raub der Bundeslade und der Trompeten für das Jubeljahr bis hin zum Zug der mit Ketten gefesselten Sklaven, sollten wieder wachgerufen und um der formellen Bestätigung des doppelten Nachfolgeanspruchs Roms erneuert werden.

Das Ghetto, noch heute markiert vom Kuppelbau der Synagoge, nahe beim antiken Marcellustheater, erstreckte sich von der Via Arenula, jenseits von Santissima Trinità, im Westen, annähernd bis zur Piazza Mattei mit dem berühmten Schildkrötenbrunnen im Norden und im Süden bis zum Flußufer auf der Höhe der Tiberinsel. Seine nächtens verschlossenen Mauern wurden erstmals im Jahr 1798 vorübergehend durch die Franzosen geöffnet, bis sie 1887 endgültig niedergerissen wurden. Die lebendigste Schilderung des Ghettos, zudem in Gegenüberstellung mit dem römischen Alltagsleben, überliefert ein so gut wie unbekannt gebliebenes Zeitungsfeuilleton aus der Feder von Jacob Burckhardt, der im Jahr 1846 für die *Kölnische Zeitung* als römischer Korrespondent tätig war. Burckhardts Beschreibung läßt einen seltsamen Zwiespalt des Beobachters durchblicken und entwirft doch zugleich ein Gegenbild zur sonst in Rom vorwaltenden und von Rombesuchern seit Jahrhunderten beklagten Mangel- und Bettelwirtschaft, die nichts anderes als die Kehrseite des römischen Privilegs zum Müßiggang war:

> Einen Ort gibt es in Rom, wo man vor aller Bettelei sicher ist. Tausende von altertumsliebenden Fremden besuchen fortwährend die merkwürdigen Überreste des Portikus der Oktavia, nahe beim Theater des Marcellus; aber die wenigsten gehen zehn Schritte weiter, um sich eines der sonderbarsten Schauspiele der Welt zu verschaffen, welches zugleich kulturgeschichtlich im höchsten Grade belehrend ist. Unter dem Portikus selbst zeigt sich noch das gewöhnliche Treiben, Lungern und Betteln, allein durch ein nahes Bogentor sieht man in eine enge, belebte Straße, wo der fremdartigste Anblick des Beschauers harrt. Hier beginnt nämlich das von allen Seiten

Piazza Mattei mit Schildkrötenbrunnen

mit Mauern und Toren eingeschlossene, von Schildwachen zernierte Ghetto, die Stadt der römischen Juden, nur ein paar Straßen groß, aber bis unter den Hohlziegel der ärmlichen, sechs- bis achtstöckigen Häuser voll von rührigen und fleißigen Menschen. Ihr Korrespondent ist sich nicht der geringsten Vorliebe für die Juden bewußt und hat sich über die Bedenken wegen der Emanzipation derselben noch nicht hinwegsetzen können; aber die Wahrheit ist und bleibt es: während ganz Rom faulenzt, ist das Ghetto fleißig, während Rom in Lumpen einhergeht, trägt das Ghetto ganze Kleider, während dort alles bettelt, wird man hier nie um ein Almosen angesprochen. Dieser Anblick hat beinahe etwas Rührendes; vor allen Häusern sitzen emsig beschäftigte, strickende, nähende Frauen und Mädchen; hoch aufgestapelt liegen die Waren in den kleinen, engen Magazinchen, deren Schilder die zum Teil sonderbaren Vornamen der Besitzer (Hamilcar, Hannibal und Hasdrubal sind nicht selten) zeigen. Hier hört man wieder die sonst in Rom seltene Anrede: *Signore, com-*

> *manda qualche cosa?* Denn hier ist ja eine industrielle Oase inmitten des trägen Roms, hier will man nicht mehr betteln, sondern verdienen. Die Geschäfte schienen mir zwar über Tücher und fertige Kleider nicht hinauszugehen, allein schon dies ist nichts Geringes, wenn es emsig betrieben wird; auch soll unter diesen Juden im Stillen ein ziemlicher Wohlstand herrschen, trotz des Druckes, unter welchem sie leben, und trotz der Schmach, mit welcher man sie geflissentlich belastet. Noch immer müssen sie nämlich in einer der Kirchen beim Portikus der Oktavia periodisch (monatlich ein- oder zweimal) die bekannten Dominikaner-Predigten über die wahre Auslegung des alten Testaments anhören, und der christliche Quiritensohn wird von Jugend auf in der vollständigen Verachtung gegen sie erzogen, während sie doch wahrlich nicht den ungesundesten Teil der hiesigen Bevölkerung ausmachen.

Auch nach dem Abriß des Ghettos blieb dieses Viertel weiterhin von Juden bewohnt. Rom selbst war sogar in den Jahren von 1933 bis 1938 ein bevorzugter Exilort für aus Deutschland vertriebene Juden. Erst die Achse zwischen Hitler und Mussolini machte dem ein Ende. Von der nur widerwillig exekutierten Übernahme der nationalsozialistischen Rassengesetze durch die Faschisten im Oktober 1938 waren insgesamt 48 000 italienische Juden betroffen, die dennoch weiterhin genügend Schutz unter ihren nichtjüdischen Landsleuten fanden. Die Auslöschung der ältesten jüdischen Diasporagemeinde war erst für einen Sabbattag des Jahres 1943 geplant: Am Vorabend des 16. Oktober war im besetzten Rom eigens eine Sondereinheit von 365 bewaffneten SS-Angehörigen eingetroffen, um auch dort die sogenannte »Endlösung« herbeizuführen. Beginnend im Morgengrauen, durchkämmten sie systematisch das ehemalige Ghetto um die Piazza del Tempio. Von den 12000 römischen Juden gerieten 1259 in ihre Gewalt, die übrigen hatten bei beherzten Mitbürgern ein Versteck oder schützendes Obdach gefunden. Von den Verhafteten wurden 1023 in die Vernichtungslager deportiert; nur siebzehn von ihnen kehrten zurück.

Strada Julia
Oder
Hauptstraße der Melancholie

Beim Verlassen des jüdischen Roms braucht man nur der gespannten Zwiesprache der Kuppeln von Synagoge und Kirche zu folgen, um bei Santissima Trinità dei Pellegrini abermals in eine andere versunkene Sonderstadt einzutreten. Mehr noch steigt man wie auf unsichtbaren Treppenstufen zu ihr hinab, und zu diesem Eindruck trägt ein niedriges Straßenniveau bei, das nur wenig über dem Pegel des hinter alten Palastmauern und Gärten vorbeifließenden Tibers liegt. Die Tiberufer blieben noch bis ins ausgehende 19. Jahrhundert unbefestigt, was häufige Überschwemmungen und Epidemien zur Folge hatte, unter denen die Malaria die gefürchtetste war. Als habe man dem Stadtplan an dieser Stelle ein Skalpell angelegt, durchtrennt und – was bei einem erfahrenen Chirurgen auf dasselbe hinausläuft – verbindet die *Via Giulia* das Tiberknie der römischen Altstadt zielsicher von einem Schenkel zum anderen.

In historischer Wendezeit entstanden, war diese Achse für einige Jahrzehnte die Pracht- und Triumphstraße des florentinischen Roms und der Renaissancepäpste. Vom *Ponte Sisto,* dem von Papst Sixtus IV. im Jahre 1474 wiederhergestellten antiken *Pons Aurelius* nach Trastevere, führt sie schnurgerade in Richtung Engelsbrücke. Je näher sie daran heranreicht, um so mehr zog die Via Giulia mitsamt ihren Palästen, Seitenstraßen und Ausläufern florentinische Namen an: Palazzo Sacchetti, Palazzo Medici-Clarelli, Vicolo delle Palle, Largo dei Fiorentini, Via della Mole dei Fiorentini. »Florentinisch« ist die Straße und sind die ihr benachbarten Straßenquartiere der Banken und Bänke (*Via dei Banchi Vecchi* und *Via dei Banchi Nuovi*) nicht einmal nur im demographischen Sinne eines einstmals vorzugsweise von Geschäftsleuten, Künstlern, Gesandten, Prälaten und Höflingen florentinischer Herkunft bewohnten Terrains. »Florentinisch« ist die Via Giulia und ihre nähere Umgebung mehr noch im Sinne einer einstigen kulturellen Vorherrschaft der Arnostadt, die sich dem römischen Stadtplan nirgendwo deutlicher als hier eingeschrieben hat.

Obgleich das Rom der Florentiner der soziale und kulturelle Motor für die Wiederbelebung der Stadt im 15. Jahrhundert war, versank es in der Folgezeit ebenso rasch wieder in Dunkelheit wie diese Straße. In ihrer geradlinigen Anlage und einstigen Bedeutung einzig mit dem lärmenden Corso vergleichbar, ist die Via Giulia heute hingegen die ruhigste und befriedetste Straße Roms. Wenn dieser Eindruck mit einer kleinen Einschränkung zu versehen ist, so nur deswegen, weil auf der Höhe einer Seitenstraße, die den sinnigen Namen *Via delle Carceri* (Kerkerstraße) trägt, in einem Palast, der schon länger als Gefängnis diente, seit einigen Jahren die Zentrale der polizeilichen Sonderbehörde zur Bekämpfung der organisierten Kriminalität (*Direzione Nazionale Antimafia*) untergebracht ist. Seither unterliegen einsame Spaziergänger – und hier gibt es *nur* solche – auf diesem Straßenabschnitt einer strengen Observanz, die gleichzeitig auch wieder so diskret und unaufdringlich ist, wie nur Italiener es zu sein verstehen. Im übrigen gilt auch hier *si torna e si passa*, und die Straße ist ohnehin lang genug; sie mißt ziemlich genau einen Kilometer, der in Rom jedoch ohnegleichen ist.

Wenn die Renaissance auf dem Campo de' Fiori verbrannt wurde, so hatte sie in dieser Straße ihr Grab gefunden. Kaum erbaut, ereilte die Via Giulia ein plötzlicher Stillstand, und alles Leben schien aus ihr entwichen. Sie ist jedoch niemals wirklich untergegangen, sondern wie frühere und spätere Teilstädte in ein neues Rom, das sie selbst hervorgebracht hatte, übergegangen und darin aufgegangen. Anders als andere in Rom versunkene und von Rom verschlungene Städte traf sie die Erstarrung, die ihr den Atem raubte und den Puls erkalten ließ, noch mitten in ihrer Blüte. Von nun an ruhte sie, und seither liegt sie in einem Dämmerschlaf, der nur ein einziges Mal von der Bauwut einer neuen Gründerzeit unterbrochen wurde, als man ihr den Schmuck des Hauptes – genauer, die Szenographie der Übergänge nach dem Brückenkopf des Ponte Sant' Angelo – raubte und die nach dorthin ausgebreiteten Arme amputierte.

Ganz leblos ist sie nicht, denn sie atmet noch immer, wenn auch langsam und schwer, und sie liebt die Dunkelheit, mit der sie auch den Tag umhüllen möchte. Die Via Giulia wirkt auf so unrömische Weise stillgelegt, als wäre die historische Zeit mit einem Male in ihr stehengeblieben und hätte seither keinen Fuß mehr bewegt. Dieser Augenblick des andauernden Stillstands – sieht man von einer künstlichen Lebensverlängerung unter dem Farnesepapst und Quartiersherrn Paul III. ab – war für die Straße mit dem berüchtigten *Sacco di Roma* im Mai 1527 gekommen, jener verheerenden Plünderung und erneuten Entvölkerung Roms durch die deutschen Landsknechte Karls V. Mit dem Aufstieg der atlantischen Weltmacht des spanischen Habsburgers hatten nicht nur Rom, sondern auch die übrigen italienischen Städte und mit ihnen der gesamte Mittelmeerraum aufgehört, die Hauptrolle in der doch von ihnen selbst aus der Taufe gehobenen modernen Welt zu spielen. Der Form nach gleicht die Straße einem gebauten Teleskop mit einem Schaft, der von einer kleinen, brückenartigen Straßenüberwölbung bei der rückwärtigen Gartenfront des Palazzo Farnese gebildet wird. Dies ist das Überbleibsel eines in der Tat als Brücke geplanten Korridors, der den Palast der Farnese mit seinem jenseits des Tibers gelegenen Villensatelliten, der *Farnesina* des Agostino Chigi, verbinden sollte. Das am anderen Ende der Straße ausgebreitete Objektiv nimmt die florentinische Nationalkirche *San Giovanni dei Fiorentini* ein. Unter dem Medicipapst und florentinischen Stadtherrn Leo X. (1513–21) erbaut, befand sich an ihrer Stelle bereits seit 1428 die Niederlassung und Kirche einer florentinischen Laienbruderschaft, so wie sich in der Umgebung seit dem 14. Jahrhundert toskanische Banken und Handelsvertretungen angesiedelt hatten. Auch florentinische Künstler nahmen hier bevorzugt Quartier. Der Bildhauer Benvenuto Cellini, der bereits in jungen Jahren dem Neffen und Nachfolger Leos X., Clemens VII. (1523–24), nach Rom gefolgt war, lebte fast zwei Jahrzehnte in der Via Giulia, wo vor ihm auch Raffael ein Haus (Nr. 85) besaß.

Cellinis Arbeitsstätten lagen gleich um die Ecke, in der alten päpstlichen Münzprägeanstalt, der *Zecca*, an der noch heute, seit-

Villa Farnese, Gartenfront

dem dort die *Banca di Roma* residiert, eine Gedenktafel an ihn erinnert, und in einer eigenen, »unter den Bänken« gelegenen Werkstatt. In seinen Lebenserinnerungen, die von Goethe ins Deutsche übersetzt wurden, schildert Cellini das Alltagsleben der von Florenz nach Rom exportierten Künstler, das sich mit allen Geselligkeiten und Rivalitäten um die römische Zweigstelle des heimatlichen Stadtpatrons herum konzentrierte. Auch einige der blutigen Fehden, in die der Haudegen Cellini in Rom verwickelt war, fanden mitten auf der *Strada Julia* statt, sogar dann, wenn der die Stille der Nacht aufsuchende Held »um diese Zeit niemanden zu finden glaubte«.

Der Neubau von San Giovanni dei Fiorentini war das Ergebnis eines von Leo X. ausgeschriebenen Wettbewerbs um 1517, der von den Künstlern mit lebhafter Anteilnahme aufgenommen wurde. Zu den Konkurrenten gehörten Raffael, Baldassare Peruzzi, Antonio da Sangallo und Jacopo Sansovino, auf den die Wahl fiel, bevor nach dessen Tod und der Einbeziehung Michelangelos in die Planungen der jüngere Sangallo den Bau vollendete und das 17. Jahrhundert die barocke Fassade hinzufügte. Filippo Neri, Roms künftiger Nebenpatron, war der erste Rektor dieser Kirche, die sich auf einer großflächigen Freitreppe von – wie häufig in Rom – sieben mächtigen Stufen erhebt. Ihre majestätische, die Umgebung und vor allem den Übergang zur Engelsburg und zum Vatikan beherrschende Position ist seit dem Kahlschlag des ausgehenden 19. Jahrhunderts nur noch schwer nachvollziehbar. Die Uferausbauten und die neuen Zuführungen des Corso Vittorio Emanuele II. zerstückelten fast vollständig das vor der Engelsbrücke gelegene Quartier des *Rione Ponte,* das hier seinen Mittelpunkt und auf der *Via dei Banchi Vecchi,* vormals *Via Mercatoria,* seine Geschäftsstraße besaß.

Hier lagen auch die wichtigsten Gasthöfe, in denen die Fremden abstiegen, nebst den Banken und den steinernen Bänken vor den Palästen, die als von innen nach außen gestülpte »Wechselstuben« dem Geldaustausch dienten, sowie die Residenzen von Kardinälen, Prälaten und auswärtigen Gesandten am Heiligen Stuhl. Vom 10. bis zum 16. Jahrhundert hatte Roms Bevölkerung sich in diesem Viertel konzentriert und in Krisenzeiten oftmals ganz dahin zurückgezogen. Hier schlug der eigentliche Puls der Stadt, und von hier aus wuchsen auch die gegenüberliegenden Ufer der Stadt wieder zusammen. Auch die wenigen Ansätze zur Ausbildung einer eigenständigen städtischen Ökonomie, an welcher es Rom ebenso wie an einem starken Bürgertum stets mangelte, hatten sich in diesem Viertel herausgebildet, bevor sie im 16. Jahrhundert wieder verkümmerten. »Rom ist ganz Hof und Adel, und jedermann hat seinen Anteil an dem kirchlichen Müßiggang«, beobachtete Montaigne, noch bevor die Päpste des 17. Jahrhunderts, die Borghese, Pamphili, Barberini und Chigi, das Gravitationszentrum Roms nach dem Gebiet des ehemaligen Marsfeldes um das Pantheon und weiter in Richtung Piazza di Spagna verlagerten. »Es gibt keine dem Verkauf dienende Straße«, klagte Montaigne ferner, »wenigstens ist sie unbedeutender als in einer kleinen Stadt. Es gibt nur Paläste und Gärten.«

Paläste und Gärten, hinter Mauern und prächtigen Vestibülen gelegen, reihen sich auf der gebauten Perspektive der Via Giulia in besonders dichter Folge aneinander und werden nur von wenigen Seitenstraßen mit kleinen Eckkirchen und Oratorien unterbrochen. Wie an vielen Stellen in Florenz trägt die Rustika der Fassaden, die nirgendwo in Rom so plastisch wie hier hervortritt, mit ihren gleichförmigen oder alternierenden, einstmals offenen Bogen aus schweren Steinquadern und den vergitterten Fensteröffnungen der Untergeschosse zur Tiefenwirkung der Via Giulia bei. Wie in Florenz ist der Straßenabschluß einiger Paläste noch immer mit aufgemauerten Bänken, den *banchi*, versehen, auf denen mit lebhaften Gebärden einstmals Geschäfte und Verträge ausgehandelt wurden und auf denen man heute ruhen oder mit Sitznachbarn parlieren kann. Die Eingangshallen und Innenhöfe der flußwärts gelegenen Paläste werden von plätschernden Brunnen, efeuumrankten Bildwerken, moosbedeckten Säulenstümpfen und nässenden Grotten abgeschlossen. Sie inszenieren eher leise tröpfelnde als wasserspeiende Übergänge von der Kunst zur Natur oder von der steinernen Straßenlandschaft zur grünen Parklandschaft der dahinterliegenden Tibergärten, die wie der *Hortus conclusus* des Hohelieds Salomos ummauert sind.

Vor dem Grundstück der Farnese, die mit den Florentinern auch das über die Via Giulia verbreitete frankophile Lilienwappen teilten und deren Palast heute die französische Botschaft beherbergt, passiert man die römische Unterkunft eines ebenso vorzeitig wie die Straße selbst Verstorbenen: Am Eckhaus nach der Via del Mascherone 63 erinnert eine Inschrifttafel daran, daß der deutsche Dichter Wilhelm Waiblinger hier im Jahre 1830 beinahe noch im Jünglingsalter an der Schwindsucht dahingeschieden war. Für die von ihm beschriebenen reizenden, im Sommer auf ihren Balkons angeblich nur mit einem »einfachen Schnupftuch« über dem Busen bekleideten Römerinnen könnte die im Farnesepalast aufgewachsene Giulia das Vorbild gewesen sein. Die schöne Giulia Farnese war die langjährige Geliebte des Borgiapapsts Alexander VI., was nur deswegen der Erwähnung wert ist, weil es zeigt, wie leidenschaftlich in diesem Quartier einst Hausmachtpolitik betrieben wurde. Der Körper der Giulia wurde freilich auch von Künstlern geschätzt und von der Nachwelt bestaunt, bis sittenstrengere Papstgenerationen ihrem bronzenen Akt in der Apsis von Sankt Peter ein aus gewöhnlichem Blech gewirktes Kleid überstülpten: Giulia Farnese hatte dem Bildhauer della Porta für eine der allegorischen Skulpturen auf dem Grabmal ihres Bruders Papst Paul III. Modell gestanden.

Doch nicht ihren Namen trägt die Straße, sondern jenen des Erbauers Giuliano della Rovere, der in Rom den cäsarischen Papstnamen Julius II. angenommen hatte. Wie sein Vorgänger Alexander VI. und wie seine Nachfolger aus dem Hause Medici betrieb auch dieser Papst militärische Großmachtpolitik in einem veränderten Italien, das seit der Invasion der Franzosen im Jahre 1494 zum Schlachtfeld alter und neuer europäischer Mächte um die Vorherrschaft im Mittelmeerraum geworden war. Mit ihm begann im großen Maßstab die von der Anheuerung fremder Söldnertruppen, von Strafaktionen gegenüber widerständigen Städten, Belagerungen und Besatzungen begleitete kriegerische Expansion des Kirchenstaates nach Mittel- und Norditalien.

Neben dem Mars war Julius II. aber auch den Musen zugetan, und als Kunstmäzen gelang es ihm, mit Raffael, Bramante und Michelangelo drei der bedeutendsten Künstler seiner Zeit unter seinem Patronat zu versammeln und mit ihnen das große römische Umbauprogramm, das seine Vorgänger seit Nikolaus V. bislang lediglich geplant hatten, auch in die Tat umzusetzen. Noch zu Lebzeiten beauftragte er Michelangelo mit dem Bau seines Grabmals für Sankt Peter, eines Mausoleumprojekts, das so gewaltig war, daß seine Ausführung allein schon einen Neubau notwendig gemacht hätte. Auf den Beschluß dieses Papstes ging denn auch die Grundsteinlegung für die neue Peterskirche auf der Abrißruine der alten Konstantinsbasilika zurück. An der Ausführung des Juliusgrabmals wurde Michelangelo freilich jahrzehntelang von den nachfolgenden Päpsten gehindert, die anderes mit ihm im Sinn hatten, auch wenn sie ihn dazu – wie zur Ausmalung der Decke der Sixtina –

bisweilen gegen seinen Willen zwingen mußten. Vom Juliusgrab selbst wurde nur der *Moses* von San Pietro in Vincoli ausgeführt.

Die schlank und schnurgerade auf einen prallen Monumentalabschluß zulaufende Straßenperspektive, wie Julius II. sie in Gestalt der Via Giulia ziehen und sein Nachfolger Leo X. sie bebauen ließ, markierte gleich zu Beginn des 16. Jahrhunderts den Übergang zur Hochrenaissance unter fortan römischer Ägide. Sie war indessen ebensosehr eine florentinische Erfindung wie Rom selbst im Grunde eine florentinische Wiederentdeckung an der Wende vom 13. zum 14. Jahrhundert war. Die florentinischen Chronisten und insbesondere der vielgelesene Giovanni Villani – »eine Bibel und die Chronik des Villani« war zum Beispiel die einzige Lektüre, die man dem Cellini während der Zeit seiner Einkerkerung in der Engelsburg erlaubte – wurden nie müde zu betonen, daß ihre Stadt, von Dante die »schönste und berühmteste Tochter Roms« genannt, nach dem Muster und Ebenbilde Roms erbaut worden sei: mit einem Forum und einem Kapitol, mit einem Kolosseum und mit Thermen ausgestattet, ja sogar mit einer Rotunde in der Zentralbaugestalt des Baptisteriums San Giovanni versehen, das man in irrtümlicher, dafür mythenprägender Weise für den Nachfolger eines antiken Marstempels hielt.

In der Tat waren die Ideale des römischen Grundplans einem kolonialen Trabanten wie Florenz zu allen Zeiten sehr viel deutlicher anzusehen als der Mutterstadt selbst. Im Zuge des Aufschwungs der Arnometropole und ihrer ebenso früh wie rasant einsetzenden Stadterweiterungen des 12. und 13. Jahrhunderts wurden die im Zentrum des einstigen römischen *castrum* erhalten gebliebenen und noch heute sichtbaren Straßenachsen in möglichst geraden Ausdehnungen nach allen Seiten verlängert. Der darüber gewonnene neue Stadtraum wurde fortan in planvoller Weise bebaut und um hervorgehobene Konzentrationspunkte herum zu monumentalen Ensembles gegliedert.

Die Straßen sollten »schön, weit und gerade« (*pulchrae, amplae, et rectae*) sein, wie der Humanist und Kanzler der Republik Leonardo Bruni die in Florenz gemachten städtebaulichen Erfahrungen zusammenfaßte, um darüber nicht nur ein ästhetisches Ideal, sondern auch einen politischen und kulturellen Führungsanspruch in der Nachfolge Roms anzumelden. Auch diese Konstruktion, die zum entscheidenden Vorbereiter und Auslöser für die florentinische Renaissance im 15. Jahrhundert werden sollte, hatte ihren genau bestimmbaren römischen Ort und Zeitpunkt, der erneut in das Jubeljahr 1300 zurückführt. Giovanni Villani, der seine florentinische Geschichte wie einst Livius *ab urbe condita,* mit der Gründung der Stadt beginnen ließ, stellte die Rechtfertigung für sein Unternehmen allerdings nicht, wie sonst üblich, an den Eingang seines Buchs. Gleich einem Vorläufer des Tristram Shandy holte der Chronist erst in der Mitte seines Werks zu der gebotenen Selbsterklärung aus: Bei der als deutlichem säkulargeschichtlichen Einschnitt wahrgenommenen Zeitmarke 1300 angelangt, stellte der lesende, schauende und schreibende Rompilger einen Vergleich zwischen der in Ruinen liegenden ältesten Weltstadt und seiner modernsten, aufstrebenden und florierenden Heimatstadt an:

> Und derweil ich mich auf jener segensreichen Wallfahrt in der heiligen Stadt Rom befand, besah ich ihre großen und altertümlichen Dinge und las ich die Geschichten und großen Taten der Römer [...]. In der Erwägung aber, daß unsere Stadt Florenz, Roms Tochter und Schöpfung im Aufstieg und in der Verfolgung großer Dinge begriffen war, geradeso wie Rom seinem Niedergang entgegensah, schien es mir angebracht, in diesem Buch und dieser neuen Chronik sämtliche Taten und Begebenheiten der Stadt Florenz zusammenzutragen [...]. Und so kehrte ich im Jahre 1300 aus Rom zurück und begann dieses Buch zu verfassen, in Ehrfurcht vor Gott und dem heiligen Johannes und zum Lobe unserer Stadt Florenz.

Hundert Jahre nach den Romfahrten von Villani und Dante, von Giotto und Arnolfo di Cambio brach ein neues florentinisches Duo zur folgenreichen Expedition auf: Im Jahre 1401 begaben sich die Gründerfiguren der florentinischen Frührenaissance, die beiden Freunde Filippo Brunelleschi und Donatello gemeinsam für mehrere Jahre nach Rom, um die Ruinen der Antike zu studieren und darüber ihre Kunst zu vervollkommnen. Vasaris Lebensbeschreibung des vielbegabten Architekten, Bildhauers und genialen Kuppelingenieurs Brunelleschi liefert eine anschauliche Schilderung des römischen Treibens der beiden Florentiner und auch des äußerst sonderbaren Eindrucks, den sie auf die damaligen Römer gemacht haben: Nach dem Verkauf eines kleinen, vor Florenz gelegenen Grundstücks zog Filippo nach Rom,

> wo er im Anschauen der mächtigen Gebäude, der Vollkommenheit der Tempel oft so versunken war, daß er außer sich zu sein schien. Er ließ die Gesimse messen und nahm die Grundrisse der Gebäude auf, und er sowohl wie Donato waren unermüdlich und scheuten weder Zeit noch Kosten. Keinen Ort in Rom und außerhalb in der Campagna ließen sie unbesehen, nichts ungemessen, was gut und erreichbar war. Wenn die beiden Künstler zufällig in der Erde verschüttete Überreste von Kapitellen fanden, Säulen, Gesimse und Postamente von Gebäuden, so ließen sie nachgraben, um das Fundament zu finden. Auf solchen Wanderungen gingen sie nachlässig gekleidet durch die Straßen Roms und wurden deshalb Schatzgräber genannt. Die Leute glaubten, sie trieben die Punktierkunst und wollten verborgene Reichtümer suchen.

Forum Romanum

Aquarell von Karl Friedrich Schinkel, 1803/04

Vasari zufolge beschäftigte sich Filippos unruhiger Geist bereits damals mit dem kolumbianischen Konstruktionsproblem, der unvollendeten Kathedrale seiner Heimatstadt endlich die Kuppel aufzusetzen, für die sich bislang weder ein Vorbild noch ein einfallsreicher und wagemutiger Baumeister gefunden hatte. Nach Donatellos Weggang allein in Rom zurückbleibend, fand er »keine Ruhe, bis er alle Arten von Gebäuden gezeichnet hatte: runde, viereckige, achteckige, Basiliken, Wasserleitungen, Bäder, Bogen, Kolosseen, Amphitheater und alle Arten Tempel von Backsteinen, bei denen er herausbrachte, wie sie verbunden und verkettet und zugleich wie sie in den Wölbungen gelegt waren«. Das rekonstruierte Rom im Kopf und in der Zeichenmappe, kehrte Filippo erst im Jahre 1407 wieder nach Florenz zurück, um nach jahrelangen Disputen und nach zäher Überwindung aller Hindernisse sein Wölbungskonzept für die Kuppel von Santa Maria del Fiore durchzusetzen, die ein Jahrhundert später seinem Landsmann Michelangelo das Vorbild für den Kuppelbau von Sankt Peter liefern sollte.

Brunelleschis Ingenieursleistungen bestanden dennoch in keiner bloßen Projektion eines archäologisch rekonstruierten Roms auf seine Heimatstadt, das Michelangelo später wieder an den Ursprungsort zurückgeführt hätte. Nicht einmal die römische Pantheonskuppel hätte jene oktogonale Trommel überwölben können, welche als vergrößerte Kopie des benachbarten Baptisteriums von den Nachfolgern Arnolfo di Cambios über der Vierung des florentinischen Doms ohne eine konkrete Vorstellung über die Art des Weiterbaus errichtet worden war. Der römisch weitergebildete Künstler ging vielmehr von der vorhandenen Formensprache seiner eigenen Stadt aus, um ihre Dimensionen abermals zu erweitern und sie mit einem gewaltigen, an *urbi et orbi* adressierten Brückenschlag gegen den Horizont der landschaftlichen Umgebung und des Himmels über der Stadt hin abzurunden. Die Kuppel recke sich in solche Höhen, schrieb Vasari, »daß die Berge um Florenz herum ihr gleich zu sein scheinen«, und »als über die Himmel ragend« hatte sie bereits Brunelleschis Zeitgenosse Alberti beschrieben. Dabei ist sie nichts weniger als ein Naturprodukt. Sogar die für den Kuppelbau eigens konstruierten Ziegel antworten auf die Gestalt und Farbe der Dächer umliegender Häuser und Gebäude der Stadt. In sich proportional verkleinernden Reihen laufen sie radialförmig der zentralen Kuppellaterne zu. Deren Strebebogen setzen sich in marmornen, die Außenhaut der Kuppel kurvenförmig überziehenden Rippen nach unten hin fort. Am Boden finden sie endlich ihren Ausgangspunkt wie ihre Verlängerung in Gestalt jener geraden städtischen Straßenachsen, die sich in verschiedene Himmelsrichtungen ausdehnen und in den Verkehrswegen jenseits der Stadtmauern fortsetzen – auch und nicht zuletzt nach Rom.

»Die Wege von Rom nach Florenz waren so voll, daß sie Ameisenstraßen glichen«, berichtet Vespasiano da Bisticci, der Biograph von Papst Nikolaus V., aus dem Jubeljahr 1450, und es sticht ins Auge, von welcher Elle oder Achse auch dieser Florentiner sein Maß für jene »große Zusammenkunft der Völker« herbezog. Im zweiten Dezennium des nachfolgenden Jahrhunderts, unter dem Pontifikat Leos X., der seine florentinische Hausmacht mit nach Rom nahm, sie dort vorzugsweise auf der Via Giulia ansiedelte und durch rege Berufung von Künstlern, Literaten und Humanisten sowie durch scharenweise Ernennung neuer Kardinäle für ständigen Nachzug sorgte, konnte Rom für eine toskanische Stadt gelten. Gleich nach Leos X. Amtsantritt fielen zu Ostern des Jahres 1513 Scharen von florentinischen Pilgern in Rom ein: Der Chronist Bartolomeo Masi berichtete, er habe gemeinsam mit seinen Genossen aus einer Laienbruderschaft – unter der es bisweilen auch recht ausgelassen zuging – in weniger als einer Woche »sämtliche heiligen Stätten und Ablaßorte« aufgesucht und neben dem »Haupt des heiligen Johannes des Täufers« auch »die Häupter des heiligen Petrus und des heiligen Paulus und des heiligen Andreas sowie zahlreiche andere, unendlich viele Reliquien« zu Gesicht bekommen.

Gut hundert Jahre nach Brunelleschi und Donatello faßte auch der junge Benvenuto Cellini den spontanen Entschluß, nach Rom zu gehen und sich dem Neffen Leos X., Papst Clemens VII. de' Medici, anzudienen. Cellini berichtet, er sei einmal mit einem

Freund und Kollegen namens Tasso durch Florenz spaziert und, tief in ein Gespräch über künstlerische Probleme versunken, seien sie unvermutet bei der *Porta Romana*, dem auf die Via Aurelia nach Rom führenden und dem Römerapostel Petrus geweihten Stadttor angelangt. »Darauf sagte ich: ›Mein Tasso, das ist göttliche Schickung, daß wir ohne daran zu denken, an dies Tor gekommen sind! Nun, da ich hier bin, ist mir's, als wenn ich schon die Hälfte des Weges zurückgelegt hätte.‹« Kurz entschlossen folgte Cellini einer Künstlerkarawane, die, statt Rom noch unterirdisch suchen zu müssen, Florenz als »neues Rom« wieder nach der einstigen Mutterstadt transportierte. Seit Eugen IV. und Nikolaus V. hatten sich die Päpste mit florentinischen Künstler- und Humanistenstäben umgeben, bis die Medicipäpste des frühen 16. Jahrhunderts, im gleichen Zug, wie sie die Arnostadt militärisch bezwangen, ihr die politischen Freiheiten und den kulturellen Atem raubten, die Hauptstadt der Renaissance von Florenz nach Rom verlegten.

Nach Art von Nekromanten, die, wie bereits Petrarca und Cola di Rienzo, Donatello und Brunelleschi, nach der Wiedergewinnung jener geheimnisvollen bogenförmigen Geste strebten, aus der Rom entstanden und erbaut worden war, und vorzugsweise in Vollmondnächten betätigte sich bisweilen auch Cellini in Rom. Von dort, wo schwarze und weiße Künste stets nahe beieinander lagen, berichtete er über seine nächtlichen Streifzüge mit einem in den geheimen Künsten erfahrenen Priester: »Wir gingen zusammen ins Kolisee; dort kleidete sich der Priester nach Art der Zauberer, zeichnete Zirkel auf die Erde mit den schönsten Zeremonien.« Von Romulus, dem ersten Bogenbauer, über die sich einander ablösenden Jahrhundertkünstler Giotto, Brunelleschi, Michelangelo und Bernini bis hin zu dem Baumeister Francesco de Sanctis, der in der Nachfolge von Berninis Rivalen Borromini im 18. Jahrhundert die schwungvolle Spanische Treppe nach Santissima Trinità dei Monti ebenso wie die konvexe Fassade von Santissima Trinità dei Pellegrini erbaute, war der konisch geschwungene Fingerzeig der zeichnenden Hand derselbe geblieben.

Auf der Geraden der Via Giulia, die an ihrem Ausgang bei der

Florentinerkirche endlich einen sanften Bogen nach der Engelsbrücke einschlägt, lebte im Piano Nobile des Palazzo Ricci von 1934 bis 1969 der vielleicht letzte authentische römische Florentiner überhaupt. Seltsamerweise hielt man Mario Praz ebenfalls für einen Nekromanten, denn dem Schriftsteller, Sammler und Gelehrten ging schon zu Lebzeiten so sehr der Ruf magischer und dämonischer Eigenschaften nach, daß man in sogenannten besseren römischen Kreisen angeblich nicht einmal seinen Namen auszusprechen wagte: Als der bekannte Publizist Indro Montanelli jenem »abergläubischen Gerede ein Ende« machen wollte und den *Innominabile* zu einem Zeitungsbeitrag bewegt hatte – so berichtet es Joachim Fest aus direkter Quelle –, sei jedoch das Blei geschmolzen, mit dem der Artikel gesetzt worden war. Vielleicht hätte Montanelli besser im Hause Via Giulia 80, in der neben der Florentinerkirche gelegenen und mit dem Lilienwappen werbenden Druckerei *del Giglio* setzen lassen sollen, wo man sich bis heute stolz zur soliden *Tipografia dei Fiorentini* bekennt.

Praz, mütterlicherseits aus dem verarmten toskanischen Adelsgeschlecht der Grafen vom Marsciano stammend, war einer der letzten bedeutenden humanistischen Gelehrten des vergangenen Jahrhunderts. Zwar in Rom gebürtig, aber in Florenz aufgewachsen, hatte er dort das nach Galileo Galilei benannte Lyzeum besucht. Nach einer Juristenausbildung in Bologna und einer geisteswissenschaftlichen Promotion in Florenz über seinen älteren Zeitgenossen Gabriele D'Annunzio verlagerte Praz seine Interessen auf die englische, später auch auf die deutsche Literatur und verbrachte mehr als ein Jahrzehnt in England. Dort entstand eine berühmte Studie über die schwarze Romantik, die unter dem Titel *Liebe, Tod und Teufel* auch ins Deutsche übersetzt wurde. Als er sein Quartier in der römischen Via Giulia bezog, verband sich das Bedürfnis, dort zu leben, von Anfang an mit dem Aufbau einer musealen Sammlung, die von der Innenarchitektur bis ins kleinste Inventar mit der Wohnungseinrichtung identisch war. Praz entwickelte daraus eine Psychologie des historischen Geschmackssinns und seines Wandels: »Das *Ambiente* wird zum Museum der Seele, zu einem Archiv ihrer Erfahrungen, wo sie die eigene Geschichte nochmals zu lesen und ihrer unaufhörlich bewußt zu werden vermag«, schrieb Praz 1945 in seiner *Filosofia dell'arredamento* (»Die Philosophie der Einrichtung«). Jeder lebens- wie sammlungsgeschichtliche Schritt im Aufbau, in der Erweiterung und Gruppierung des auf mühseligen und bisweilen abenteuerlichen Wegen Erworbenen wurde in einem weiteren Werk festgehalten, das den Programmtitel *La casa della vita* (»Das Haus des Lebens«) trägt und Praz' Autobiographie mit der Geschichte des gelebten und doch zugleich stillgestellten Raums zusammenfallen läßt.

Heute befindet sich das *Museo Praz* an einem anderen Ort, im hinter der Piazza Navona, nahe beim Tiber gelegenen Palazzo Primoli und in Haus- wie Epochengemeinschaft mit dem kommunalen *Museo Napoleonico,* das sich der Darstellung der Ära Roms unter der französischen Besatzung widmet. Dort hatte Praz nach einem Umzug seine letzten Lebensjahre verbracht, bevor er seine Sammlung testamentarisch dem italienischen Staat übertrug, der sie vor wenigen Jahren der Öffentlichkeit zugänglich gemacht hat. Entstehen konnte sie indessen nur in der Via Giulia. Allein die »unrömischste« aller römischen Straßen bot den schon vorgesammelten Raum und stellte die urbane Poesie für den gelebten Aufbau des vielleicht »römischsten« aller römischen Museen bereit.

Praz' Museum liefert ein beinahe vollständiges Inventar des Geschmackssinns jenes historistischen Jahrhunderts, in dem der 1896 Geborene noch mit einem Fuße – gewiß dem gefestigteren von beiden – stand. Sein Sammlungsverfahren spiegelt dabei im Kleinen, und darin vielleicht bei weitem genauer, gewählter und einsehbarer, dieselben Prinzipien, denen die monumentaleren römischen Sammlungsstätten, allen voran die Vatikanischen Museen, im Großen folgen. Diese Räume der Erinnerung verdichten die konservatorische Rom-Idee auf verhältnismäßig kleinen, gestaffelten und überschaubaren Flächen, die mit den verschiedensten Dingen gefüllt sind. Wie Rom selbst ein großes Behältnis ist, das in einem schier endlosen Prozeß der Selbstvervielfältigung und Selbstabbildung unzählige kleinere und kleinste Speichergefäße hervorgebracht hat, unter denen im Miniaturhaften dieselben Austauschverhältnisse und Korrespondenzbeziehungen wie im Monumentalen bestehen, so ist auch das *Museo Praz* ein solches Behältnis im Kleinen. Die Bestimmung der Stadt, gesammelter und verdichteter Raum zu sein, herrscht überall, auch hier im Interieur so wie in jedem anderen römischen Raum.

Die Via Giulia liefert die steingewordene, gleichermaßen begehbare und ertastbare Realisation eines zentralperspektivisch organisierten Sichtfeldes, wie man es sonst von den Bildräumen florentinischer Renaissancegemälde her kennt. In ähnlicher Weise besticht den Besucher des *Museo Praz* die durchgängige Korrespondenz, mehr noch die vollständige Übereinstimmung der realen Räume mit den Bild- und Phantasieräumen, welche sowohl die versammelten Gebrauchsgegenstände und plastischen Kunstobjekte als auch die über die Wände verteilten Gemälde und Stiche eröffnen. Die Hierarchien und Grenzen der künstlerischen Gattungen sind ebenso aufgehoben wie die Teilung der Künste in »hohe« und »niedrige«, »freie« und »angewandte« Sparten. Alles steht hier nebeneinander, ist »stilvoll« miteinander in Einklang, und sämtliche einer vergangenen Zeit angehörigen Erfahrungen haben hier ein bleibendes Obdach, eine wohlbestallte Herberge gefunden. Wie die Erinnerung sich die Felder eines Behältnisses ertastet, das man sich nach der Gestalt und Aufteilung eines Hauses vorstellen kann, so bewegt sich der Besucher des *Museo Praz* über Treppen und Etagen, durch Zimmer und Salons, entlang von Fluren, Dielen und dem Mobiliar, von dem selbst wiederum vieles aus kleinen Behältern und Behältnissen besteht: aus Schränken und Vitrinen, Schreinen, Monstranzen und Gefäßen, Kommoden, Armaturen und Schubladen, Schachteln, Schalen, Dosen und Vasen, welche allesamt ihre Inhalte gleich Reliquien hüten. Wie in den Wunderkammern des Barock wurde auf kleinstem Raum eine ganze Welt versammelt, und bis hin zu den gewählten Tapeten und Teppichen ist alles dinghaft und bildhaft zugleich.

Unter den gemalten Bildern dominieren die Interieurs, die ihrerseits das Interieur spiegeln, durch das man sich im selben Augenblick bewegt. Neben dem Bild einer Harfenspielerin, dessen

Museo Praz

Hintergrund von einem Diwan vor einer Wand eingenommen wird, die wiederum mit Gemälden, Spiegeln und kreisförmigen Objekten versehen ist, hängen andere Bilder und ähnliche Gegenstände; davor steht ein Diwan gleichen Typs und Stils, und davor wiederum eine Harfe, die jener auf dem Bild in Gestalt, Stil und Stellung gleicht – keineswegs augentäuschend gleicht, denn es ist dies gar keine Täuschung. Wie in den großen römischen Museen fehlt es im *Museo Praz* auch nicht an nebeneinander gereihten Marmor- und Bronzebüsten, nur hier sind sie erheblich kleiner und erheblich weniger, und so sieht man vielleicht auch mehr von ihnen.

Neben einer Kollektion von bemalten Fächern und einem mobilen Lapidarium von Marmorproben jedweder Couleur finden sich auch Bizarrerien und Rarissima in Hülle und Fülle: Praz' Galerie von Wachsbildnereien gibt im malerischen Relief eines besonders weichen und leicht form- und kolorierbaren Materials Figuren und Szenen wieder – eine Heilige auf dem Scheiterhaufen, der Tod der Lucrezia usw. –, wie man sie von den Gemälden und Bildwerken anderer römischer Orte her kennt, nicht zuletzt von den in gläsernen Sarkophagen unter den Hauptaltären vieler römischer Kirchen puppenhaft aufbewahrten Heiligenfiguren, die unter Beigabe von Wachs aus menschlichen Überresten zusammengesetzt sind. Derart aufbereitet ruhen zum Beispiel die sterblichen Überreste der heiligen Katharina von Siena, der Schutzpatronin Italiens, unter dem Hauptaltar von Santa Maria sopra Minerva, der zweiten und älteren Kirche der Florentiner in Rom, die selbst jahrhundertelang auf die Kunst der Wachsbildnerei besonders spezialisiert waren. Auch Papst Leo X., der wie sein Neffe Clemens VII. in dieser Kirche sein marmornes Grabmal hat – beide von dem Florentiner Bildhauer Baccio Bandinelli gemeißelt –, ließ sich nach seiner römischen Papstwahl in Florenz, wo er weiterhin die Funktion des Stadtherrn ausübte, *in effigiee*, nämlich durch sein aus Wachs gebildetes und wie eine natürliche Person bekleidetes Ebenbild vertreten.

So wie das *Museo Praz* eine Bildergalerie, ein Wachsfigurenkabinett, eine Anthologie der Dinge und ein Archiv der Erinnerung im

Kleinen ist, so ist Rom eine Bilderansammlung, eine illustrierte Enzyklopädie, eine Bibliothek des historischen Gedächtnisses und ein Archiv des Seelenlebens im Großen. Als bildhaftes Modell für den menschlichen Seelenapparat hat Sigmund Freud einmal das phantastische Gedankenspiel entworfen, »Rom sei nicht eine menschliche Wohnstätte, sondern ein psychisches Wesen von ähnlich langer und reichhaltiger Vergangenheit, in dem also nichts, was einmal zustande gekommen war, untergegangen ist, in dem neben der letzten Entwicklungsphase auch alle früheren noch fortbestehen«, so daß die urbanen Gestaltungen und Monumente sämtlicher römischen Epochen sich dem Auge gleichzeitig darbieten könnten. Freud fuhr fort:

> Das würde für Rom also bedeuten, daß auf dem Palatin die Kaiserpaläste und das Septizonium des Septimus Severus sich noch zur alten Höhe erheben, daß die Engelsburg noch auf ihren Zinnen die schönen Statuen trägt, mit denen sie bis zur Gotenbelagerung geschmückt war, usw. Aber noch mehr: an der Stelle des Palazzo Caffarelli stünde wieder, ohne daß man dieses Gebäude abzutragen brauchte, der Tempel des Kapitolinischen Jupiter, und zwar dieser nicht nur in seiner letzten Gestalt, wie ihn die Römer der Kaiserzeit sahen, sondern auch in seiner frühesten, als er noch etruskische Formen zeigte und mit tönernen Antifixen geziert war. Wo jetzt das Coliseo steht, könnten wir auch die verschwundene Domus aurea des Nero bewundern; auf dem Pantheonplatze fänden wir nicht nur das heutige Pantheon, wie es uns von Hadrian hinterlassen wurde, sondern auf demselben Grund auch den ursprünglichen Bau des M. Agrippa; ja, derselbe Boden trüge die Kirche Maria sopra Minerva und den alten Tempel, über dem sie gebaut ist. Und dabei brauchte es vielleicht nur eine Änderung der Blickrichtung oder des Standpunktes von seiten des Beobachters, um den einen oder den anderen Anblick hervorzurufen.

Leider verließ den an Gotthold Ephraim Lessings *Laokoon oder Über die Grenzen der Malerei und Poesie* geschulten Ästhetiker Freud wieder der Mut zur kühn umrissenen surrealen Phantasie, der er unverzüglich einen klassischen Einwand entgegensetzte, um sie der sinnlosen und »müßige(n) Spielerei« zu überführen: »Wenn wir das historische Nacheinander räumlich darstellen wollen, kann es nur durch ein Nebeneinander im Raum geschehen; derselbe Raum verträgt nicht zweierlei Ausfüllung.« Wenn Freud Rom weniger als Schatzsucher durcheilt und durchgraben und sich mehr auf die Oberfläche der Dinge, auf das großstädtische »Gewirre« von Steinen, Dingen und Bildern, von Straßen und Räumen eingelassen hätte, wäre er dem Ziel seiner Versuchsanordnung, »die Eigentümlichkeiten des seelischen Lebens durch anschauliche Darstellung zu bewältigen«, vielleicht näher gekommen.

Nicht nur die Via Giulia und das *Museo Praz,* sondern jeder römische Innenraum, jeder römische Außenraum sowie die Stadt selbst als das Ensemble ihrer Exterieurs und Interieurs, ihrer Lebenswelten, Sammlungsräume und Versammlungsstätten erbringen den sichtbaren Gegenbeweis dafür, daß »derselbe Raum« eben doch »zweierlei Ausfüllung« zugleich verträgt, die er an den Schnittstellen sonst getrennter Bereiche auch mühelos überbrückt. Auf Freuds Problem antwortet Rom wie der New Yorker Woody Allen: »Daß es eine unsichtbare Welt gibt, ist nicht die Frage. Die Frage ist, wie weit sie von *midtown* entfernt ist und wie lange sie geöffnet hat.« Man muß also nicht graben, sondern nur gehen und sehen, und schon ist man an neuen Ufern Roms angekommen.

Engelsburg

Von außen nach innen
und von innen nach außen

»Sieh die Engel hier«, rief ich, »und male dir aus, sie schwingen sich auf, ihre schweren Marmorflügel flattern, sie fliegen zum Kapitol und tanzen mit den alten Göttern. Hörst du es nicht, Pan spielt das Saxophon, und Orpheus singt zum Banjo kleine Dschungellieder!« Wirklich, ich fand auf einmal die plumpen Engel schön; wirklich, ich sah sie fliegen, ich sah sie Boogie-Woogie tanzen; ich begrüßte sie, auch die Engel waren Freunde, ich freute mich, ich war frei. Der Himmel leuchtete, eine hohe blaue Kuppel.

Wolfgang Koeppen, *Der Tod in Rom*

Die Brücke der Engel

Über Roms Brücken geht man weniger, als daß man über sie schreitet, und bisweilen ist es, als würde man von einer unsichtbaren Kraft getragen und hinübergezogen. Brückengänge haben eine entspannende Wirkung, vergleichbar einer Unterbrechung der Zeit und des Alltags. Brückenpassanten bewegen sich beinahe instinktiv freier und leichter. Die Wahrscheinlichkeit, daß sie lächeln, ist größer als an jedem anderen öffentlichen Ort, außer vielleicht auf einer Piazza. Während die Piazza aber ein Ziel schlechthin und ein Ort für sich selbst ist, dient die Brücke als Scharnier zwischen einem Ausgangspunkt, der diesseits, und einem Ziel, das jenseits von ihr liegt. Wie auf einer Straße folgt man zunächst einer linearen Bewegungsrichtung. Während die erdverhaftete Straße jedoch dort abbrechen muß, wo die natürlichen Gegebenheiten nach einer anderen, in den Lüften und über Gewässern schwebenden Lösung verlangen, sorgt die Brücke für die Unterbrechung auch des geradlinigen und gleichförmigen Bewegungsflusses. Sie lädt ein zum Atemholen, zur Umschau, zum Aufschub und zur Verlangsamung der Schritte zugunsten schwungvoller, gleichsam tänzerischer Bewegungen, zur gesteigerten Wahrnehmung von Entgegenkommenden oder Vorbeischreitenden, zum Sinnen und zum Träumen.

Brücken sind Orte auch einer Nahberührung zwischen den Menschen und den Elementen. Von Brücken aus betrachtet, breitet sich der Horizont unverstellt aus. Der Blick kann frei durch die Lüfte streifen, und Licht wird nicht von Mauern und Wänden gebrochen. Nach allen Seiten überwiegen Sichtbarkeit und Transparenz: Blicke können schweifen, Gesten können schweben und Worte können fliegen. Sogar Lärm aus der Umgebung geht in eine beinahe naturhafte Geräuschkulisse über, vermischt sich mit den Schritten, den Unterhaltungen, dem Lachen der Passanten und dem Rauschen des Wassers unten vom Fluß. Brückengänger haben festen Boden unter den Füßen und scheinen doch aller Schwerkraft und Bewegungslast enthoben. Man kommt und geht, wandelt und schlendert, dreht sich, bewegt sich, schaut sich um. Vielleicht schaut man sogar zurück, und statt streng geradeaus, blickt man nach allen Seiten, zum Himmel hinauf und zum Wasser hinab. Als habe er an den *Ponte Sant' Angelo* gedacht, schrieb Georg Simmel über die Brücke, daß sie uns im Beschreiten von allen endlichen »Festigkeiten« enthebe: Solange keine »Abstumpfung durch tägliche Gewöhnung« die Sinne trübe, müsse die Brücke »das wunderliche Gefühl gewährt haben, einen Augenblick zwischen Himmel und Erde zu schweben«.

Von der Spätantike bis in die Gegenwart des klimatisierten Reisebus- und unterirdischen Metroverkehrs war die Engelsbrücke die gleichsam natürliche Antriebswelle und Drehscheibe des Austauschs zwischen den beiden Hälften der Doppelstadt. Die Brücke

Ponte
S. Angelo

bot eine Wiederholung und Steigerung jener Situation, die der Pilger aus dem Norden beim Überschreiten der Milvischen Brücke vorgefunden hatte. Innerhalb der Stadt selbst war ein neuer Anfang gesetzt, und der Reisende kam hier gleichsam zum zweiten Mal in Rom an. »Der erste Weg nach dem Beginn des Tagebuches: zum Tiber und über die alte römische Brücke auf die Engelsburg zu«, schrieb Marie Luise Kaschnitz in der Mitte des vergangenen Jahrhunderts. Ihren Streifzug unternahm sie jedoch bei Dunkelheit, in deren Schatten die marmornen Engel »ihre Flügel zu bewegen« scheinen. »Am Tage« hingegen, da sei »alles nüchterner«. Dafür entschädigt eine strahlende Morgensonne mit gleichsam maritimen Aussichten auf die bläulich fluoreszierende Kuppel des Petersdoms. Nach Einbruch der Nacht läßt sich im bündelnden Licht der Scheinwerfer das Areal von der Engelsburg bis hin zum Petersplatz und Petersdom mit einem weitgespannten Blick umfassen. Aus unsichtbaren Lautsprechern dringen von der Engelsburg bisweilen die Opernklänge aus Giacomo Puccinis *Tosca*. Sie erinnern an die Zeiten, in denen das düstere Kastell und antike Mausoleum als Verließ diente.

Die Engelsbrücke inszeniert die Ouvertüre zu jenem »größten Binnenraum der Welt«, als welchen Jacob Burckhardt die Peterskirche bezeichnete. Die Standbilder der Stadtpatrone Petrus und Paulus wiederholen am diesseitigen Brückenaufgang die Schwellensituation beim Betreten der Stadt durch die Porta del Popolo. Zugleich präludieren sie den beiden Kolossalstatuen der Apostel, die am Ende des Petersplatzes die letzte Stufenfolge des Treppenaufgangs nach Sankt Peter flankieren. Der Auftritt der Engel, die zu beiden Seiten der Brücke die Marterwerkzeuge von Christi Passion schwingen, überträgt die zehn Stationen der *Via Crucis* von Jerusalem symbolisch nach der Tiberschwelle. Mit dem Schweißtuch der Veronika, der Lanze des Longinus und dem Kreuzesholz werden einige der geheiligtsten Reliquien von Sankt Peter angekündigt. Ihre öffentliche Präsentation an hohen Festtagen und im Verlauf der Jubeljahre gehörte zu den Höhepunkten einer jeden Romwallfahrt, deren Anstrengungen und Torturen ohnehin einem Passionsweg gleichkamen. Wie auf dem Weg ins himmlische Paradies kündigte der Chor der Engel auch jene statuarischen und bereits von der Brücke aus sichtbaren Heerscharen von Märtyrern und Heiligen an, die auf den Dächern der Peterskolonnaden und über der Portikusfassade der Kirche bereitstehen, um die ihnen nachfolgenden Pilgerseelen willkommen zu heißen. So sorgte die Brücke über ihre innerstädtische Gelenkfunktion hinaus für den Übergang der Pilger in einen ekstatisch gesteigerten Zustand, der sie für das nahegerückte Schauspiel des Ensembles von Petersplatz und Petersbasilika aufnahmefähig machte. Mit verzückten Haltungen, Gesten und Mienen nahmen die Engel ihrerseits die mystische Ekstase voraus und forderten dazu auf, ihrem Beispiel zu folgen.

Der Bewegungsdrang und das Mienenspiel dieser vielgeschmähten Engel, denen der Volksmund den Beinamen *Die lustigen Irren* gegeben hat, sind leicht mit Koketterie zu verwechseln, um so mehr als ihre schwungvolle Dynamik über die Illusion tänzerischer Bewegungen hinaus einem erotischen Kalkül zu folgen scheint. Ihren gesteigerten Sinn erhält solche Dynamik erst aus der visuellen Zwiesprache mit Michelangelos Kuppel am Ziel der Wegstrecke: Bis in die rhythmisierten Falten der über den entblößten weiblichen Beinen flatternden Gewänder lassen die Engel gleichsam das Echo zum rotierenden Gebirgsmassiv der Peterskuppel erschallen. Wie Berninis Altargruppe der heiligen Therese in der Cornarokapelle der Kirche Santa Maria della Vittoria betonen sie die Nähe von Lust und Schmerz als mystische Einheit von menschlicher und göttlicher Passion. Ihr Spalier der Leidenschaften gab den Pilgern Geleit, beflügelte und berauschte die Sinne und stimmte auf die kommenden vatikanischen Heiligtümer und Wunderwerke der Baukunst und Bildnerei ein.

Das Erhabene und Feierliche des Brückenensembles zeigt sich am deutlichsten, wenn man bei Dunkelheit aus der einst pulsierenden Via Banca di Santo Spirito tritt und die leicht ansteigende Kurve der Brücke wahrnimmt. Vor dem Hintergrund eines nachtblauen Himmels glaubt man sich tatsächlich von den Engeln erwartet, erhoben und getragen. Heute füllt sich die Brücke nur noch zu hohen Festen und an den Tagen der Papstmessen

Die heilige Theresa, S. Maria della Vittoria
Gian Lorenzo Bernini, um 1646

und Generalaudienzen mit Leben. Im Schatten der Engel nehmen fliegende afrikanische Händler die Brücke in Besitz, um im Hip-Hop-Rhythmus batteriebetriebener Kassettenrecorder allerlei Tand feilzubieten: Schmuck und Lederwaren, vollautomatisch robbende Plastiksoldaten, computergesteuerte Mickymäuse, nebst Urtieren aus Weichgummi und Kautschuknachbildungen von Michelangelos *Moses* und der *Pietà* von Sankt Peter. Von Berninis szenographischer Choralkunst haben die profanen Platzhalter der Engel immerhin eines begriffen: Sie verlangt nach lebendiger Begleitmusik und gehorcht den Regeln des bewegten Hörens und Sehens.

Von der Engelsbrücke ging bereits im Mittelalter eine derart sublime Wirkung aus, daß nicht einmal Höllenbewohner sich ihr zu entziehen vermochten: Mit ebenso sanfter wie böser Zunge verglich Dante in der *Divina Commedia* die planvolle Bewegungsordnung der Verdammten in der steinernen Höllenstadt *Malebolge* (d. h., nach den dort einsitzenden Betrügern, Huren und Kupplern, »üble Säcke« oder »Kanaillen«) mit den durch eine weise pontifikale Verkehrsordnung über die Engelsbrücke geleiteten Massenströmen der Rompilger des Jubeljahres 1300:

come i Roman per l'esercito molto,
l'anno del giubileo, su per lo ponte
hanno a passar la gente modo colto
che da l'un lato hanno la fronte
verso il castello e vanno a Santo Pietro;
da l'altra sponda vanno verso il monte.
[...]

(»So wie die Römer, bei der großen Menge / im Jahr des Jubels, damit auf der Brücke / die Menschen sich nicht stauten, angeordnet, // Daß auf der einen Seite alle blicken / nach dem Kastell, die nach St. Peter gehen, / die auf der andern nach dem Berg sich wenden. // Und hier und dort, rings auf dem grausen Felsen, / sah Teufel ich, gehörnte, die von hinten / gar grausam sie mit langen Ruten schlugen. // Hei, wie die ihre Beine hurtig hoben / schon bei den ersten Streichen! Und kein einzger / erwartete die zweiten oder dritten.« –

Übers. von Ida und Walther von Wartburg)

Mit Berninis barockem Tanzensemble konnte Dante noch keine Bekanntschaft geschlossen haben. Im Gegenzug dürfte sich jedoch Bernini bei seiner Konzeption und mußten sich viele Pilger beim Überschreiten der Brücke jener Stelle des Poems erinnert haben. Der topographische Gesichtspunkt spielte bei der Lektüre und Auslegung von Dantes populärer Dichtung stets eine herausragende Rolle, und im zugehörigen 18. Gesang des *Inferno* ist überdies, außer von der »Brücke«, auch von »Bau«, »Schwelle«, »Steg«, ja sogar von »dem uralten Steg« die Rede. Wenn die Terzinen dabei *molto* und *colto*, *ponte* und *Pietro* einander anklingen lassen, so zeigt sich die »göttliche« Komödie hier von ihrer urbansten Seite: Die pontifikale Ordnung des Brückengangs gerät zum Gradmesser städtischer Kultur.

Der *Ponte Sant' Angelo* war für mehr als ein Millennium nicht nur Roms *uralter*, sondern auch Roms einziger *Steg* zwischen den Flußufern und den beiden Hälften der Stadt. Die Passage von der profanen zur heiligen Stadt ließ auch gar keine andere Wahl zu, als von der Engelsbrücke den Weg zu den Schwellen der Apostel – *ad limina apostolorum* – einzuschlagen. Brücke und Kastell waren ein eng miteinander verschmolzenes, massiv befestigtes Ensemble: »Am Eingang der Stadt Rom«, heißt es in einer Stadtbeschreibung aus dem 10. Jahrhundert, »steht eine Festung von bewundernswerter Arbeit und Stärke; vor ihrem Tor ist eine köstliche Brücke über den Tiber gebaut, welche diejenigen überschreiten, die in Rom ein- und ausgehen, *wenn* es die Festungswache erlaubt.« Diese hielt nur eine einzige Schleuse offen, die sich bei Bedarf auch wieder fest verschließen ließ: In einer scharfwinkligen Drehbewegung nach links ging es weiter durch die vatikanische Vorstadt, den *borgo*, den Toren von Sankt Peter entgegen. Aufgrund ihrer bedrohlich wirkenden, massigen Gestalt und ihrer antiken Herkunft als einer Grablege, die noch immer schweren Nekropolenduft ausströmt, mag die Engelsburg den Dichter zu seiner steinernen Höllenphantasie angeregt haben.

Kein Grenzübergang dieser Welt ist reicher an Leitstellungen und Schwellenbedeutungen und wurde im Laufe seiner Geschichte von mehr wandernden Völkerscharen überschritten als die Engelsbrücke. Als Zeremonialpassage von der Stadt der Lebenden nach einem außerhalb der Stadtmauern gelegenen Sonderbezirk für die Toten diente sie schon unter Kaiser Hadrian, der sie um das Jahr 130 n. Chr. als triumphale Schleuse zum Mausoleum seiner Herrscherdynastie errichten ließ. Nachdem auf dem nahen Vatikanshügel neben den Gräbern der heidnischen Nekropole eine christliche Totenstadt und darüber die Konstantinische Petersbasilika entstanden waren, bemächtigten sich die Päpste des hadrianischen Mausoleums als einer Festung und Fluchtstätte. Von hier aus konnten sie den Tiber und den Zugang zur Petersbasilika kontrollieren, und hierher konnten sie sich bei äußeren und inneren Gefahren zurückziehen. Als Grenzscheide ist die Engelsbrücke das innerstädtische Gegenstück zur Milvischen Brücke, und wie diese liefert sie zugleich ein anschauliches Symbol für den historischen Übergang vom heidnisch-antiken zum christlichen Rom. Die Grenzerfahrung, die dem fremden Pilger bereits

Engelsburg und Engelsbrücke
Stich von Giovanni Battista Piranesi, um 1750

vor den Stadttoren zuteil wurde, fand an dieser Stelle ihre Steigerung. Aufgrund der Doppelnatur der Stadt traf der rituelle Einführungsbedarf der *Romei* hier mit der Übergangsbedürftigkeit auch der einheimischen *Romani* zusammen. Wer diesem Weg folgte, wurde jetzt endgültig zum *Römer,* so wie Dante von seiner himmlischen Wegweiserin Beatrice zum »Bürger einer Stadt« erklärt wurde, »in der auch Christus Römer ist«.

»Rom«, so schrieb ein reisender spanischer Jude aus dem 12. Jahrhundert, »besteht aus zwei Teilen, die der Tiberfluß so durchfließt, daß der eine von hier, der andere von dort erblickt wird.« Der sagenumwobene Tiber, an dessen Mündung einst der römische Stammvater Aeneas gelandet war, markierte als archaische Scheidelinie zwischen dem Wandervolk der Etrusker und dem Hirten- und Sammlervolk der Römer auch die Grenze zwischen dem Orient und dem Okzident. An die Vielzahl der Grenzen und Schwellen, die diesen mythischen Untergrund künftig überlagerten und nach ihrer Überbrückung verlangten, ist schließlich noch eine weitere angebunden: Bis zur Verlegung der Zeremonie an den Triumphbogen des Titus diente die Engelsbrücke bei jedem Pontifikatsantritt auch als Stätte eines rituell vergegenwärtigten Übergangs vom Alten zum Neuen Testament. Am Tage des *possessio* (»Besitznahme«) genannten Triumphzugs zwischen Vatikan und Lateran, bei dem die Päpste ihre symbolische Vermählung mit der Stadt begingen, versammelten sich die römischen Juden bei der Brücke, um dem Pontifex und neuen römischen Stadtoberhaupt die Thora zu überreichen. Im 15. und 16. Jahrhundert war es üblich, daß die Abordnung die Engelsbrücke überschritt, um dem Papst vor dem alten Hadriansmausoleum aufzuwarten, dessen Erbauer Jerusalem zum zweiten Mal zerstört hatte. Im Mittelalter hatten sich die Juden hingegen noch diesseits der Brücke versammelt: Die Stelle, an der das Tiberufer leicht aufgeschüttet war, hieß *Monte Giordano* (Jordansberg), und es war dies jener »Berg«, den Dante bei seiner Beschreibung des zweigleisigen Fußgängerverkehrs auf der Engelsbrücke als Sankt Peters Gegenüber im Auge hatte.

Die Brücke selbst wurde im Mittelalter bisweilen *Pons Judae-*

orum genannt, entweder aufgrund jener Zeremonie oder auch deswegen, weil sie von Buden flankiert wurde, in denen jüdische Händler ihre Waren verkauften. Gregorovius vermutete, auch der Vatikanshügel sei im Altertum von Juden bewohnt gewesen. Dann hätte Petrus sein Grab dort gefunden, wo sein Stamm längst seßhaft geworden war. Nach ihrem Erbauer Aelius Hadrianus, der sie einst mit acht Säulen, vier auf jeder Seite, bestücken, mit Bogengängen überwölben und mit parallelen Statuenreihen bekrönen ließ, trug die Brücke noch für lange Zeit den Namen *Ponte Elio*. In der Spätantike bot sie das Bild eines Triumphalscharniers nach der ebenfalls marmorverkleideten, säulengestützten und statuengeschmückten Mausoleumsrotunde des heidnischen Kaisers. An der Schwelle zum Apostelgrab hatten die Christen ein erhabenes Zeremonialensemble somit bereits vorgefunden, bevor sie die konstantinische Basilika errichteten. Um seines neuen, nach dem Abhang des Vatikanshügels verschobenen Zielpunktes willen wurde der Flußübergang fortan auch – wie in der Stadtchronik des Stefano Infessura – »die Brücke von Sankt Peter« genannt.

Der Name der Engel tauchte erst im 7. Jahrhundert auf und ist mit einer berühmten Legende verwoben: Als während der verheerenden Pest des Jahres 590 eine von Gregor dem Großen angeführte Bittprozession beim Mausoleum des Hadrian anlangte, da erschien über dessen Zinnen die Gestalt des Erzengels Michael. Als Zeichen dafür, daß die Fürbitte erhört und das Ende der Plage gekommen sei, stieß der Würgeengel sein Schwert zurück in die Scheide. Zum Gedenken an das Wunder wurde auf der Spitze des Mausoleums, die vormals eine Quadriga krönte, eine Kirche mit dem Namen *St. Angeli usque ad coelos* (»bis zum Himmel«) errichtet. Die Erinnerung daran mag noch einen anonymen Kupferstecher des 15. Jahrhunderts zu einer surrealen Architekturphantasie beflügelt haben: Auf seiner Darstellung Roms im Kranz der Stadtmauern fanden nur einige herausragende Gebäude wie das Pantheon einen Platz, auf dem sie sich dicht an dicht drängen und einander überschneiden. Vor den Mauern steht als Stadtfestung die Engelsburg, und wie aus ihren Zinnen steigt die Treppe von

Santa Maria in Aracoeli zu noch höheren Höhen empor. Der heutige Bronzeengel auf der Spitze der Engelsburg, der über dem Chor der Marmorengel von der Brücke den Taktstock zu schwingen scheint, stammt zwar erst aus dem 18. Jahrhundert, doch auf älteren topographischen Darstellungen war bereits ein Vorgänger zu erkennen.

Gregors Engelsvision zeugt indirekt davon, wie es Rom und den Römern überhaupt gelang, inmitten von Ruinen zu überdauern und zu überleben. Der heilige Papst, unter dessen Pontifikat die Stadt nach den Barbareneinfällen der Völkerwanderungszeit ihren vorläufigen historischen Tiefpunkt erreicht hatte, führte in seinen Predigten wie einst die Propheten wortreich Klage über Roms Entvölkerung und sein Versinken in Trümmern: »O dieses Rom, diese einstige Herrin der Welt, wie sehen wir sie niedergetreten von tausend Übeln, von Feinden umringt, von Bürgern entblößt und im Innern Einsturz an Einsturz! Wo sind die Mächtigen und wo die Masse? Verschwunden ist der Staat, und weg stob das Volk! Uns wenige, die übrig sind, drängt täglicher maßloser Jammer und das Schwert der Feinde. Der Prophet sagt: ›Stelle den Topf leer auf die Glut‹, – so brennt jetzt Rom als leere Stadt; wo die Menschen verschwinden, stürzen Wände und Mauern nach. Wo sind die, welche einst hier wohnten und herkamen, um sich zu erfreuen an der Glorie? Wo ist ihr Pomp und Übermut? Alle sind dahin und niemand kommt [...].«

Durch rührige öffentliche Maßnahmen trug Gregor jedoch dafür Sorge, daß die zersprengten Anziehungspunkte und Versammlungsorte weiterhin in Gebrauch und miteinander in Verbindung blieben. Seine Hilfsmittel waren Prozessionen zur Instandhaltung der Straßenwege, Reliquien zum Erhalt der Kirchen und Predigten zur Pflege öffentlicher Räume und gemeinschaftlicher Verkehrsformen. Jacob Burckhardt schrieb über das Rom der Zeit Gregors des Großen: »Jetzt durchzogen die leeren Gassen Prozessionen, die Gregor anordnete, um das arme Volk zu ermutigen, seinen sinkenden Gemütern wieder eine Art von Spannung zu verleihen. Da zog man von Basilika zu Basilika und auch vor die Stadt hinaus in die Katakomben, wenn es sicher war vor Feinden; bei diesen Anlässen hielt Gregor seine meisten Predigten.«

Gregors Prozessionen muß man sich unter der Begleitung jener feierlichen Gesänge vorstellen, die im katholischen Ritual seither seinen Namen tragen. Der gewaltige Prozessionszug, bei dem sich das Engelswunder des Jahres 590 ereignete, wurde von sieben Chören begleitet, die bei dieser Gelegenheit den siebenförmigen Choral aus der Taufe hoben. Unter der Macht solcher Gesänge wurden die ekstatisch entzündeten Sinne und Gemüter der Prozessionsteilnehmer für wunderbare Visionen empfänglich. Die römische Vorstellungs- und Bilderwelt bevölkerte jedoch zu allen Zeiten die Lüfte mit Engeln, Heiligen und Himmelszeichen. Ähnlich hatten bereits die antiken Priester vor jeder Staatsaktion die Augurien eingeholt und die Auspizien befragt: Dies bedeutete nichts anderes, als daß sie mit der Genauigkeit von Geometern den Vogelflug am Himmel beobachteten, um daran Maß für die Grundrisse neuer Städte und neuer öffentlicher und sakraler Bauten zu nehmen. Noch ein so nüchterner politischer Denker der Renaissance wie der Florentiner Niccolò Machiavelli war davon überzeugt, daß »die Luft mit Geistern gefüllt« sei, denn »bevor in einer Stadt oder in einem Land große Ereignisse eintreten, kommen Zeichen, die darauf hindeuten, oder treten Menschen auf, die sie voraussagen«.

Die Bilder in Roms Kirchen, Museen und Galerien haben viele solcher Himmelszeichen und Engelswunder festgehalten und oftmals mit einschneidenden Ereignissen der Stadtgeschichte verbunden. »Unter dem Zeichen des Kreuzes« steht nicht nur die Darstellung der Konstantinsschlacht in den nahen vatikanischen Stanzen, sondern in der benachbarten *Sala dell' Incendio* auch das von Papst Leo IV. bewirkte Innehalten einer im Jahre 847 ausgebrochenen Feuersbrunst, von der die vatikanische Vorstadt und die Petersbasilika beinahe vernichtet worden wären. Einige Schritte weiter, in den Stanzen des Heliodor, haben Raffael und seine Schüler eine andere schicksalshafte Begebenheit aus der Zeit Papst Leos I. des Großen dargestellt: Im Jahre 452 war der Hunnenkönig Attila in Italien eingefallen, und nachdem er Padua, Aquilea und andere Städte erobert und zerstört hatte, zog sein Heer in Richtung Rom. Bei Mantua aber trat ihm der Papst mutig entgegen und bewog ihn zum Rückzug. Raffael verlegte das Ereignis unmittelbar vor die Tore Roms und stellte es nach einer Legende dar, derzufolge sich im Augenblick, da beide Fürsten einander gegenübertraten, der Himmel geöffnet hatte: Petrus und Paulus brachen mit Schwertern und drohenden Gebärden aus den Wolken hervor, um dem Retter Roms beizustehen. Die Gesichtszüge beider Löwenpäpste wurden im übrigen nach dem lebenden Antlitz ihres Namensnachfolgers Leo X. de' Medici gebildet, der zugleich der Auftraggeber dieser Fresken war. Mit der Nocturne der *Befreiung Petri aus dem Kerker* durch die strahlende Erscheinung eines Engels lieferte Raffael im gleichen Saal – knapp hundert Jahre vor Caravaggios Altarbild in der römischen Kirche San Luigi dei Francesi mit dem *Heiligen Matthäus,* dem im nächtlichen Studierzimmer ebenfalls ein Engel zufliegt – eines der ersten nächtlichen Wunderstücke der Kunstgeschichte.

Die bezauberndsten musizierenden Engel Roms sind indessen auf einem Fresko des Quattrocentomalers Melozzo da Forli zu finden, das heute im Saal IV der Vatikanischen Pinakothek ausgestellt ist. Die Dynamik ihrer Bewegungen wird nicht nur von wehenden Flügeln, flatternden Gewändern und wirbelnden Haartrachten unterstützt, sondern überträgt sich anscheinend auch auf die dargestellten Klangwerkzeuge. Ähnlich wie die sinnlich wahrgenommene Realität übersinnlicher Erscheinungen von den wunderbaren Wirkungen der Musik und des Gesangs abhängig waren, so dienten auch Altargemälde und Fresken keiner einsamen Betrachtung – am wenigsten einer sogenannten »stillen« –, sondern verlangten nach Musik und Gesängen. Rom muß man, außer zu sehen auch zu hören und seinen Steinen und Bildern die versteckten Töne abzulauschen verstehen.

Bisweilen mischen sich darunter aber auch Schmerzensklänge. Von der Engelsburg über die Brücke führte der Weg nach den Hinrichtungsstätten in der Umgebung des Campo de' Fiori. Die Scham, den heiligen Ort dadurch zu verletzen und zu verunreinigen, muß auf den Römern gelastet haben, weshalb sie den

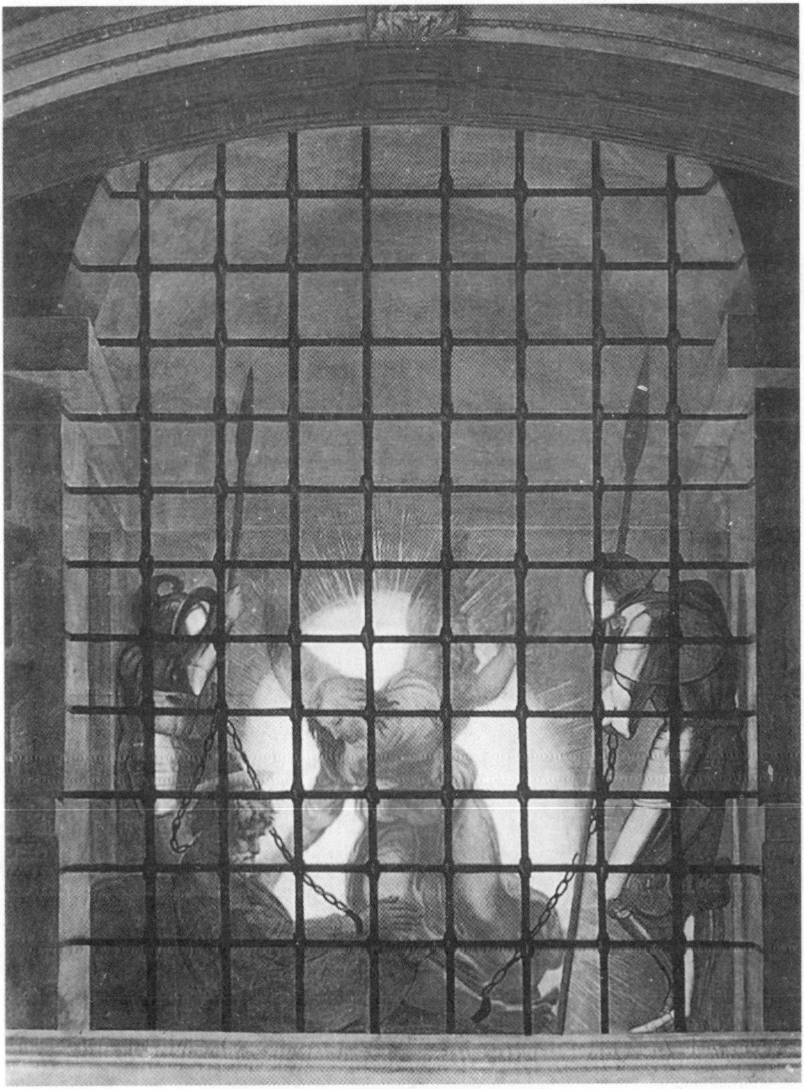

Der Engel befreit Petrus aus dem Kerker
Stanza di Eliodoro, Vatikan
Wandgemälde von Raffael, um 1512-14

Scharfrichtern wiederum bei Androhung der Todesstrafe verboten, die Engelsbrücke – außer in Amtstracht und an den Tagen, da sie ihrem blutigen Handwerk nachgingen – überhaupt zu betreten. Eine andere Tragödie, die sich im Heiligen Jahr 1450 auf der von Menschen überfüllten Brücke ereignete, wird gleich von mehreren Geschichtsschreibern und Chronisten überliefert. Vespasiano da Bisticci berichtet in seiner Lebensbeschreibung von Papst Nikolaus V.:

> Und so viele Völkerscharen sah man da, daß an der Engelsbrücke ein Auflauf von Menschen jeden Alters entstand, in dem alles stockte und man weder vor noch zurück konnte. Jeder wollte zu seinen Ablässen gelangen. Es gab viel Streit zwischen denen, die eintrafen, und anderen, die schon da waren. Dabei kamen mehr als 200 ums Leben, Männer und Frauen. Als Papst Nikolaus, der ein sehr barmherziger Mensch war, dies erfuhr, schmerzte es ihn sehr, und er sorgte dafür, daß dergleichen nicht mehr geschehen konnte.

Als Augenzeuge schilderte der Chronist Stefano Infessura nicht nur das Unglück, sondern auch die städtebaulichen Folgemaßnahmen ausführlicher:

> Im genannten Jahre [1450], im Monat Dezember, am 19., einem Samstag, zeigte man den Pilgern, die in Rom waren, das heilige Schweißtuch und Papst Nikolaus gab dem ganzen christlichen Volke, das auf dem Platze von Sankt Peter stand, den Segen. Und als das besagte Volk wieder nach der Stadt zurückkehren wollte, da gab es auf der Engelsbrücke ein großes Gedränge und Gewühl wegen der Menge von Menschen. Und es war ein Maultier dort [...]. Und das besagte Maultier wurde scheu und viele Leute fielen des Drängens und Stoßens wegen zu Boden, und es war auf der genannten Brücke ein so fürchterliches Gedränge, daß daselbst zweihundert Leute starben, und drei Pferde wurden erstickt und das besagte Maultier und viele Leute stürzten in den Fluß. Und von den Toten brachte man einen Teil nach Santo Celso und einen Teil nach dem Campo Santo; achtzehn Wagen ganz mit toten Menschen beladen wurden dorthin gebracht. Und niemals hat man je eine ähnliche Sache gehört oder gesehen und einen so fürchterlichen Unglücksfall.

Der Chronist fährt darauf unmittelbar fort:

> Im Jahre 1451 widmete sich Papst Nikolaus ganz der Bautätigkeit und der Wiederherstellung Roms. Zuerst restaurierte er die Mauern und die Türme und die Tore der Stadt, vor allem die am Monte Testaccio. Dann führte er auf dem Kapitol Neubauten auf und baute den großen Turm auf der Engelsburg, das heißt, er erweiterte den Bau, den Papst Bonifazius [IX.] begonnen hatte. Dann baute er die Mauer um den [Vatikanischen] Palast mit einer runden Rocca in der Nähe der Porta Viridaria; baute die Mauer beim Ripa-Viertel, baute den Palast bei Santa Maria Maggiore und eine Mauer am Fluß entlang bis zur Torre de Nona; baute das Chorherrenhaus für die Kanoniker von Sankt Peter und errichtete den Palast der Conservatoren; baute die Mauer am Ponte Molle und baute zwei runde Kapellen auf der Engelsbrücke, den Seelen derer geweiht, die im vergangenen Jahre dort gestorben waren. Auch renovierte er die Piazza di Santo Celso, indem er dort viele Häuser einreißen ließ, desgleichen auch die, die auf der Brücke standen. Dann restaurierte er den Papstpalast und ließ den Platz vor der Peterskirche erweitern, indem er viele der dortigen Häuser abtragen ließ. […] Auch ließ er viele Kirchen in ganz Rom restaurieren und stellte die Fontäne von Trevi wieder her. Und dies alles ist sein Werk, wie er es schriftlich und durch sein Wappen bewiesen hat, das er an mehreren Orten [der neuen Bauten] anbringen ließ.

So wurde der tragische Massenunfall auf der Engelsbrücke zum unmittelbaren Auslöser des mehrere Jahrhunderte währenden Projekts der Neugestaltung des gesamten vatikanischen Areals und seiner innerstädtischen Zuführungen. Die beiden Gedenkkapellen flankierten den Eingang der restaurierten Engelsbrücke beim diesseitigen Florentinerviertel, bis Papst Clemens VII. sie in seinem zehnten Amtsjahr 1534 durch die Statuen der Stadtpatrone Petrus und Paulus ersetzen und die Sockel, außer mit der Inschrift CLEMENS VII PONT MAX PETRO ET PAOLO APOSTOLIS VRBIS PATRONIS ANNO SALVTIS CHRISTIANAE MDXXXIIII PONTIFICATVS SVI DECIMO, mit dem Kugelwappen seines florentinischen Hauses Medici verzieren ließ. Stefano Infessuras Liste päpstlicher Baumaßnahmen unter Nikolaus V. ließe sich indessen noch endlos weiterführen und beispielsweise um die Liste der 40

Stations- und Pilgerkirchen Roms ergänzen, die der Papst restaurieren ließ. Nikolaus V. war von zwei Leidenschaften gleichzeitig erfüllt, vom Büchersammeln und vom Bauen im großen Stil. Er selbst plante bereits einen Neubau für die alte Petersbasilika, die einer gewaltigen Papstresidenz avignonesischen Typs einverleibt werden sollte. Hätte er seine Baupläne verwirklichen können, wäre ein Palast in Form einer autarken Stadt entstanden. Doch wie bei vielen seiner Nachfolger erwiesen sich auch bei Nikolaus V. die – im Vergleich zur mittleren Regierungszeit weltlicher Souveräne – verhältnismäßig kurze Amtsdauer der Päpste und die mit Pontifikatswechseln verbundenen Einschnitte als natürliche Hindernisse und Korrektive bei der Umsetzung baulicher Großunternehmungen.

Nachhaltiger war Nikolaus' Wirken bei der Errichtung einer zumindest im räumlichen Sinne bescheidener dimensionierten »Stadt« für Bücher aller Länder, Sprachen und Epochen. Bei der Gründung der Vatikanischen Bibliothek stellte Nikolaus ein Heer von Schreibern an, die in Rom und anderswo in seinem Auftrage Manuskripte kopierten. Durch die Berufung des Humanisten und Architekten Leon Battista Alberti in seinen Beraterstab fanden Bücher- und Bauleidenschaft endlich zusammen. Als Resultat eines gründlichen Studiums der römischen Baudenkmäler und der Lehren der antiken Rhetoren und Ingenieure legte Alberti dem Papst zwei Jahre nach der Katastrophe auf der Engelsbrücke die *Zehn Bücher über die Baukunst* als Programmschrift einer *renovatio urbis* vor. Neben dem Pantheon, das die Ausgangsvokabel auch aller künftigen, von Bramante über den jüngeren Sangallo bis hin zu Michelangelo favorisierten Zentralbauprojekte für die neue Peterskirche war, hatte es Alberti kein römisches Bauwerk *mehr* angetan als die antike Hadriansbrücke. Nach ihrer projektierten Wiederherstellung sollte sie als überdachtes, säulen- wie statuengeschmücktes, mit Eingangs- und Ausgangsbogen überwölbtes Triumphscharnier auf einen neuen Platz vor der Engelsburg geleiten. Von dort aus waren drei monumentale, nach dem Vorbild der Kaiserforen bebaute Paradestraßen geplant, die auf den durch ein Triumphportal eröffneten Petersplatz führen sollten, für dessen

Mitte bereits der Obelisk und für dessen Abschluß ein kuppelüberkrönter Zentralbautempel vorgesehen war. Aus Albertis Florentiner Kreis begann Bernardo Rossellino zwar mit dem Umbau der alten Basilika, doch bis zur Vollendung von Petersplatz und Petersdom sollten noch zwei Jahrhunderte vergehen. Bis dahin hatte die Gesamtplanung die Werkstätten und Studierzimmer einer Vielzahl sich einander ablösender Künstler- und Papstgenerationen zu durchlaufen.

Bei allem Wandel der Bauplanungen blieben die Ausgangs- und Zielpunkte der neuen römischen *Via Sacra* so unverändert erhalten, daß auch der letzte große Gesamtregisseur von Sankt Peter, der Bildhauer, Architekt, Maler, Theaterdichter, Szenograph und Brückeningenieur Gian Lorenzo Bernini, sein Lebenswerk nicht eher abschließen wollte, bis er beide Punkte nochmals deutlich markiert hatte. Als eines seiner letzten Werke renovierte und systematisierte er den antiken Tiberübergang nach Sankt Peter und ließ ihm nach seinen Entwürfen die geflügelten Engelschöre aufpflanzen. Zwei von eigener Hand geschaffene Originale – der Engel mit der Dornenkrone und der Engel mit dem Schriftband des Kreuzes – hielt der päpstliche Auftraggeber Clemens IX. unterdessen für allzu kostbar, um sie den Unbilden des Flusses und der Witterung auszusetzen. Sie wurden schon vor ihrer Aufstellung vor Ort durch Kopien ersetzt und flankieren heute den Altarchor der Kirche San Andrea delle Fratte nicht weit vom Spanischen Platz. So traurig und deplaziert, wie sie dort wirken – nahe beim Grab von Goethes römischer Musenfreundin, der Schweizer Malerin Angelika Kauffmann –, unterstreichen sie indirekt den Bewegungs- und Ausdehnungsdrang von Freiplastiken, die für eine symphonische Umgebung konzipiert waren, in der Wasser strömte, Winde wirbelten, Lüfte durchsichtig waren und der Himmel im Tages- und Jahreszeitenverlauf seine Glut und seine Farben wechselte.

Wie von Stationswärtern, die auf einem himmlischen Schwebebahnhof Signalfähnchen schwenken, wurden die Pilger im Schwung der Engel nach Sankt Peter gelenkt. Kreuz, Dornenkrone, Geißelgerät und sämtliche Marter- und Passionswerkzeuge verlieren in ihren Händen alle Merkmale des Schreckens und des

Engelsbrücke und Engelsburg

Grausamen. Die Bewegungsgesten kommen jenem Fingerzeig gleich, mit dem der Apollo von Berninis Jugendwerk in der römischen Galleria Borghese die fliehende Nymphe Daphne berührt, um ein Werk der Verwandlung zu vollbringen. Auch der Brückengänger sollte einer Metamorphose teilhaftig werden und von den Statuen – laut einer am Übergang angebrachten Gedenkinschrift auf ihren päpstlichen Stifter – in »die Geheimnisse der Erlösung« (*redemptionis mysteria*) eingewiesen werden. Als »Entflammer« und »Erglüher« wurden die Seraphim in einem spätantiken, dem Dionysius Areopagita zugeschriebenen Text über die Engelshierarchien bezeichnet, der seit dem Mittelalter viel studiert und seit 1634 in kommentierter zweisprachiger Ausgabe sowie mit einem von Rubens entworfenen Titelblatt verbreitet war. Während »das Nackte und die Barfüßigkeit« jener Überlieferung nach »das Freigelassensein, das leichte Losgelöstsein, das Schrankenfreie« bedeuteten, standen die Flügel für »die Schnelligkeit des geistigen Emporfahrens, das Himmlische, die Wegbahnung nach oben, das Entrücktsein von allem, was an der Erde haftet, infolge der aufwärtstreibenden Kraft«.

Berninis Kunststück bestand darin, dergleichen Vorstellungen unter Zuhilfenahme der Brücke, die zwischen Erde und Luft, Wasser und Feuer vermittelt, von der himmlischen Vertikale auf die urbane Horizontale zu übertragen: Mit dem Überschreiten der Brücke entlang der Stationen eines mystischen Kreuzwegs betrat man eine Wunderachse, die sich am Ende zweier enger und dicht bebauter Straßenzüge plötzlich und unversehens nach Berninis grandioser Platzanlage vor Sankt Peter öffnete. Von dem Oval ihrer Kolonnaden wie von ausgebreiteten Armen empfangen, folgte man einem Sog, der in die Tiefe des Raums führte. Über eine lange, breite und stationenreiche »Straße«, die vergessen machte, daß man sich in Wirklichkeit bereits im Innenraum einer Kirche befand, näherte man sich der Triumphalarchitektur von Berninis Tabernakel über der Confessio. Jenseits davon erstrahlt der Fluchtpunkt aller römischen Linien und Kurven: Berninis Geniestreich, die vom rauschenden Gold der Engel zwischen den Wolken umgebene Gloriole des geflügelten Heiligen Geistes.

Cathedra Petri, Apsis der Peterskirche
Gian Lorenzo Bernini, 1656–65

Erst mit diesen wundergleich am Anfang über den Fluß und am Ende in die Apsis von Sankt Peter gesetzten Ausgangs- und Zielpunkten war auch das Werk der Engel vollbracht: Nach Jahrhunderten ununterbrochener Bautätigkeit auf der einstmals größten Baustelle der Welt war die neue Heilige Straße Roms wie mit einem einzigen Flügelschlag vollendet worden.

Peterspassagen

Die kühle Ernüchterung, die den heutigen Besucher der Peterskirche umfängt, beginnt bereits im Vorfeld. Sie breitet sich entlang der Zubringerschneise der Via della Conciliazione aus, die dem Petersplatz den gesuchten Überraschungseffekt und die perspektivische Tiefe geraubt hat. Diese überbreite Parademeile, die einem Lawinendurchbruch gleicht, erinnert allenfalls entfernt noch an eine Straße. Beiderseits von einer elektrifizierten Obeliskengarde mit aufgespießten Laternen flankiert, wurde sie im Stil der dreißiger Jahre des vergangenen Jahrhunderts mitten durch die vatikanische Vorstadt geschlagen. Ihren Namen erhielt sie zum Gedenken an die mit den Lateranverträgen besiegelte Aussöhnung zwischen dem Vatikan und dem italienischen Staat.

»Die Peterskirche kann enttäuschen«, beschrieb Wolfgang Koeppen in den fünfziger Jahren die Folgen der neuen Ortssituation:

> Das mag an dem Weg liegen, der zu ihr führt. Die Via della Conciliazione – von Marcello Piacentini, einem Architekten Mussolinis, wie eine Schmähung Berninis erbaut – läßt mit ihren Pylonen an eine Aufmarschallee auf dem Nürnberger Reichsparteitag denken, und flankiert ist die Straße von Häusern, die wie Verwaltungsgebäude großer Versicherungsgesellschaften aussehen. In den Erdgeschossen dieser Assekuranzpaläste verkauft man Postkarten und andere römische Andenken und speist und tränkt die Scharen der Pilger mit beträchtlichem Gewinn. Tritt man dagegen wie von ungefähr aus dem kühnen Schwung von Berninis Colonnaden auf den Platz, so steht

> man plötzlich in einem Fest- und Tanzsaal schönen Maßes und edler Pracht. Die Heiligen auf den Zinnen predigen dann mit beschwörender Geste in den Saal hinunter. Das Portal von St. Peter aber ist aus der Nähe gesehen der Eingang zu einer Hypotheken- und Wechselbank. Die Säulen sind kalt, die Stufen sind hart. Aus irgendeinem Grunde hatte man innerhalb der Kirche Absperrungen errichtet [...].

Auch im Negativen behauptet sich hier, daß der Raum von Sankt Peter nicht erst jenseits der Kirchenstufen, sondern bereits bei jener alten *Porta Sancti Petri* beginnt, die an der Seite der Engelsburg den Eingang zum Borgo bildete. Wer heute hingegen an irgendeiner Stelle aus dem Omnibus ausgeworfen wird und eine der – mehr denn je von Absperrungen umzäunten – Rennbahnen über den Platz und durch den Vatikan einschlägt, ist schwerlich in der Lage, sich die zusammengehörigen historischen Räume zu erschließen. Von ihren einst fließenden Übergängen und ihrer belebten Durchlässigkeit gab der Romantiker Wilhelm Müller im Jahre 1818 eine anschauliche Schilderung, die den Orten und der Szenerie eines römischen Apostelfests eine sonst nicht mehr nachvollziehbare Lebendigkeit zurückgibt:

> Ich wanderte erst spät gegen Ave Maria nach der Kirche, so lange hielt die Hitze des Tages mich in meinem kühlen Zimmer zurück. Auf der Engelsbrücke waren schon Wachen ausgestellt, um Ordnung in dem Gedränge der Wagen und Fußgänger zu halten; der bunte Schwarm, der aus verschiedenen Richtungen zu diesem Passe zusammenströmte, hemmte und stopfte sich, doch half sich alles ohne Grobheiten und Tätlichkeiten durch. Über der Brücke scheidet sich die Straße nach der Peterskirche in zwei Arme, und der eine ist heute für die Wagen geschlossen. Das Gewühl wird nun zur ruhigen, frohen Wallfahrt: Alte und Junge, Männer und Weiber, alles in den festlichsten Kleidern, der gemeine Stand auch mit Kränzen und Sträußen geschmückt, so pilgern sie dem Tempel zu, der seine drei Pforten öffnet, sie alle zu empfangen. Oben auf der Kuppel und in den Fenstern ist man mit den Vorbereitungen der nahen Illumination beschäftigt, und ein Heer kleiner Wagehälse klettert und klimmt an Strängen und auf Leitern durch das Riesengebäude auf und nieder. Die große Mittelpforte, die nur an hohen Festtagen sich auftut, gibt schon vom Platze aus die volle Aussicht auf den von unzähligen Kerzen erleuch-

St. Peter mit vatikanischer Vorstadt
(vor dem Durchbruch der Via della Conciliazione)

teten Hochaltar und den in wechselnden Widerscheinen glühenden bronzenen Baldachin, der sich über ihm auf vier gewundenen Säulen erhebt. Der Portikus und die Schwellen sind mit duftenden Blumen und Blättern bestreut, und reiche Girlanden flattern in den Türen. Im Inneren sind die Wände von oben bis unten mit purpurnen damastenen Tapeten behängt, und rechts und links strahlen erleuchtete Altäre aus der Dämmerung der Seitenschiffe hervor.

Aber bin ich in einen Ballsaal oder in eine Kirche getreten? Arm an Arm wandelt man mit fröhlichem Gespräche in dem breiten Hauptschiffe auf und nieder: Engländer und Engländerinnen in festen, raschen Schritten, die Römer langsam und erschöpft, die Damen schwer auf den Kavalier gelehnt. Auch Geistliche treiben sich mit umher, noch im feierlichen Gewande des hohen Festes, und deutsche Künstler mit langen, blonden Haaren und weißen Halskrausen auf schwarzen Röcken. Die Müden ruhen auf den Bänken umher, einige sind entschlummert, ein Spaßvogel schreckt sie auf, die Umsitzenden lachen laut. Durch die dunklen Seitenschiffe streifen Schweizer mit blinkenden Lanzen, um Unordnungen zu verhüten, wenn die Dämmerung dazu verleiten sollte; die Hunde, die nicht lange Frieden halten, wenn viele beisammen sind, geben ihnen immer zu tun.

Gegen den Hochaltar ist der Andrang fühlbar, jeder Christ will dem Heiligen so nahe als möglich stehen; aber zwei Schweizer bewachen die Tür, die durch das steinerne Geländer auf zierlichen Stufen zu der Pforte hinabführt, die das Grabgewölbe unter dem Altare verschließt. Man beugt sich weit über das Geländer hinüber und schaut mit Neid und Sehnsucht auf die Beglückten hinab, die sich durch die hartherzigen Hüter vermittelst ihres Sternes oder ihres fremden Gesichtes einen Weg zu bahnen wußten. […]

Nach und nach löschen die Chorknaben die Kerzen auf den Seitenaltären aus, und der Schein des erleuchteten Platzes dringt mit Macht durch die Türen der dämmernden Kirche und ruft das schaulustige Volk zu neuer Augenweide. Ich blieb hinter dem Hochaltare sitzen, bis die Schweizer mich hinausboten, die von dort anfingen, die zurückgebliebenen Festgänger zum Aufbruche zu nötigen. Sie schließen zu dem Behufe eine Reihe und schreiten so durch alle drei Schiffe bis zu dem Ausgange der Kirche fort, die aufgescheuchte Gemeinde vor sich hertreibend.

Blendend und betäubend empfing mich der Platz. Wie mit schimmernden Armen umschließt der hohe Säulengang die dunkle Runde,

> aus deren verworrenem Gewühle die beiden Springbrunnen hell und laut in silbernen Strahlen sich erheben, mit denen die Widerscheine der Lampen ihr unermüdliches Spiel treiben. Die Musikchöre klingen und verhallen in dem wachsenden und fallenden Getümmel: Wagen rasseln über das Pflaster, Kutscher schreien den Fußgängern zu, Verkäufer bieten Erfrischungen an, die Hauswirte ihre Fenster und Balkone, andere laufen mit leichten Stühlen auf Kopf und Schultern dienstfertig umher. Ich drang gerade vorwärts durch Menschen, Tiere, Stühle und Wagen bis zu der äußersten Grenze des Platzes: da wandte ich mich schnell um, und Kirche und Kuppel flammten in *einem* Anblicke vor mir auf.

Schon Goethe hatte bemerkt, »wie lose man im heiligen Rom das Heilige behandelt«, und noch in den ersten Jahrzehnten des 20. Jahrhunderts staunten Rombesucher wie Wilhelm Hausenstein 1929 nicht wenig über die vatikanische »Nachbarschaft des Erlauchtesten mit dem Vulgären«, um davon feierlich auf den lebendigen und anschaulichen Kern einer spezifisch römischen »Mischung« zu schließen:

> Es ist römisch, daß man vom großartigsten Bauraum der Welt, von der Kolonnade des Bernini vor Sankt Peter, in ein gänzlich vulgäres Viertel übertritt. Auch so bindet sich Rom in sich selbst – und niemand würde auf den verrückten Gedanken kommen, zu meinen, diese Nachbarschaft des Erlauchtesten mit dem Vulgären könne die Autorität des Erlauchten abschwächen. Ja: je mehr das Erlauchte wagt, sich dem Menschlich-Gemeinen nachbarlich zu gesellen, desto unwiderleglicher ist die Autorität des Erlauchten.

Wie den Gang durch einen Lunapark, in dem die Extreme einander berühren, beschrieb ebenfalls in den zwanziger Jahren Alfons Paquet die Promenade über das vatikanische Areal und seine Umgebung:

> Plötzlich öffnet sich die Enge eines lärmenden Straßenzuges; der Obelisk steht mitten in der grauen Wüste des Platzes, umgeben von dem Säulenhalbkreis wie der Zeiger einer Sonnenuhr. Felsiger Eingang in die Höhle des Löwen, unendlich steinerne Böden dieser braunglänzenden Halle, großes Goldoval über dem Altare, erfüllt vom Glühen des westlichen Himmels! Der felsige Ernst des Bauwerks

> liegt in einer Landschaft von Gärten, Äckern und Weinbergen, vor ihm breitet sich ein proletarischer Stadtteil aus. In winkeligen Gassen poltern rote Trambahnen, an engen Plätzen sind Wirtschaften, Ansichtskartengeschäfte, Wechselbuden bis hin an das helle weitgeschwungene Flußbett des Tiber.

Dabei konnte zumindest der Borgo Nuovo, den Papst Alexander VI. unter dem Namen *Via Alessandrina* zum Heiligen Jahr 1500 vom Platz vor der Engelsburg direkt nach dem Bronzeportal des Apostolischen Palasts anlegen ließ, durchaus als eine repräsentative Prachtstraße im Sinne der Renaissance gelten. Ihre historische Bedeutung ist daran zu ermessen, daß sie am 24. Dezember 1499 im Rahmen einer doppelten Eröffnungszeremonie eingeweiht wurde: Zusammen mit der neuen Straße inaugurierte der Papst durch die symbolischen Schläge eines Silberhammers gegen eine

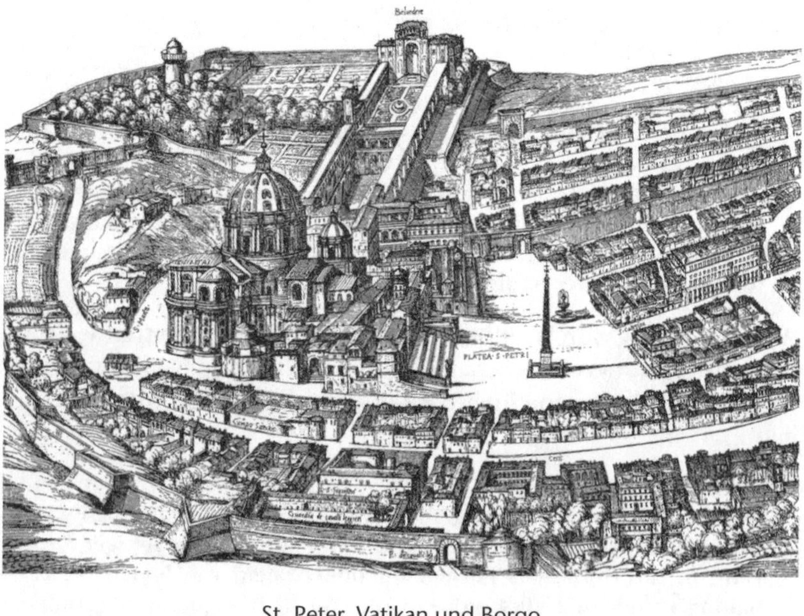

St. Peter, Vatikan und Borgo
Romplan von Antonio Tempesta (Ausschnitt), 1593

trennende Wand erstmals die »Goldene« (*Aurea porta*) genannte Heilige Pforte in der alten Basilika von Sankt Peter. Damit hatte der Ort am Ziel der neuen Straße – wie der alte Borgo mußte auch diese der in einem anderen Heiligen Jahr (1950) eröffneten Via della Conciliazione weichen – eine weitere, vormals von der Laterankirche ausgefüllte Schlüsselstellung übernommen. Im Verbund mit dem annähernd parallel verlaufenden Borgo Vecchio, vormals *Carriera dei Martiri* genannt, umschloß die Via Alessandrina die sogenannte *Spina*, eine Palast- und Häuserzeile, in der sich neben Höflingen und vielen Künstlern – Raffael hatte hier sein Atelier – auch die von Wilhelm Müller belauschten Hauswirte angesiedelt hatten, die bei Bedarf sogar ihre »Fenster und Balkone« vermieteten. Gregorovius zufolge waren es im 15. Jahrhundert vorwiegend deutschsprachige Herbergsväter, die ihre Häuser auf bunten Aushängeschildern anpriesen: »Da gab es die Tavernen zum Engel, zur Sonne, zum Spiegel, zum Mädchen, zum Pilgerstab, zum Helm und andere.« Beide Vorstadtstraßen blieben für Jahrhunderte die einzigen Zugänge nach Sankt Peter, und sie schlossen mit dem »grellsten Gegensatz« (Gregorovius) die szenographische Überwältigung ein, aus pittoresker Enge unversehens in die lichte und plastische Weite des Petersplatzes überzutreten.

Wie die Engelsbrücke Roms pulsierender Knotenpunkt war, an dem sich die Vielfalt städtischer Lebenswelten und Funktionen mehr als an jedem anderen Ort verdichtete, um dennoch gleitend und beinahe reibungslos ineinander überzugehen, so war auch die einst lärmende, geschäftige und vorwiegend von kleinen Leuten besiedelte vatikanische Vorstadt Bestandteil jener Gegensätze und Antipoden, die Rom die Spannung und den Antrieb lieferten. Eine ähnliche Spannung, von der insbesondere das Papsttum seine historische Stellung und deren Festigung herbezog, herrschte zwischen dem Vatikanshügel, auf dessen Abhang sich die Peterskirche erhebt, und dem schweren Gemäuer der nahen Engelsburg als einer zentralen Weichen- und Wachstation im Stadtbild: »Wenn du den römischen Staat beherrschen willst«, so zitierte der Chronist die Empfehlung zweier päpstlicher Berater an den aus

Avignon nach Rom zurückgekehrten Papst Bonifaz IX., »so mußt du die Engelsburg wiederherstellen.‹ Und der Papst tat dies« – doch zum Dank an seine beiden Ratgeber »ließ er ihnen die Köpfe abschlagen«.

So drastisch diese Episode ist, macht sie die lokale Schlüsselstellung und die auch an grausigen Details nicht arme Geschichte dieses Bauwerks deutlich. Mit der Petersbasilika teilt das Hadriansmausoleum, in dem neben dem Gründer der Dynastie auch der Philosophenkaiser Marc Aurel und der verruchte Caracalla ihre letzte Ruhestätte gefunden hatten, nicht nur die ursprüngliche Bestimmung einer Grablege und Weihestätte. Beide Bauwerke haben miteinander auch die römische Art und Weise der Staffelung und Überlagerung von höchst unterschiedlichen historischen Formationen gemein. Hier wie dort legten sich über die Jahrhunderte hinweg Schicht für Schicht immer wieder neue Aufbauten über einen und denselben Grund. Seit der Spätantike diente der außerhalb der Stadtmauern gelegene Rundbau des Mausoleums den Päpsten in kritischen Situationen als Rückzugs- und Fluchtort. Da die Feinde Roms vorwiegend selbst Christen waren, konnten sich die Päpste hier, in der Nachbarschaft der Petersbasilika und der dort angrenzenden Klöster und Pilgerstätten, noch am sichersten fühlen.

Dies änderte sich jedoch mit den zunehmenden Einfällen der Sarazenen, die im Jahre 846 die Petersbasilika geplündert hatten. Papst Leo IV. legte daraufhin den Grundstein – wenn man so will – zum heutigen Vatikanstaat, indem er das gesamte Areal von der Hadriansburg bis auf den Kamm des Hügels hinter Sankt Peter zu einer geschlossenen und mit Toren und Bastionen versehenen Zitadelle befestigen ließ. Über dem Haupttor der nach ihrem Gründer *Civitas Leonina* benannten vatikanischen Stadt prangten Versinschriften, die den Fremden mit den Eingangsworten »Der du kommst und gehst, o Wandrer, beschaue den Prachtbau« begrüßten, darin sich, wie es die nachfolgenden Verse ausdrückten, die hehre »Roma, Haupt du der Welt, Glanz, Hoffnung, goldene Roma« wiedererkennen sollte. In der gleichen, an Römer und Pilger adressierten Weise war über dem Tor der Engelsburg zu lesen:

Römer und Frank, ihr langobardischen Pilger und alle,
Die dies Werk ihr beschaut, preist es mit würdigem Lied.
[...]
Die mit dem Bande der Liebe umschlang ehrwürdige Treue
Führe zur himmlischen Burg gern der allmächtige Gott.
Civitas Leonina ihr Name.

Aus Rom waren damit auch nominell zwei Städte geworden, die über eine einzige und durch einen einzigen, wenn auch nicht immer unangefochtenen Stadtherrn miteinander verbunden waren. Fortan verbarrikadierten sich die Päpste bei kriegerischen Auseinandersetzungen mit den Kaisern und feindlichen Heeren stets in ihrer Tiberbastion. Gregor VII., der den Investiturstreit mit dem Kaiser eröffnet und das Recht für sich beansprucht hatte, weltliche Souveräne im Konfliktfall durch einen *dictatus papae* für abgesetzt zu erklären, wurde hier im Jahre 1083 von dem Heer des Jahre zuvor in Canossa gedemütigten Heinrich IV. sowie von seinen eigenen Römern belagert. Gegen diesen doppelten Ansturm rief Gregor die in Süditalien einsitzenden Krieger des Normannenherzogs Robert Guiscard zu Hilfe. Deren Übermacht drängte den Kaiser zwar zum Rückzug und verhalf dem Papst zur Befreiung aus der Gefangenschaft seiner Burg, die Stadt selbst wurde von den Normannen jedoch gebrandschatzt und fast vollständig zerstört. Durch ein brennendes Rom kehrte Gregor nach dem Lateran zurück, bis ihm nur noch der Gang ins Exil nach Salerno blieb, wo er vereinsamt starb.

Den schismatischen Auseinandersetzungen des Spätmittelalters hielt auch die Engelsburg nicht mehr unbegrenzt stand, seitdem sich Päpste, Gegenpäpste und römische Bürgerkriegsparteien hier wechselseitig belagerten. Die Römer selbst zerstörten die Zwingburg militärischer Attacken gegen die Stadt im Jahre 1378 und schleiften die Mauern bis auf den antiken Rumpf nieder. Nach ihrer Wiederherstellung unter Nikolaus V. und Alexander VI. wurde sie mit neuen Bastionen bestückt und mit einem Pavillon überbaut. Von dessen Säulenloggia aus kann man noch immer die weit und breit beste historische Sicht aus mittlerer Distanz auf den beständigen und gewiß nicht reibungslosen Dialog nehmen, den beide Hälften der Stadt seit annähernd zweitausend Jahren miteinander führen.

Der vorläufig letzte Papst, der mit seinen Getreuen in die unterdessen mit päpstlichen Prunkgemächern ausgestattete Engelsburg flüchten mußte, war Clemens VII. de' Medici im Verlauf des *Sacco di Roma* des Jahres 1527, als die Stadt und der Vatikan von kaiserlichen Landsknechten erobert und geplündert wurden. Benvenuto Cellini, der seine Talente als Goldschmied bei dieser Gelegenheit mit den Fertigkeiten eines Bombardiers eintauschte, rühmte sich höchstpersönlich eines Kanonenschusses, der den gegnerischen Feldherrn Karl von Bourbon das Leben gekostet habe. Während Cellini noch die Kanonen bediente, führte der Papst bereits Kapitulationsverhandlungen. Als Gefangener Karls V. mußte Clemens VII. noch Monate in der Engelsburg fristen, wohingegen der bis dahin treue Benvenuto es vorgezogen hatte, für einige Jahre aus dem zerstörten Florentinerviertel Roms zu fliehen. Als derselbe Karl V. im Jahre 1536 einen triumphalen, nach Cäsarenvorbild begangenen Einzug in Rom hielt, waren nicht nur das Florentinerviertel, sondern auch die Engelsbrücke wieder frisch restauriert, und die Brücke wurde nur für diesen Anlaß erstmals seit Kaiser Hadrian wieder mit einem Statuenspalier geschmückt. Die Werke, an deren Erstellung auch Cellini wieder beteiligt war, waren freilich nur für den feierlichen Eintagsgebrauch bestimmt und aus vergoldetem und bemaltem Gips und aus Pappmaché gefertigt; doch mehr als hundert Jahre später bediente sich Bernini der vormaligen Skizzen und Entwürfe für die Neugestaltung des Brückenübergangs.

Den tapferen Benvenuto konnten indessen weder seine einstigen Verdienste um die Verteidigung der Papstburg noch seine Teilnahme am triumphalen Empfang für den Kaiser davor schützen, im Jahr darauf und aufgrund lange zurückliegender Beschuldigungen für Monate in den labyrinthischen Verliesen und dunklen Schächten der Engelsburg eingekerkert zu werden. Während ihm anfangs noch privilegierte Haftbedingungen zuteil wurden, gelang ihm immerhin eine spektakuläre, wenn auch nur vorübergehende Flucht: Mit weißen Leintüchern hatte er sich des Nachts vom Turm der Burg hinabgelassen und auch am Boden trotz schwerer Verletzungen sämtliche Hindernisse überwunden. Darüber, so berichtete er selbst, sei »in der Stadt großer Lärm entstanden; man hatte die Binden am großen Turm hängen sehen, und ganz Rom lief, um diese unschätzbare Begebenheit zu betrachten«. Sogar der Papst – mittlerweile war es Paul III. Farnese – zeigte sich über dieses Heldenstück amüsiert: In seiner Jugend, so eröffnete er dem Geflohenen, bevor er ihn erneut inhaftieren ließ, sei ihm einmal auf ähnliche Weise die Flucht gelungen, als Alexander VI. Borgia ihn wegen einer Urkundenfälschung am selben Ort eingekerkert hatte.

Als Gefängnis diente die Engelsburg noch bis zum Ende des Kirchenstaats, in dessen letzten Jahrzehnten die Zahl der Zwangsinsassen zugenommen hatte. Nicht nur die Außenmauern sind mit unzähligen verdeckten Sichtöffnungen und Schießscharten versehen, auch die inneren Gänge, Schächte und Räume – sogar die Spiralrampe zu dem endlos langen Gewölbegang aus altrömischem Mauerwerk, der zu den einstigen Grabkammern der hadrianischen Dynastie führt – weisen seltsame Öffnungen in den Wänden und Böden auf, jenseits derer es noch dunkler als diesseits ist. Insbesondere jeder zeitgenössische Besucher der *Appartamenti Borgia*, jener Familie Papst Alexanders VI., die sich in der Engelsburg besonders geschmackvoll freskierte Räume eingerichtet hatte, dürfte heilfroh gewesen sein, wenn er nach dem Aufstieg zum *Cortile del Angelo* wieder im Tageslicht stand und – zumindest vorläufig – überlebt hatte.

Von der rückwärtig gelegenen Loggia, die sich Paul III. bauen ließ, gelangt man zum ausgemalten Badezimmer seines Vorgängers Clemens VII. und weiter zu einem mit mythologischen Szenen freskierten Hof. Nach Art eines Besinnungsgärtchens erneuert er ebenso den klassischen Lustort, den *locus amoenus*, wie das biblische Paradiesgärtlein, den *hortus conclusus*. Freilich münden auch dort mehrere schmale Gänge und Luftschächte zu den einstigen Verliesen, so daß man in der paradiesischen Stille, die den begrünten und bemalten Hof umfängt, wohl auch die Wehklagen der Eingekerkerten vernehmen konnte. Heute ist die Engelsburg ein staatliches Museum, das neben seinen historischen Räumlichkeiten und Inventaren auch – passend für den Ort und unter strenger Bewachung durch Carabinieri – eine ständige Wechselausstellung mit beschlagnahmtem Kunstdiebesgut unterhält.

An hohen Festtagen wechselte in der Vergangenheit auch die Engelsburg ihr Gewand, um den Akzent von der Wach- nach der Weichenstation für Sankt Peter zu verschieben. Die Zwiesprache des Rundbaus vom Tiber mit dem Kuppelrund über dem Vatikan wurde kraft doppelter Illumination am römischen Himmel bekräftigt. Wilhelm Müller hatte am Ende seiner in Briefform gefaßten Beschreibung des Apostelfests von 1818 eine Leerstelle gesetzt, um das Epiphaniehafte – gleich dem einstigen Plötzlichkeitserlebnis beim Betreten des Petersplatzes – des Ereignisses zu unterstreichen, das »in *einem* Anblicke« vor ihm aufflammte: »Was nun folgen sollte«, schrieb er, »magst Du Dir aus einer

Die Girandola über der Engelsburg
Stich von Giacomo Lauro, 1624

vollständigeren Reisebeschreibung ergänzen, mein Freund: mir ist die Feder aus der Hand gefallen, und das ist eine Vorbedeutung, die wir Schriftsteller zu ehren wissen.« Charles Dickens, der im Jahre 1845 das Osterfest in Rom erlebte, hatte seine Feder entweder fester im Griff oder hob sie bald wieder auf und schrieb weiter:

> Als die Nacht kam ohne eine Wolke, die den vollen Mond hätte verhüllen können, wie herrlich war da wieder der Anblick des großen Platzes, wieder überströmend voll von Menschen, und der Kirche, vom Fußboden bis zum Kuppelkreuz erleuchtet mit zahllosen Laternen, die den architektonischen Linien folgten und den ganzen Säulengang der Piazza entlang schimmerten und funkelten! Und welch ein Gefühl des Frohlockens und der Wonne, als die große Glocke halb acht Uhr schlug und mit dem Schlage eine glänzendrote Feuermasse von dem Gipfel ihrer Kuppel hinauf zur äußersten Spitze des großen Kreuzes stieg und in dem Augenblick, wo es seinen Platz erreicht hatte, das Zeichen zum Aufflammen zahlloser ebenso großer und roter Lichter in jedem der Teile der Riesenkirche wurde; so daß jeder Sims, jedes Kapitäl und die kleinste Verzierung sich deutlich im Feuer abzeichnete und das feste schwarze Mauerwerk der ungeheuren Kuppel durchsichtig zu werden schien wie eine Eierschale.
>
> Eine Pulverspur oder eine elektrische Kette hätte nicht schneller und plötzlicher zünden können, als diese zweite Illumination aufflammte; und als wir zwei Stunden später von einer fernen Höhe wieder hin sahen, da stand der Dom immer noch in der stillen Nacht wie ein Juwel funkelnd und glänzend! Keine Umrißlinie fehlte, kein Winkel war abgestumpft, kein Atom seines Glanzes verlorengegangen.

Nun blieb es der Engelsburg vorbehalten, zu antworten, und Dickens fuhr in seiner Schilderung fort:

> Am nächsten Abend – am Ostermontag – war großes Feuerwerk auf der Engelsburg. Wir mieteten ein Zimmer in einem gegenüberliegenden Hause und gingen zu guter Zeit hin durch eine dichtgedrängte Menschenmasse, die auf dem freien Platz vor der Burg und allen dahin führenden Straßen stand und die Brücke so belastete, daß sie in den reißenden Tiber zu sinken drohte. Auf dieser Brücke stehen

> Bildsäulen (abscheulich gearbeitet), und zwischen sie hatte man große Gefäße voll brennenden Wergs gestellt; die lohende Flamme erhellte seltsam die Gesichter der Menschen und nicht weniger seltsam die steinernen Bilder auf der Brücke.
>
> Das Schauspiel begann mit einer donnernden Geschützsalve; und dann war zwanzig Minuten oder eine halbe Stunde lang die ganze Burg eine einzige Feueroberfläche, ein Labyrinth von Feuerrädern in jeder Farbe, Größe und Schnelligkeit, während hoch in die Luft Raketen stiegen, nicht ein oder zwei oder zwanzig, sondern Hunderte auf einmal. Die Schlußszene – die Girandole – glich einer Explosion der ganzen großen Burg, allerdings ohne Rauch und Staub.

Zwischen dem Vatikan und der Engelsburg gab es außerdem noch eine herausragende, ständige Luftverbindung, die nach Art einer Brücke freilich fest im Boden fundamentiert war: Ein ummauerter Gang, der *Passetto di Borgo,* wurde bereits im neunten Jahrhundert als Bestandteil der Leoninischen Befestigungen errichtet und seit dem 13. Jahrhundert ausgebaut. Dieser erhobene, bezinnte und mit Sehschlitzen versehene Korridor durchschnitt nach Art eines schmalen, nur knapp ein Meter breiten, dafür mannshoch verdeckten Brückengangs die vatikanische Vorstadt. Wenn auch unbenutzt, seitdem die Engelsburg nicht mehr im Besitz des Vatikanstaats ist, zieht der erst kürzlich restaurierte und wiedereröffnete *Passetto* sich auch heute noch parallel zur Via della Conciliazione den Borgo Sant' Angelo entlang und den hohen Mauern der Vatikanstadt entgegen, um dahinter zu verschwinden.

Papst Clemens VII., der an mehreren Stellen der Außenmauern des *Passetto* sein Mediciwappen anbringen ließ, war es im Jahr 1527 nur aufgrund dieses Verbindungsgangs gelungen, mitten unter dem Ansturm der Landsknechte, die bereits in die Peterskirche eingedrungen waren, von seinem Vatikanischen Palast aus die Engelsburg unbeschadet zu erreichen. Hoch über dem Erdboden erhoben, nach allen Seiten sehend, aber ohne gesehen zu werden, konnten die Päpste diese Passage wie eine verdeckte Brücke über den Borgo nehmen und sich der Einsamkeit ihrer und aller Macht gewiß sein.

Das gemessene Oval

Auch am Ziel der Reise hört das Gehen nicht auf. Die Schritte derer, die ihre Verabredung mit Roms heiligen Stätten längst von fern getroffen haben, verlangsamen sich jedoch allmählich. Aus zerstreuten Räumen waren die Pilger aufgebrochen, um sich an einem Ort einzufinden, der alle Räume zu sammeln und zusammenzufassen versprach. Bereits auf den beiden alten Tiberbrücken vor wie innerhalb der Stadt nahm der Gang der Ankömmlinge probeweise einen gewandelten Takt an. Alsbald traten sie aus der begrenzten Enge schmaler Straßenzüge wie durch ein zweites Stadttor abermals in ein weiträumiges Oval hinaus. Vom Flügelschwung der Kolonnaden wie mit offenen Armen empfangen, stellten sich die Bewegungsapparate der hier Eintreffenden unwillkürlich auf eine neue räumliche Situation ein.

Der Platz ist ein riesiges Sammelbecken, das sämtliche Bewegungsströme, die ihm zugeführt werden, unterbricht. Als wollte er sie in ein andauerndes, gleichsam zeitloses Innehalten übergehen lassen, nimmt er sie restlos in sich auf. Doch nicht der Stillstand aller Bewegungen ist das Ziel, sondern deren Verwandlung im Rhythmus jener Sensationen, die in der physischen Gestalt der Platzanlage selbst vorgebildet sind. Sobald das versenkte Oval, das den Augen vielmehr noch die Illusion eines rotierenden, von dem Obelisken im Zentrum des Platzes angetriebenen Kreisrundes darbietet, einmal durchmessen ist und in das unmerklich ansteigende Verbindungsscharnier einer zweiten, trapezförmigen Platzanlage übergeht, sind die Bewegungen längst wieder übergeflossen, um den Toren eines sakralen Baukörpers zugeführt zu werden, der die Stirnseite des Platzes wie nach dem Horizont eines Bühnenbildes verriegelt.

Beim Betreten des Platzes kreiste über und hinter der Kirchenfassade noch die Kuppel wie ein zweiter künstlicher Himmel am natürlichen Himmelsgewölbe. Doch im Zuge jeder weiteren Annäherung zieht sie sich allmählich und am Ende völlig aus dem Blickfeld zurück, während man von den zweifachen Rotationsbewegungen von Kuppelrund und Platzoval längst selbst erfaßt und von einem Sog dem nächsten übergeben worden ist. Der Außenraum ist zum Innenraum geworden, und der Innenraum, der sich unversehens, aber im Flusse gleitender Übergänge öffnet, bietet sich als Fortsetzung des städtischen Raums dar. Auch im Gegenzug, beim Heraustreten aus der Basilika, nimmt der Platz die vereinigten Fremdenströme von neuem auf und geleitet sie hinaus nach der Stadt und in die Welt, aus der sie aufgebrochen waren und in die sie wieder zurückkehren.

Auf dem ovalen Platz vor Sankt Peter fällt das altrömische Prinzip des universalen *Sammelns*, das zur Grundlage auch des Wirkens der christlichen Apostel und ihrer Nachfolger geworden war, in eins mit der beredten Aufforderung zum *Sich-Sammeln* und mit der Sichtbarmachung der *universitas Christiana* als einer weltweiten *Versammlung*. In der Raumgestalt eines runden Behältnisses, das idealiter der gesamten Welt Aufnahme bieten soll, finden alle Bewegungsantriebe, die den Pilger nach Rom führten, mit den Ausstrahlungen der *Roma caput mundi* zusammen und gehen ineinander über. Wie sich die Hauptkirche der Christenheit durch ihren ausladenden Platz nach der *urbs* öffnet, so formuliert die Kuppel deren Anspruch, »Haupt« und »Hauptstadt der Welt« zu sein, nach dem Horizont des Erdkreises, den *orbis*, den sie kreisförmig umzeichnet und symbolisch umfängt. Was zuvor noch im Raume zerstreut war und sich selbst bewegen und seinerseits bewegt werden mußte, um zusammenzufinden, ist auf dem Petersplatz endlich beisammen. Nur auf einem Platz kann man sich ungezwungen treffen, und hier trifft man sich auch und hier soll man sich auch treffen – »man«, das heißt im Sinne der von der *universitas Christiana* adoptierten Rom-Idee: Fremde, die unter Fremden weilen, ohne sich gegenseitig abzustoßen oder voneinander abzugrenzen. Alles Trennende scheint hier kraft einer geheimen Verabredung zum gemeinsamen Begehen des Verbindenden und Verbindlichen aufgehoben. Dies ist der durch Baukunst und die Vereinigung aller Künste sichtbar gewordene Sinn des »Rom-Erlebnisses«. Es ist dies auch der zivilisatorische Kern aller urbanen Lebensform.

Als großes, nach außen gewandtes Behältnis, als Sammlungs- und Versammlungsraum zugleich ist der Platz eine nachdrückli-

Petersplatz
Stich von Giovanni Battista Piranesi, um 1746

che Aufforderung zum Aussetzen und zum Aufschub aller gewohnten, zielgerichteten und zweckgeleiteten Bewegungen. Daran ist das Angebot gebunden, sich mit gleichsam unsichtbaren Schwingen oder wie im Rhythmus des strömenden Wassers der beiden Fontänen, die den Obelisken flankieren, nach Sankt Peter tragen zu lassen. Als sei man hier nicht längst angekommen und als gäbe es sogar am Ziel noch Zeit zu verlieren, durchschneiden bisweilen nur die vom Kommando ihrer »Fremdenführer« angetriebenen Blitzzüge der Eiltouristen im Laufschritt das Oval, das doch jede gerade Bewegung früher oder später unweigerlich zur Kurve werden läßt, die man auch gleich und sehr viel sanfter hätte einschlagen können.

Weltliche Pilger des 19. Jahrhunderts hingegen – so beispielsweise der amerikanische Berufsreisende Henry James – pflegten den Petersplatz noch wie einen »Salon« aufzusuchen. Dessen riesenhafte Umfänge und Volumina – der Platz ist 340 Meter lang und 240 m breit, die beiden Kolonnadengänge ruhen auf 284 Säulen und 88 Pfeilern von jeweils 20 Metern Höhe – taten der beinahe intimen Portikussituation des Ortes als eines festlichen Empfangssaals offenbar keinen Abbruch. Gegenüber dem Neubau von Sankt Peter erfüllt der Platz im erweiterten Umfange dieselbe Aufgabe und Versammlungsfunktion, welche einst das Atrium, der ummauerte Innenhof der alten Konstantinischen Basilika, ausgefüllt hatte. Die verzögerte Gangart des geübten Flaneurs kam dem Schrittmaß der einstigen Pilgerzüge ebenfalls sehr viel näher als dem Tempo des heutigen Schnelltouristen, der längst darauf wartet, daß nahe Sankt Peter demnächst auch *McDonald's* eine Station eröffnet.

Henry James war noch darauf erpicht, die Hauptpole der Stadt beständig miteinander zu verbinden und an ihrer Zwiesprache teilzunehmen: Er suchte den Petersplatz im täglichen Wechsel mit dem Pincio auf, dessen Hänge einst die berühmten Gärten des Lukullus getragen hatten und vor dessen Terrasse sich das Panorama der Stadt ausbreitet. Mit einem einzigen Blick ließ und läßt sich von hier aus das Oval der unmittelbar darunterliegenden Piazza del Popolo – das römische Vorspiel auf den Petersplatz schlechthin – sowie die Peterskuppel am gegenüberliegenden, westlichen Horizont der Stadt umspannen. Auf beiden Plätzen wohnte der Flaneur einer »Parade endlosen Nichtstuns« bei, die noch immer etwas von der zweckfreien, dem Reich der profanen Notwendigkeiten enthobenen Bestimmung jener heiligen Riten und religiösen »Spiele« bewahrte, für deren Aufführungen man die Plätze, allen voran den Petersplatz, einst angelegt hatte.

Diese Schauseite eines spezifisch römischen »Geists des Müßiggangs «, dessen Kehrseite Jacob Burckhardt als klassenübergreifende Bettelökonomie geschildert hatte, zeugt von einer besonderen Zeiterfahrung: Auch Henry James war es durchaus nicht entgangen, daß der Unterschied zu den öffentlichen Plätzen seiner Heimatstadt New York »in der Zahl unbeschäftigter Menschen jeden Alters und Zuschnitts« läge, »die früh und spät auf Bänken herumsitzen und einen vom Scheitel bis zur Sohle angaffen, wenn man vorbeigeht«. Andererseits fand er sich auf dem Pincio wie auf dem Petersplatz in eine Bewegungsordnung versetzt, »die Gemessenheit zu einem Teil ihres Daseins erklärte«. Sie war ihm auch Beweis dafür, »daß wenn man in Rom unter Ennui leidet, dieser Ennui wenigstens einen pulsierenden Geist« habe. Hundert Jahre später wollte Henry James' italienischer Schriftstellerkollege Alberto Moravia das römische Beiwort *ewig* gleich »im Sinne von *ennui*, ewiger Langeweile« verstehen, freilich ebenfalls ohne auf die einhergehenden Vorteile zu verzichten. »Dieses Leben«, hatte Henry James angesichts der römischen Plätze geschrieben, »scheint so leicht, so ungebrochen süß, daß man glauben möchte, es wäre nicht ratsam, wirklich unsinnig, es zu ändern. Die römische Luft ist beladen mit einem Elixier, der römische Kelch gewürzt mit einem heimtückischen Tropfen, dessen Wirkung fatal ist, jedoch nichtsdestoweniger angenehm, ›schwächend‹.«

Dergleichen an die Wahrnehmung der Besonderheiten eines Raumes gebundene, verlangsamte und einem anderen Takt folgende Zeiterfahrungen scheinen nur schwerlich mit der geballten Geschichtsträchtigkeit der Orte vereinbar, vor denen man in Rom oftmals den Ausruf »so much history!« hören kann. Und doch scheint die ebenso gerühmte wie geschmähte römische *diffidenza*, die unaufgeregte Gleichgültigkeit, mit der die Römer sich inmitten der versteinerten Zeugnisse bald dreier Jahrtausende gleichsam wie unter geologischen Formationen eingerichtet haben, um von gemessener Warte aus – vergleichbar der Position der Heiligenstandbilder auf Berninis Kolonnadendächern – die wechselnden Züge wandernder Völker- und Fremdenscharen zu beobachten, das mentale Gegenstück zur Architektur des Petersplatzes zu sein: keineswegs Ausdruck eines Unbehagens oder gar Überdrusses an der langen Geschichte der Stadt als vielmehr die verlangsamte Wahrnehmungsform ihrer Präsenz als andauernder Gegenwart des Vergangenen.

Den räumlichen Erfahrungsweisen des Petersplatzes geht eine Zeiterfahrung einher, die auch den Schlüssel für den Zugang zum Innenraum der Petersbasilika birgt. Ihren Maßstab findet sie nicht in der Leere, sondern in der Fülle – nicht in der Leere des abstrakt durchdrungenen und geometrisch berechenbaren Raums, sondern in der lebendigen Fülle von Menschen, die sich darin aufhalten, der Besonderheit ihrer Aktivitäten und der Vielfalt ihrer Bewegungen. Bernini, seine Vorgänger und ihre päpstlichen Bauherren haben auf der vatikanischen Großbaustelle weder an künftige Kunsthistoriker noch an einsame Betrachter gedacht, deren beider Ideal der leere und von äußeren Einwirkungen unberührte Raum ist, ob als architektonischer Raum oder als Bildraum. Einen römischen Raum hingegen in seiner dichten Fülle zu beschreiben, ist keinem Reisenden besser gelungen als Goethe, wenn auch an einem anderen Ort und gegenüber einem anderen, freilich römischen Bauobjekt par excellence: dem antiken Theaterbau von der Art des Kolosseums, dessen versenktes Oval auch dem Grundriß des Petersplatzes zugrunde liegt. Seine Gestalt begegnete dem italienischen Neuankömmling erstmals in Verona, und damit an einer strategischen Stelle im geographischen Vorfeld seiner künftigen römischen Schule des Sehens. Deshalb heißt es auch emphatisch: »Das Amphitheater ist also das erste bedeutende Monument der alten Zeit, das ich sehe, und so gut erhalten! Als ich hinein trat, mehr noch aber, als ich oben auf dem Rande umher ging, schien es mir seltsam, etwas Großes und doch eigentlich nichts zu sehen. Auch will es leer nicht gesehen sein, sondern ganz voll von Menschen [...].«

Zweifellos hatte der mit der römischen Topographie und Baukunst durch das allverbreitete Medium des Kupferstichs bestens vertraute Goethe seiner vorrömischen Augenschule bereits die Folie des Kolosseums untergelegt. Jahrhundertelang hatte dieser Bau wie kein zweiter – bis ihm der Petersplatz zur Seite trat – auf allen Darstellungen der Stadtlandschaft Roms Bild in durchweg gleichnishafter, ebenso anschaulicher wie symbolischer Kurzform vertreten. Das Kolosseum bezeichnete die Mitte der *urbs*; es war rund wie der *orbis*; und es war ein nicht minder anschauliches Symbol für die Ruinen des antiken Imperiums, über die sich seit dem Mittelalter das christliche Kreuz emporgeschwungen hatte. Ein solches Kreuz ließen die Päpste dem Kolosseum dann in der Tat aufpflanzen, womit der einstige Schauplatz blutrünstiger Spiele, denen auch viele Christen zum Opfer gefallen waren, in eine Kreuzwegstation der großen Karfreitagsprozessionen verwandelt wurde. Die Verbindung der Orte war auch den Romreisenden der Vergangenheit deutlich präsent: Auf seinem *Spaziergang nach Syrakus im Jahre 1802* übertrug Johann Gottfried Seume ein von Petrarca bis Edward Gibbon vertrautes und betrauertes Ruinenbild mit ähnlichen Worten nunmehr als düstere Zukunftsvision auf die Peterskirche und den Petersplatz: »Wir saßen in dem Kopfe der Kuppel [...] und übersahen die gefallene Roma. Diese Kirche wird einst mit ihrer Kolonnade die größte Ruine von Rom [sein], so wie Rom vielleicht die größte Ruine der Welt ist.«

Goethe verband seine vorrömischen Beobachtungen mit einer kurzgefaßten historischen Anthropologie der Massenbaukunst, die sich wie die Gestaltlehre auch jener Voraussetzungen liest, denen Bernini, der Baumeister und Impresario des römischen Barock, am Ort des heiligsten Vorhofes von Rom selbst folgte: »Wenn irgend etwas Schauwürdiges auf flacher Erde vorgeht und alles zuläuft, suchen die Hintersten auf alle mögliche Weise sich über die Vordersten zu erheben: man tritt auf Bänke, rollt Fässer herbei, fährt mit Wagen heran, legt Bretter hinüber und herüber, besetzt einen benachbarten Hügel, und es bildet sich in der Geschwindigkeit ein Krater.« Historische Ansichten des einstigen Vorplatzes von Sankt Peter sowie die Augenzeugenberichte von religiösen Massenveranstaltungen bezeugen, daß es dort einmal ganz ähnlich zugegangen sein muß, bevor man wiederum ähnlich verfuhr, wie Goethe es plastisch weiter beschrieb:

> Kommt das Schauspiel öfter auf derselben Stelle vor, so baut man leichte Gerüste für die, so bezahlen können, und die übrige Masse behilft sich, wie sie mag. Dieses allgemeine Bedürfnis zu befriedigen, ist hier die Aufgabe des Architekten. Er bereitet einen solchen Krater durch Kunst, so einfach als nur möglich, damit dessen Zierat das Volk selbst werde. Wenn es sich so beisammen sah, mußte es über sich selbst erstaunen; denn da es sonst nur gewohnt war sich durcheinander laufen zu sehen, sich in einem Gewühle ohne Ordnung und sonderliche Zucht zu finden, so sieht das vielköpfige, vielsin-

nige, schwankende, hin und her irrende Tier sich zu einem edlen Körper vereinigt, zu einer Einheit bestimmt, in eine Masse verbunden und befestigt, als *eine* Gestalt, von *einem* Geiste belebt. Die Simplizität des Oval ist jedem Auge auf die angenehmste Weise fühlbar, und jeder Kopf dient zum Maße, wie ungeheuer das Ganze sei. Jetzt, wenn man es leer sieht, hat man keinen Maßstab, man weiß nicht, ob es groß oder klein ist.

Ähnlich ergeht es auch dem heutigen Besucher des Petersplatzes und der Peterskirche. Überdies sind die vereinigten Kunstreisenden und Romführer seit dem 19. Jahrhundert niemals müde geworden, vermeintliche proportionale Mißverhältnisse und Verzerrungen sowohl im Inneren der Basilika als auch im Verhältnis von Innen- und Außenräumen sowie von Platz, Fassade und Kuppel zu beklagen: Der Standfigurenschmuck in der oberen Galerie von Sankt Peter sei größer bemessen als derjenige, der dem Auge näher sei, was die Gesetze der perspektivischen Verkürzung verletze; dem Auge bliebe verborgen, daß Berninis Tabernakel beispielsweise höher als der Palazzo Farnese emporrage; der gesamte Kirchenbau erscheine bei weitem kleiner, als er es tatsächlich sei; Madernas Langhaus und erst recht seine Fassadenfront verstelle die Nahsicht von der Piazza aus auf Michelangelos Kuppel usw. Hier findet eine auch in heutigen Denkmälerdebatten verbreitete Verwechslung von Monumentalität mit Monstrosität statt, die der römischen Art des Bauens stets – außer episodisch während der Kaiserzeit sowie auch in neuerer Zeit – fernlag. Der bedächtige Cicerone Jacob Burckhardt, so streng er als Kunsthistoriker ansonsten mit Bernini, Maderna und dem römischen Barock ins Gericht ging, hat dazu einmal treffend bemerkt: »Es ist eine alte Klage, daß S. Peter innen kleiner aussehe, als es wirklich ist. Ich weiß nicht, ob jemand, der ohne dies Vorurteil zum erstenmal hineintritt, die Kirche nicht doch ungeheuer groß finden würde; jedenfalls hängt viel von der Beleuchtung und von der Menschenzahl ab. Am Ostermorgen weiß jeder, daß er sich im größten Binnenraum der Welt befindet.«

Der in einer Bodensenke errichtete künstliche Krater des römischen Kolosseums faßte immerhin 50000 Menschen, die Peters-

Kolosseum
Stich von Giovanni Battista Piranesi, um 1773–78

kirche im Vergleich sogar 60 000, während der Petersplatz die vierfache Menschenmenge aufnimmt. 150 000 Pilger zählte Charles Dickens dort zu Ostern des Jahres 1845 versammelt, um den päpstlichen Segen *urbi et orbi* entgegenzunehmen, was auch den heutigen Zahlen entspricht. Dabei gilt für die Wahrnehmung des Platzes erst recht, was Burckhardt für das Kircheninnere befand, daß sie »von der Beleuchtung und von der Menschenzahl« abhängig sei. Unter der extremen Divergenz der Lichteinfälle und dem Wechsel von Licht- und Schattenzonen scheint die Piazza mehrmals täglich ihre Gestalt wie ein Kleid zu wechseln, um je verschiedene Teilansichten und Gesamteindrücke zu ermöglichen. Die milde Färbung der Steine kommt ohnehin erst im Zuge des Nachmittags- und Abendlichts zur Geltung, und je nach Position lassen sich die Auswirkungen des Sonnenstands sogar im Minutentakt als optische Sensationen verfolgen. Mit dem Schlagschatten des Obelisken als dem buchstäblichen Zeiger einer Sonnenuhr wandert auch der runde Schatten der Kuppel über das Oval, und bisweilen fallen beide Kreise beinahe deckungsgleich zusammen, ähnlich wie auch das Kreuz der Kuppellaterne mit dem Kreuz auf der Spitze des Obelisken.

Auch die unterschiedlichen Höhenniveaus zwischen den Kolonnaden, der versenkten Platzmitte mit dem Obelisken und dem Trapez der *Piazza Retta* unmittelbar vor dem Portikus von Sankt Peter geraten erst beim Anblick und in Gegenwart des Zusammenströmens und Wiederauseinanderströmens größerer Menschenmengen deutlich ins Blickfeld. Während sich der Platz nach und nach füllt, bilden sich stets neue kaleidoskopische Farben- und Formenmuster. Dabei läßt auch der von Menschen gefüllte, doch nur selten überfüllte Petersplatz dem einzelnen sehr viel mehr

Petersplatz beim Papstsegen
Foto von 1869 oder 1870

Bewegungsfreiheit, als man es erwarten würde. Tatsächlich ist er auch zu den während der Sommermonate hier ziemlich regelmäßig stattfindenden sonntäglichen Papstmessen und den mittwöchentlichen Generalaudienzen mit durchweg mehr Menschen gefüllt, als man dem Augenschein nach erfaßt. So kommt es zu der wunderlichen Erscheinung, daß sich der Platz am dichtesten erst im Verlauf des Auseinanderströmens der versammelten Menge zu füllen beginnt.

Solche Selbstauflösungen der Menge am Ende einer sakralen Zeremonie erfolgen zumeist in langsamen, leichten und geordneten, sogar entspannten Schubbewegungen – man ist schließlich gesegnet. Bunte Keile, keine Horden, schieben sich in allen erdenklichen Formationen und Bewegungsmustern ineinander, um neue Muster zu bilden, die sogleich wieder auseinanderdriften, ohne sich dabei abzustoßen. Erst wenn der Kern der Menge beim Zurückströmen die Höhe des Obelisken erreicht hat, erst dann ist der Petersplatz wirklich und sichtbar gefüllt. Beim Durchströmen der Kolonnaden löst sich auch die »*eine* Gestalt« der Menge, die dennoch keine gesichtslose Masse ist, allmählich wieder in ihre Einzelheiten auf. Ihr Auseinanderströmen *urbi et orbi*, begleitet von den Gegenbewegungen derer, die den Eingängen von Sankt Peter entgegenziehen – oftmals Klerikergruppen, die sich diagonal- oder kurvenförmig wie schmale, schwarze Wolkengebilde über den Platz bewegen –, bietet auch die akustische Sensation beinahe eines Naturerlebnisses: Rauschendes Getöse, das sich mit dem Strömen der Brunnen vermischt und das Stimmengewirr einer bislang ungehörten Universalsprache vernehmen läßt. Sofern es schließlich sogar unter blauem Himmel zu regnen beginnt, so wurden lediglich ein paar Tropfen der Springbrunnen von einer Windbrise über die Piazza geweht oder wie Weihwasser gesprenkelt.

Seit seiner Anlage in den Jahren zwischen 1656 und 1667, nach der vorausgegangenen Fertigstellung des Neubaus der Basilika, diente und dient der Petersplatz als Rahmen wichtiger liturgischer und zeremonieller Handlungen nicht nur innerhalb eines Kirchenjahres mit seinen zahlreichen Festlichkeiten, sondern auch im Verlaufe eines Pontifikats, beginnend mit der Verkündigung und Vor-

Alt St. Peter im Heiligen Jahr 1575
Zeitgenössischer Stich

stellung eines neuen Papstes über seine Inthronisation bis hin zu den Trauerfeierlichkeiten nach seinem Ableben. Zum Empfang des Segens *urbi et orbi,* den der Papst von der Benediktionsloggia des Petersdoms aus erteilt, versammeln sich die Gläubigen zu Weihnachten und Ostern. Als zentraler plastischer Bestand der Portikusfassade markiert die Benediktionsloggia die erhobene Schnittstelle zwischen der Basilika und dem Petersplatz oder zwischen der römischen »Kirche« schlechthin und »der Stadt und dem Erdkreis«, wie die Segensformel übersetzt lautet. Vom selben Ort aus, der die bühnenbildhafte Erscheinung der Fassade mit zeremoniellem Leben füllt, wird den Römern und der übrigen Welt mit den Worten *habemus papam* (»Wir haben einen Papst«) auch die erfolgte Wahl eines Nachfolgers für jeden verstorbenen Pontifex verkündet. Zuvor steigt noch der weiße Rauch der verbrannten Stimmzettel vom Dach der benachbarten Sixtinischen Kapelle auf, darunter sich die Kardinäle zum Konklave versammelt hielten. Alsdann zeigt sich der neue Papst erstmals selbst und unter seinem neuen Namen auf der Loggia und segnet die auf dem Platz Versammelten.

Solch rituelle Gesten machen räumliche und andere Distanzen im gleichen Zug geltend, wie sie dieselben Abstände auch wieder überbrücken. Ihren Wirkungen vermochte sich nicht einmal ein Agnostiker wie Stendhal zu entziehen, der im Jahre 1817 einer päpstlichen Zeremonie auf dem Petersplatz beiwohnte und beschrieb, wie sich der Goethesche »Krater durch Kunst« mit festlichem Leben füllte und aus einem leeren Gefäß in ein bewegtes Behältnis verwandelte:

> Ich habe eines der schönsten und rührendsten Schauspiele erlebt, die ich je in meinem Leben gesehen habe. Der Papst verläßt, von seinen bewaffneten Dienern in einer riesigen Sänfte getragen, die Peterskirche; man sieht ihn vor dem heiligen Sakrament knien. Glücklicherweise war es nicht zu heiß: es war eine sogenannte *giornata ventilata*. Seit dem frühen Morgen wurden die Straßen, die zum Petersplatz führen, gefegt und mit Sand bestreut und die Häuser mit Wandteppichen behangen. So etwas kann man überall sehen; was man aber nur in Rom sieht, ist die Überzeugung, die sich in den Gesichtern spiegelt, daß der Pontifex, der da erscheinen wird, unumschränkter Herr über ihre ewige Seligkeit oder Verdammnis ist. Entlang der beiden riesigen Kolonnaden, die sich rings um den Platz ziehen, hat man Stühle aufgestellt und Tribünen errichtet. Seit dem frühesten Morgen schon feilschen die erlesensten Toiletten mit den wildesten Trachten um die besten Plätze; wenn der Bauer aus den Abruzzen nur zwei Carlini in der Tasche hat, sitzt er neben dem hohen und mächtigen römischen Fürsten; das Geld ist an diesem Ort der Gleichheit der einzige anerkannte und privilegierte Adel.

Die Bewegungen des feierlichen Auszugs aus der Basilika berühren sich mit dem Gegenzug derer, sie sich auf dem Platz versammeln, bis die Zeremonie eine Gemeinsamkeit herstellt, die den zwar ruhenden, aber doch beteiligten Beobachter miteinbezieht:

> Da ich bequem in der ersten Reihe saß, konnte ich folgendes sehen: Auf dem mit Sand und Lorbeerblättern bestreuten Pflaster zogen zuerst fünf oder sechs Mönchsorden aller Farben vorüber; graue, weiße, schwarze, braune, schwarzweiße. Sie trugen große Fackeln in der Hand, hatten die Augen halb zu Boden gesenkt und sangen aus vollem Halse unverständliche Hymnen. [...] Es folgten die Weltgeistlichen der sieben großen Basiliken, welche durch große, halbgespannte rote und gelbe Banner, die von weißgekleideten Männern getragen wurden, in sieben verschiedenen Abteilungen getrennt waren. Und vor jedem dieser orientalisch anmutenden Banner trug man einen merkwürdigen Gegenstand einher, an dem sich oben eine Glocke befand, mit der alle Minuten einmal geklingelt wurde. Schließlich kamen die hohen Kirchenbeamten und die Kardinäle mit ihren spitzen Mützen auf dem Kopf. Plötzlich beugt alles die Knie: auf einer mit kostbaren Stoffen bespannten Estrade erscheint eine bleiche, leblose, stolze Gestalt, die bis über die Schultern in Gewänder gehüllt ist und mit dem Altar, der Estrade und der goldenen Sonne, vor der sie gleichsam in Anbetung versunken verharrt, eine Einheit zu bilden scheint. »Du hattest mir nicht gesagt, daß der Papst tot ist«, sagte neben mir ein Kind zu seiner Mutter. Und nichts kann die völlige Reglosigkeit dieser seltsamen Erscheinung besser wiedergeben. In dem Augenblick gab es nur Gläubige um mich herum, und sogar ich selbst war von diesem schönen Glauben erfüllt!

Als Bestandteil aller geistlichen Zeremonien und Schauspiele auf dem Petersplatz stand die vokale und instrumentale Musik im Austausch nicht nur mit den Aufnahmeorganen der lebendigen Teilnehmer, sondern auch mit den tänzerischen Bewegungen des Chors der 140 steinernen Heiligenfiguren auf den Kolonnadendächern. Wie die Musik erhabene Gefühle unter Gläubigen wie Ungläubigen zu erwecken und zu steigern sucht, so breitet die himmlische Statuenversammlung eine ganze visuelle Enzyklopädie von feierlichen Gesten und Pathosposen über den Versammelten aus und empfiehlt sie der Nachahmung. Eine ähnliche Bestimmung mehr in Bodennähe kam den vatikanischen Bildteppichen zu, mit denen der Platz an hohen Feiertagen zusätzlich verkleidet wurde. Wie Goethe zum römischen Fronleichnamsfest des Jahres 1787 notierte, verwandelten sie »die Kolonnaden und offenen Räume zu prächtigen Sälen und Wandelgängen«. Das hundert Jahre später von Henry James beobachtete weltbürgerliche Flanieren im Freisalon von Sankt Peter nahm von da seinen Ausgang.

Dem Ort angemessen, war der im Freien ausgestellte, berühmteste Zyklus von Bildteppichen mit Darstellungen aus der Apostelgeschichte versehen. Er ging auf Entwürfe Raffaels zurück und ist mit seinen Hauptszenen heute im Raffaelsaal der vatikanischen Pinakothek zu bewundern. Als bewegliche Bilderapparate waren die Teppiche im Auftrage Papst Leos X. gewirkt worden und waren zur Bekleidung der unteren Wände der Sixtinischen Kapelle bestimmt. Sie ergänzten die Bildprogramme sowohl der Freskenfolgen der Quattrocentomaler in den oberen Wandabschnitten wie der Deckengemälde Michelangelos. Insbesondere die Darstellung der *Predigt des Paulus in Athen* lieferte das textile Pendant zur steinernen Szenerie der Piazza mit den beiden Apostelkolossen, die den Aufgang zur Peterskirche flankieren. Zugleich ist sie aber auch das Gegenstück zu Raffaels berühmtem Fresko mit dem profanen Sujet der *Schule von Athen* im vatikanischen Interieur der Stanzen – so sehr, daß beide Bildvorstellungen mitsamt ihren Protagonisten in einigen älteren Beschreibungen bisweilen miteinander verwechselt wurden.

Paulus predigt zwar den Athenern, aber das architektonische Dekor ist eindeutig römischer Stilprovenienz. Der Apostel steht auf dem oberen Absatz einer monumentalen Freitreppe, die so aufwendig konstruiert ist, daß der Abstand zwischen dem Akteur und seinen Zuhörern, die strenggenommen Beschauer im Bilde selbst sind, kunstreich überhöht wird. Sein Publikum überragt er zusätzlich dadurch, daß er seine Arme zu einer dramatischen Geste emporgehoben hat. »In den Mienen jedes einzelnen ist geschrieben«, so bemerkte Heinrich Wölfflin über diese Darstellung, »wie ihn das Wort ergreift und wie weit er der Rede folgen kann.«

Während einige Zuhörer mit leidenschaftlichen Diskussionen auf die Predigt reagieren, andere dem Redner mit Huldigungsgesten antworten, verharrt der Kern des Publikums in demütiger Andacht. Die Athener, denen Paulus einen neuen Gott verkündet, sollten durch die dramatische Kraft und überzeugende Gewalt der Apostelrede zu anderen, zu Christen werden.

Dies galt auch für die Römer, denen gegenüber sich Paulus einst stolz selbst als »Bürger Roms« (*Civis Romanus sum*) ausgewiesen und in seinen »Römerbriefen« zum berufenen Seelensammler erklärt hatte, sowie für die Rombesucher, denen der künstlerische Chefdirigent des römischen Barock mit dem Ensemble des Petersplatzes eine einzige gebaute und in Stein gehauene Predigt vor die Augen und die Füße stellte. Gian Lorenzo Bernini, geboren 1598 in Neapel, kam an der Seite seines Vaters, des Bildhauers und gebürtigen Florentiners Pietro Bernini, bereits im zarten Alter von sechs Jahren nach Rom. Vom Vater, der in den Dienst des Borghesepapsts Paul V. getreten war, lernte er das Bildhauerhandwerk, doch als Autodidakt beschäftigte er sich daneben mit allen nur denkbaren darstellenden, poetischen und musischen Künsten und studierte eifrig die antiken Ruinen. Nach seinen Jugendwerken als Bildhauer unter dem Mäzenat des Kardinals Scipione Borghese, die noch heute in der Galerie der Villa Borghese inmitten der gleichnamigen Parklandschaft nahe der Höhe des Pincio versammelt sind, wurde er im Jahre 1629 von Papst Urban VIII., dem er auch die Fassade zum Familienpalast der Barberini errichtet hatte, als Nachfolger Carlo Madernas zum künstlerischen Leiter der Dombauhütte von Sankt Peter berufen. Seine lokale künstlerische Leitrolle, die Rom ein neues Gesicht verlieh, übte er unter dem Patronat zweier weiterer Päpste aus, denen die Vollendung der Gesamtanlage von Sankt Peter besonders am Herzen lag: unter Innozenz X. aus dem römischen Hause der Pamphili und dessen Nachfolger Alexander VII. aus der Nachbarschaft der Chigi. Nach einem reichhaltigen Werk, das kaum eine Sparte der Kunst ausließ – aber auch nach einer mißlungenen Auslandsexkursion als Baumeister an den Hof des französischen Sonnenkönigs –, starb er hochbetagt im Jahre 1680 in Rom.

Karikatur (Porträt)
des Kardinals Scipione Borghese
Zeichnung von Gian Lorenzo Bernini, um 1632

Im Jahre 1626, drei Jahre vor Berninis Dienstantritt und nach einer Bauzeit von mehr als zwölf Dezennien, war der von Bramante begonnene Neubau von Sankt Peter eingeweiht worden. Die Resultate früherer Bauentscheidungen, insbesondere die Erweiterung des als Zentralbau begonnenen Rumpfs durch das von Maderna geschaffene Langhaus sowie die 1614 vollendete Fassade, waren dabei unumstößliche Vorgaben auch für die Platzgestaltung. Bis dahin war der Petersplatz selbst wenig mehr als ein unbebauter »Krater«, gelegen zwischen dem Häusermeer des Borgo, der Basilika gegenüber und den beiderseits angrenzenden vatikanischen Gebäuden. Auch der ungestaltete »Krater« verfügte bereits über eine circensische, bis hinter die Anfänge des römischen Christentums zurückreichende Geschichte. Peterskirche wie Petersplatz liegen zumindest teilweise auf den Fundamenten eines antiken Stadionbaus, den Kaiser Caligula im ersten nachchristlichen Jahrhundert als Zirkus angelegt hatte. Die Nordseite seiner langen ovalen Rennbahn lag nahe der Stelle des künftigen Hauptaltars von Sankt Peter, erstreckte sich fast parallel zum heutigen Langhaus und verlief quer durch den Portikus und weiter über die gesamte linksseitige Platzhälfte bis hin zur Höhe der Spina des Borgo.

An einer noch heute markierten Stelle neben der Sakristei von Sankt Peter, die vom *Arco delle Campane* – dem Eingang zur Vatikanstadt gleich links vom Portalhaus der Basilika – aus zugänglich ist, hatte Caligula einen aus Heliopolis nach Rom verbrachten Obelisken aufstellen lassen. Dieser circensische, von Rosselenkern auf ihren Kampfwagen umkreiste Ort, der mithin bereits in der Antike als das fungierte, als was er auch heute bisweilen wieder erscheint – eine agonale Rennbahn nämlich – war unter Kaiser Nero ein Hauptschauplatz des christlichen Martyriums. Nero, der Rom vermutlich selbst angezündet hatte, um neue Baugründe zu gewinnen, ließ die dafür als Sündenböcke verantwortlich gemachten Christen an diesem Ort auf grausame Weise hinrichten. Dieser Verfolgungswelle des Jahres 67 fielen auch die Apostel Petrus und Paulus zum Opfer, Petrus nahe bei seiner künftigen Ruhestätte, Paulus hingegen, da er römischer Staatsbürger war, vermutlich an einem anderen Ort; vielleicht ebenfalls in der Nähe seines Grabs, das sich in der nach ihm benannten alten Basilika vor den Mauern bei der Via Ostiense befindet, der Straße nach dem Mittelmeerhafen Ostia.

Indem Papst Sixtus V. im Jahre 1586 den Obelisken von seinem früheren Standort entfernen und ihn auf der Mitte des Petersplatzes wiederaufstellen ließ, markierte er auch die für Berninis künftige Neuanlage verbindliche Platzmitte, die auf einer Achse mit dem Mittelpunkt von Michelangelos Kuppel und folglich auch mit dem Petrusgrab unter dem Hauptaltar liegt. Die goldene Kugel auf der Spitze des Obelisken hielten die römischen Christen für eine Urne, die angeblich die Asche von Julius Cäsar bewahrte. Durchaus cäsarisch, wenn auch ins Christliche übersetzt und auf das durch die Ablösung des Imperiums angebrochene Reich Christi übertragen, sind auch die Inschriften, die der Papst dort anbringen ließ: CHRISTVS VINCIT, CHRISTVS REGNAT, CHRISTVS IMPERAT (»Christus siegt, Christus regiert, Christus befiehlt«) heißt es auf der nach Westen, in Richtung Petersgrab gelegenen Seite. Der Transport des gewaltigen, 350 Tonnen schweren Monolithen dauerte Monate und beschäftigte unter der Aufsicht des päpstlichen Baumeisters Domenico Fontana ein riesiges Heer von Arbeitern.

Fontana konstruierte dazu eigens besondere Lastenmaschinen, mechanische Seilwinden, schwere Holzgerüste und anderes kompliziertes Gerät. 140 Pferde und 800 Arbeiter waren im Einsatz, als die auf dem Platz ausgebreitete *aguglia* (»Nadel«) – wie der Obelisk von den Römern genannt wurde – am 14. September 1586 aufgerichtet wurde. Um der vereinten Anstrengung aller Kräfte willen war es den Arbeitern bei Androhung der Todesstrafe untersagt, auch nur einen Laut von sich zu geben. In absoluter Stille wurde jede Bewegung allein von den Signaltönen einer Trompete dirigiert. Doch um ein Haar wäre es zu einer Katastrophe gekommen, als die unter der Sommerhitze ausgetrockneten Hebeseile im entscheidenden Moment zu reißen drohten. Ein beherzter norditalienischer Arbeiter namens Bresca de Bordighera widersetzte sich dem Schweigediktat und schrie laut nach Wasser: *Acqua alle funi*

(»… auf die Seile«) – es muß wie der verzweifelte Ruf des »Glöckners von Notre Dame« geklungen haben. Die Katastrophe wurde so jedenfalls vermieden, und zum Dank für seinen Mut wurde Brescas genuesischer Familie fortan das Privileg zuteil, den Vatikan alljährlich zu Palmsonntag mit Palmen zu beliefern.

Auch auf diese Weise lebten die circensischen Ursprünge des vatikanischen Areals über alle Epochen, Umwandlungen und Umdeutungen der Örtlichkeiten hinaus weiter und gingen auch wieder in die Pläne zur Neugestaltung der Piazza ein. Den beiden Kolonnadenflügeln, die sich um den ein Jahrhundert zuvor von Sixtus V. gesetzten Mittelpunkt schwingen – ihn flankierte bereits ein von Maderna geschaffener Brunnen, dem später eine Kopie als Pendant gegenübergestellt wurde –, wollte Bernini ursprünglich sogar noch einen dritten Flügel als Abschluß nach der Spina des Borgo hinzufügen. Hätte er sein Vorhaben verwirklichen können,

Piazza Navona
Stich von Giovanni Battista Piranesi, um 1773

wäre der gesamte Platz wie von einem Gürtel und nach Art einer Arena abgerundet worden. Wie einen agonalen Theaterschauplatz hat Bernini dann auch anderenorts in Rom, auf dem Oval der Piazza Navona, das ehemalige antike Stadion des Domitian um einen zentralen Obelisken herum – zudem im Wettbewerb mit der von seinem Rivalen Borromini erbauten Kirchenfassade von *Santa Agnese in Agone* – neu angelegt und mit dem künstlichen Naturschauspiel strömender Brunnen ausgestattet. Sie fließen stellvertretend für die Hauptströme Ganges, Nil, Donau und Rio de la Plata der vier damals bekannten Erdteile. Auch die circensischen Ursprünge dieses Platzes haben sich bis heute bewahrt, selbst bis in die Niederungen des ewigen Spiels: Das Treiben auf der Piazza Navona und in ihrer nächsten Umgebung gleicht zunehmend einem aus Mallorca über das Mittelmeer katapultierten Tollhaus.

Anders als Michelangelo, dessen Kuppel und Pläne für Sankt Peter ganz vom kunstgewordenen Geist der göttlichen Offenbarung geleitet waren, zielte Bernini auf eine alle menschlichen Sinne bis an die Grenzen des physischen Taumels und psychischen Rausches erregende Sichtbarmachung des Göttlichen und eine kraftvolle Demonstration des geistlichen wie weltlichen Auftrags einer Kirche, die die militante Phase ihrer Gegenreformation unterdessen hinter sich gelassen hatte. Eine triumphierende Kirche sollte auch eine triumphierende Kunst hervorbringen, deren Techniken sich bis auf die künstliche Wundererzeugung ausdehnten. Sämtliche Künste, ihre Gattungsgrenzen hinter sich lassend, waren in dieses Programm einbezogen. Von daher rühren in Berninis Werk die durchlässig gehaltenen, schwebenden Übergänge von Architektur, Skulptur und Malerei, von Szenographie, Choreographie und Poesie, von dauerhafter räumlicher Installation für den wiederkehrenden liturgischen Gebrauch und ephemerer Inszenierung für die einmalige spektakuläre Verwendung.

Insbesondere die Leidenschaft für das Ephemere – verwandt dem Feuerwerk, dessen römischer Impresario Bernini ebenfalls war – brachte eine Apparatkunst hervor, die alle Trennungen zwischen sakralen Innen- und städtischen Außenräumen ebenso wie zwischen beweglichen und stationären Objekten überwand. Nicht anders als seine Plätze organisierte Bernini auch den Innenraum von Sankt Peter. Am Ende aller Wege und Geraden, die aus über den Erdkreis verstreuten Räumen strahlenförmig nach Rom und durch Rom hindurch führen und vom Oval des Platzes gesammelt, gerundet und weitertransportiert werden, liegt in einer vertieften, von einem Umgang begrenzten Senke das Grab des Apostels Petrus. Wie mit einer »zweiten« Architektur, die ihre Abstammung von den beweglichen Eintagsarchitekturen festlicher Apparate auch gar nicht verbirgt, bekrönte Bernini diesen Raum, den Michelangelo mit der Kuppel überwölbt hatte, mit einem gewaltigen Bronzetabernakel aus gewundenen Säulen, der mit einem herkömmlichen Tabernakel nichts mehr gemein hat. Vielmehr handelt es sich um einen in feste und dauerhafte Form gegossenen Baldachin, wie er im kirchlichen Zeremoniell sonst zu hochfeierlichen Prozessionen mobile Verwendung findet.

Gleich hinter dem Altarraum, in der Apsis der Basilika bei dem ebenfalls von Bernini geschaffenen Altar der *Cathedra Petri*, schließt sich auch der Kreis, den die Stadt selbst aus dem Raum des Unendlichen ausgeschnitten hat, dessen Licht im Tagesverlauf von den Fenstern des Kuppelzylinders und am Ende eines jeden Tags vom gläsernen Oval der Gloriole zu gleißenden Strahlen gebündelt wird. Berninis Gloriole ist nicht nur der Form, sondern auch der Idee nach ein Petersplatz im Kleinen, vom fernen Mittelportal aus gesehen und an rein metrischen Abständen und Umfängen gemessen, sogar im Miniaturhaften. Und doch ist ihre bisweilen blendende Wirkung – »erfüllt vom Glühen des westlichen Himmels« – nicht minder monumental und ergreifend als diejenige des Platzovals.

Jenseits der marmornen Nekropole von Sankt Peter, die einstmals den äußersten westlichen Rand des städtischen Anbaugebiets markierte, liegen allein und wie unberührt die vatikanischen Gärten. Auch sie sind ein Kunstprodukt. Sie erstrecken sich in drei verschiedenen Anbautypen über den gesamten Hügel bis an die hohen Mauern des Vatikans: Der »italienische« Garten projiziert die steinerne Geometrie der urbanen Landschaft mit ihren Geraden und Kurven auf die kultivierte Natur. Der »französische« Garten belebt die Landschaften mit Blumenmeeren und Farbkaleidoskopen. Der »englische« Garten fingiert ein weiteres Eindringen in eine äußere, scheinbar minder durchdrungene und daher bewaldete Natur. Sie gibt vor, sich selbst überlassen zu sein. Auch sie ist jedoch zum pastoralen Szenenschauplatz für das Wirken der römischen Oberhirten geworden, denen die Mauern des Vatikans, hinter deren westlicher Grenze sich einst unmittelbar die Steppe der Campagna bis hin zum Meer öffnete, zwar ein nach außen befestigter Schutzwall, aber keine wirkliche Grenze ihres sich allseits ausstreckenden Macht- und Sammlungsbereichs waren.

Kolonnaden St. Peter

Von unten nach oben und von oben nach unten

> Nun war der Platz ganz leer; die Geschichte der Vorwelt stieg vor meiner Seele empor; aber der Schleier der Nacht verbreitete sich über die glänzende Erscheinung; und in der Ferne ertönte die Sterbeglocke der Vergangenheit aus dem dumpfen Kloster.
>
> Karl Philipp Moritz,
> *Reisen eines Deutschen in Italien*

Pierre oder der »Wunderblock«

In Rom hört das Ankommen niemals auf. Rund 1850 Jahre nach der Ankunft des Apostels Petrus ließ der französische Schriftsteller Emile Zola einen jungen Priester namens *Pierre*, den Vatikan als Ziel vor Augen, in den römischen Bahnhof bei den Thermen des Diokletian einfahren. Der Held des *Rom* betitelten Romans betrat die Stadt zum ersten Mal, doch heißt es, er hätte sich dort auch »selber zurechtfinden können, ohne nach dem Weg zu fragen«. Vor seiner Abreise hatte Pierre eifrig die Stadtpläne studiert und Bücher gewälzt. Rom war ihm längst kein fremdes Terrain mehr, denn er hatte soeben selbst ein Buch über die Geschichte und Idee der ewigen Stadt veröffentlicht. Im Sinne der christlichen Ablösung des alten Rom trug es den Titel *Das neue Rom*.

In Treue zu seinem Namenspatron hatte Pierre seine Geschichte mit dem Urchristentum beginnen lassen. Über die ersten Nachfolger des Petrus auf dem Heiligen Stuhl hatte er herausgefunden, daß sie »eigentlich nur einfache Leiter von Bestattungsvereinen waren«. Das Buch war von großer Leidenschaft für die soziale Frage und für die historische Betrachtung der Gegensätze von Armut und Reichtum erfüllt. In den frühchristlichen Gleichheits- und Gemeinschaftsidealen wollte Pierre ein Reformprogramm auch für die Gegenwart und noch mehr für die Zukunft erkennen. Das brachte ihn in Konflikt mit der römischen Amtskirche, die sein Buch prompt auf den »Index der verbotenen Bücher« setzte.

Diese Maßnahme und der Wille, ihr zu begegnen, war der Anlaß von Pierres Romfahrt, die dreihundert Jahre nach Giordano Bruno immerhin freiwillig erfolgte, aber von ähnlichen Gefühlen begleitet war: »Voller Bestürzung und zugleich voller Begeisterung war der junge Priester zur Verteidigung des Werkes nach Rom geeilt; er brannte darauf, seiner Überzeugung zum Sieg zu verhelfen, und er war entschlossen, sich für seine Sache persönlich vor dem Heiligen Vater einzusetzen, denn er glaubte fest, nur dessen eigene Gedanken ausgesprochen zu haben.« Bereits auf der Droschkenfahrt vom Bahnhof in Richtung Tiber geriet Pierres Entschlossenheit jedoch ins Wanken. Aus der Bodennähe wahrgenommen, entsprach die Stadt weder der Vogelperspektive, aus der die Karten und Pläne gezeichnet waren, noch der Panoramaschau, die die Bücher und Reiseführer ausgebreitet hatten, und auch nicht mehr den Ideen, die Pierre von ihr im Kopfe hatte. »Sein Staunen darüber, daß alles ganz anders war, als er erwartet hatte, die Erschütterungen, die seine Einbildungkraft erlitten, steigerten die Erregung, in der er sich seit seiner Abreise befand, und weckten den leidenschaftlichen Wunsch, seinen Wissensdurst unverzüglich zu stillen.«

Pierres Ankunftstrauma, das er ohne weiteres hätte verdoppeln können, wenn ihn seine aufgebrachte Stimmung dazu verleitet hätte, unmittelbar Sankt Peter und den Vatikan anzusteuern, deckt sich mit dem Wahrnehmungsschock vieler Romreisender aller Zeiten. Dem Vorstellungsbild, das sie von Rom in den Köpfen tragen, entspricht nichts weniger als die wirkliche Stadt mit ihren realen Räumen. Wilhelm von Humboldt erklärte das Rombild daher zur bloßen »Täuschung aus der Ferne«, und Johann Gottfried Herder beklagte, daß »das älteste, alte, mittlere und neue Rom« bei jeder Nahberührung »in wilder, bunter, dissonanter, oft fataler Verwirrung vor die Seele« trete, so daß man Gefahr laufe, »aus Rom unwissender zu gehen«, als man hineingekommen sei. Was für Rom im Großen gilt, ließe sich im proportional verkleinerten Maßstab auch für jeden einzelnen herausragenden Raumabschnitt sagen, insbesondere für den Petersdom als den heiligsten Einzelraum der Stadt, der dennoch groß genug ist, um mit Rom selbst bis zum Überfluß gefüllt zu sein – einen Raum, den man wie keinen zweiten beim ersten Anlauf »wiedererkennt«. Aber hat man ihn je »gesehen«? Zum Vergleich mag man sich einer Chimäre besinnen, die Felix Mendelssohn Bartholdy von seiner Italienreise des Jahres 1831 nach Berlin berichtete: Der Komponist war fest davon überzeugt, daß ihm in der Nähe von Neapel das lebende Modell zur Mutter Wirtin des Goetheschen Gedichts *Der Wanderer* begegnet sei, übersah dabei allerdings, daß Goethe zum Zeitpunkt, als er sein Gedicht verfaßte, noch gar keinen Fuß nach Italien gesetzt hatte.

Goethe selbst hatte in Rom mit ähnlichen Problemen zu kämpfen, obgleich er für seine Reise besonders gut vorbereitet war. Sein Frankfurter Elternhaus am Großen Hirschgraben glich einem vatikanischen Museum im Kleinen: An den Wänden hingen römische Veduten, und die Zimmer waren reihenweise mit Abgüssen römischer Statuen bestückt, darunter auch dem Kopf des *Laokoon* vom Belvedere. Neben Kupferstichen und Gemälden hatte der Vater, Johann Caspar, eine reichhaltige Sammlung von Marmor und Gesteinsproben sowie jede Menge Bücher, Landkarten und Gipsabgüsse von seiner italienischen Kavaliersreise des Jahres 1740 mitgebracht. Hinzu kamen umfangreiche Aufzeichnungen, Notizen und ein großes Inventar lateinischer Denkmalinschriften. Über diesem Material brütete er viele Jahre, um mit Hilfe eines italienischen Sprachlehrers die Veröffentlichung seines in der Landessprache verfaßten Reisebuchs *Viaggio per l'Italia* vorzubereiten. Über fast zwei Jahrzehnte reifte der Plan des Sohnes zur eigenen

Reise nach Italien und Rom heran, und wurde doch immer wieder aufgeschoben: »Nur nicht über's Jahr. Das ist mir zu früh«, schrieb er 1770 aus Straßburg an seinen Freund Ernst Theodor Langer, »ich habe die Kenntnisse noch nicht, die ich brauche, es fehlt mir noch viel. Paris soll meine Schule sein, Rom meine Universität; und wenn man's gesehen hat, hat man alles gesehen. Drum eil ich nicht hinein.«

Dem knapp Vierzigjährigen, der sein bisheriges Leben wie ein mittelalterlicher Pilger als eine einzige Reisevorbereitung dafür begriffen hatte, »sich nach Rom durchzudrängen«, geriet das erkennende Sehen auch nach seiner Ankunft zum mühseligen Geschäft. Bereits unterwegs verwirrte ihm die »Konfusion von alten und neuen Gegenständen den Kopf«, und endlich am Ziel, wurde es »dem Betrachter von Anfang schwer zu entwickeln, wie Rom auf Rom folgt, und nicht allein das neue auf das alte, sondern die verschiedenen Epochen des alten und des neuen selbst aufeinander«. Also legte er den Griffel und die Feder für eine Weile aus der Hand und streifte alle erlernten Begriffe und gewohnten Vorstellungen wieder ab, um sich unter einer zunächst schier undurchdringlichen Fülle und Dichte der Eindrücke langsam vorzutasten und hindurchzuwühlen: »Anderer Orten muß man das Bedeutende aufsuchen, hier werden wir davon überdrängt und überfüllt. Wie man geht und steht, zeigt sich ein landschaftliches Bild aller Art und Weise, Paläste und Ruinen, Gärten und Wildnis, Fernen und Engen, Häuschen, Ställe, Triumphbögen und Säulen, oft alles zusammen so nah, daß es auf ein Blatt gebracht werden könnte. Man müßte mit tausend Griffeln schreiben, was soll hier eine Feder!«

Dieses verwirrende und beinahe traumhaft verdichtete Bild hatte zu Goethes Zeiten vor allem in den labyrinthischen Veduten des Kupferstechers Gian Battista Piranesi weite Verbreitung gefunden: Es gleicht einer vielschichtigen, vom Unterirdischen einer versunkenen Stadt oder gleich mehrerer übereinander versunkener Städte her aufgebauten Seelenlandschaft, durch die sich tiefe Krater und Kluften, endlose Stollen und Schächte, nachtschwarze Gruben und Gruften, steile Treppen und Gänge ziehen, die nirgendwo mehr hinführen. Kein Zufall, daß Sigmund Freud, der moderne Entdecker des Unbewußten, ebenfalls in Rom Station machte. Dort ließ er einen anonymen Besucher auf dem Forum nach der ältesten und uranfänglichen *urbs*, der *Roma quadrata*, unter den Überlagerungen aller späteren städtischen Entwicklungsstufen graben. Bereits Goethes sehnlichster Wunsch, »mit tausend Griffeln« zu schreiben, um die römische Dichte auf einem einzigen Blatt Papier unterzubringen, hatte die *ewige* Stadt mit der *ewigen* Schrift in Verbindung gebracht. In Gestalt eines rechteckigen »Wunderblocks« bediente sich Freud eines ähnlichen, mit der *Roma quadrata* verwandten Anschauungsmodells. Der Seelenarchäologe hatte dabei jenen spielzeugartigen, auch »Zaubertafel« genannten »Dauerschreibblock« im Sinn, dessen folienartige Oberfläche mit einer räumlich begrenzten Menge von Zeichen beschriftet werden kann. Mit einem kleinen Handgriff lassen sie sich wieder zum Verschwinden bringen, wohingegen die Spur des Geschriebenen oder Gezeichneten auf einer darunterliegenden Wachsschicht als ein dauerhafter, sich mit allen künftigen Spuren durchmischender Abdruck für »ewig« erhalten bleibt.

Freud erschien die technische Seite des Schriftzaubers auf dem »Wunderblock« als »eine Rückkehr zur Art, wie die Alten auf Ton- und Wachstäfelchen schrieben«, nämlich so, als würden sie graben: »Ein spitzer Stilus ritzt die Oberfläche, deren Vertiefungen die ›Schrift‹ ergeben«. Die Griechen hatten dafür das Wort *graphein*, das wie die Grafik und die Gravure die etymologische Verwandtschaft zu jenem *Graben* zu erkennen gibt, ohne welches Städte weder erbaut noch die Überreste früherer oder versunkener Städte wieder ans Tageslicht treten können. Über einem *Grab* und über einer Nekropole wurde auch der Petersdom erbaut, der sich am Ende eines langen Pilgerwegs gleich einem riesigen Mausoleum öffnet, um darin alle Welt zu einem ewig anmutenden Totenfest aufzunehmen.

Auch die Lektüre jenes Schriftbandes mit den Worten der Berufung Petri, das sich in großer Höhe wie eine Endlosschleife zu beiden Seiten des Langhauses und rund um den Kuppeltambour von Sankt Peter zieht, führt auf die Gesteinswelt zurück. Doch weder die Stadt der Gegenwart noch der Raum des Petersdoms lassen sich wie ein Deckblatt abheben. Sie sind selbst die gewachsenen Bestandteile auch sämtlicher Unterschichten und aller jener Geschichten, die sie überlagern und auf denen sie aufbauen und aufgebaut sind. Unter dem Trauma der Nahbegegnung wird auch die Erschütterung von Zolas Romanhelden deutlich: Auf Pierres Droschkenfahrt breitete sich die Stadt stückweise vor ihm aus und ließ im gleichen Zug das Bild, das er von ihr im Kopf hatte, zerbrechen: Je mehr es sich in zersplitterte Fragmente auflöste, um so stärker wurde seinWunsch, diesen Vorgang noch einmal aufzuhalten. Bevor sich das einheitliche Vorstellungsbild, das der wirklichen Stadt nicht mehr standzuhalten vermochte, ganz und gar in ein verwirrendes Kaleidoskop auflösen würde, suchte er nach einem vorübergehend festen und erhobenen Standort, um wie über einer ausgebreiteten Landkarte oder einem geöffneten Buch einen Blick von oben auf die Stadt zu nehmen. Pierre rief dem Kutscher plötzlich einen neuen Zielort zu, und ließ sich nach Trastevere auf den Gianicolo, zu der Kirche *San Pietro in Montorio* fahren. Von deren Terrasse aus wollte er »das gesamte Rom, die heilige Stadt, mit *einem* Blick erfassen und in sich aufnehmen«.

Dieser Satellit des Petersdoms war an einem Ort errichtet worden, wo einer alten, später revidierten Legende nach Petrus den Kreuzestod gefunden haben soll, bevor man seinen Leichnam am Abhang des vatikanischen Nachbarhügels bestattete. Mit der Peterskirche war San Pietro in Montorio nicht nur dem Namen und der Überlieferung nach verbunden, sondern auch durch den im Hof des zugehörigen Franziskanerklosters von dem Baumeister Donato Bramante im Jahre 1502 erbauten *Tempietto*: einer kleinen zentralbauförmigen Gedenkkapelle genau über jener Stelle, an der die Legende den Standort des Kreuzes vermutete, woran man Petrus mit dem Kopf nach unten zu Tode gebracht hatte. Wie Raffael stammte Bramante aus Umbrien, und seinem Biographen Vasari zufolge war er im Vorfeld des Heiligen Jahres 1500 nach Rom gelangt, wo er unter Papst Alexander VI. als ersten Auftrag dessen Wappen über der heiligen Pforte der Laterankirche anzubringen hatte. Der Architekt war an der Anlage der Via Giulia beteiligt, an Umbauten in der Vatikanischen Vorstadt sowie an Er-

Tempietto, S. Pietro in Montorio
Bramante, 1502

weiterungsbauten im Innern des Vatikans, wo er unter anderem den großen Belvederehof errichtete. Unter Papst Julius II. wurde er mit dem Abriß der alten Basilika und mit dem Neubau von Sankt Peter beauftragt. Auf ihn ging der Plan zur Errichtung einer Zentralbaukirche auf dem Grundriß eines gleichschenkligen griechischen Kreuzes zurück. Bramantes Plan wurde von seinen Nachfolgern in der Dombauleitung mehrfach verändert, dann von Michelangelo in abgewandelter Form wiederhergestellt, am Ende jedoch verworfen.

»Der Heilige Vater beschloß«, so schreibt Vasari, »den gewaltigen Bau von St. Peter in Angriff zu nehmen, und ließ die alte Kirche zur Hälfte niederreißen. [...] Mit seiner gewohnten Schnelligkeit legte er [Bramante] die Fundamente und führte noch vor dem Tode des Papstes und seinem eigenen Hinscheiden den größten Teil des Baues bis zum Gesimse auf, wo die Bogen der vier großen Hauptpfeiler beginnen, die er ebenfalls sehr rasch und mit der größten Kunst wölbte.« Vasari verschwieg nicht die Verluste an älteren Kunstwerken, die mit der Errichtung dieses »herkulinischen Baus«, wie ihn der Rombesucher Seume nannte, einhergingen: »Man sagt, er hätte den Bau mit solcher Ungeduld vorangetrieben, daß er in der alten Peterskirche viele schöne Dinge niederreißen ließ: Grabmäler von Päpsten, Malereien und Mosaikwerke, so daß die Bildnisse vieler großer Menschen, die in dieser bedeutendsten Kirche der gesamten Christenheit versammelt waren, endgültig verlorengingen.« Auch dieses Verfahren war im Einklang mit den römischen Bräuchen aller Zeiten als einer Geschichte fortwährender Umwälzungen und Wiederaufbauten auf den Trümmern der Vergangenheit; es entsprach auch dem Verlauf der Kunstgeschichte, in der beinahe jeder künstlerische Wandel die vorangegangene Entwicklung, von der jede Neuerung doch stets zehrt, rundweg verneint und sich den älteren Zeugnissen gegenüber bisweilen geradezu bilderstürmerisch verhält.

Allein im Tempelchen von San Pietro in Montorio konnte Bramante, der im Jahre 1514 in Rom verstarb, sein römisches Zentralbauprojekt im Kleinen vollenden, das ihm im großen Bau von Sankt Peter, den zwei nachfolgende Jahrhunderte ihren sich un-

Blick über Rom vom Pincio
Zeichnung von Karl Friedrich Schinkel, 1803

terdessen wandelnden Bedürfnissen anpaßten, versagt geblieben war. Wie ein Architekt, der sich über Baupläne neigt, konnte Zolas Romanfigur Pierre von der Terrasse des Gianicolo aus das vor ihm ausgebreitete Panorama der Stadt als Projektionsfläche von Erinnerungen und Vorstellungen überschauen, als »das Rom seines Buches, das neue Rom, von dem er träumte«. In ein Theater der Erinnerungen versetzt, ließ er die Jahre an sich vorüberziehen, während deren er an seinem Buch gearbeitet hatte. Rom selbst schien sich ihm darüber in ein lesbares Buch gleichsam der Natur und die Steine der Stadt in Magma zu verwandeln, darüber der Himmel kreist:

> Er war etwas überrascht, daß die Stadt von der hochgelegenen Terrasse aus flach wirkte, wie eingeebnet durch den Blick aus der Vogelperspektive; die berühmten sieben Hügel waren im weiten Meer der Häuserfronten kaum zu erkennen. [...] Außerhalb der Stadt, über den Parkbäumen der Villa Corsini, tauchte die Kuppel der Peterskirche auf. Sie schien auf den Baumwipfeln zu ruhen, und ihr zartes Blau

> verschmolz mit dem unendlichen Blau des Himmels. Die steinerne Laterne, die die Kuppel krönt, schien weiß und leuchtend in der Luft zu hängen.

Dann aber zeichnen sich dem umherschweifenden Blick langsam deutlich umrissene Flächen und Figuren sowie von Fotografien und Stichen her bekannte Gestalten ab, ohne daß Pierre dazu in einem Buch hatte blättern müssen:

> Pierre konnte sich nicht satt sehen, seine Blicke schweiften immer wieder von einem Ende des Horizonts zum andern und verweilten bei den edlen Zacken, der stolzen Anmut des mit Ortschaften besäten Sabiner- und Albanergebirges, deren Kette den Himmel begrenzte. Unermeßlich weit dehnte sich die römische Campagna, kahl und majestätisch wie eine Todeswüste, graugrün wie ein erstarrtes Meer; schließlich erkannte er den niedrigen runden Turm vom Grabmal der Caecilia Metella, hinter dem eine dünne weißliche Linie die Via Appia Antica bezeichnete. Trümmer von Aquädukten lagen über das kurze Gras verstreut, das im Staub zusammengestürzter Welten sproßte. Er ließ seine Blicke zurückschweifen, und wieder lag die Stadt vor ihm, das planlos entstandene Häusergewirr. Ganz in der Nähe erkannte er den gewaltigen fahlroten Würfel des Palazzo Farnese an seiner dem Fluß zugekehrten Loggia. Die niedrige, kaum sichtbare Kuppel dahinter mußte das Pantheon sein. Sein Blick sprang weiter zu den frisch geweißtenMauern von San Paolo fuori le Mura, die den Wänden einer riesigen Scheune glichen, dann zu den Statuen, die San Giovanni in Laterano krönen und von fern zierlich, kaum so groß wie Insekten wirkten; dann kamen die vielen Kuppeln, von der Jesuitenkirche Il Gesù, von San Carlo ai Catinari, Sant' Andrea della Valle und San Giovanni dei Fiorentini. Da waren viele andere von Erinnerungen umwobene Bauwerke, die Engelsburg mit ihrer schimmernden Statue, die Villa Medici, die die ganze Stadt beherrschte, die Terrasse des Pincios, wo zwischen den Parkbäumen weiße Marmorskulpturen glänzten, und in der Ferne das dunkle Laub der Villa Borghese, deren grüne, schattenspendende Wipfel den Horizont begrenzten. Vergebens suchte er das Kolosseum. Ein leichter, sanfter Nordwind begann die Morgennebel zu zerteilen. In der dunstigen Ferne zeichnen sich ganze Stadtteile kräftig ab wie Vorgebirge in einem sonnenbeschienenen Meer. Hier und da leuchtete in dem undeutlichen Häusergewirr ein weißes Mauerstück auf, eine Fensterscheibe blitzte, ein Garten bildete einen schwarzen Fleck;

> es war ein atemberaubendes Farbenspiel: Alles übrige, das Durcheinander von Straßen, Plätzen und zahllosen, nach allen Richtungen zerstreuten Häuserinseln verwirrte sich und verschwamm im strahlenden Glanz der Sonne, während von den Dächern weiße Rauchsäulen langsam in die unendliche Reinheit des Himmels aufstiegen.

Wenn sich die Stadt, von oben betrachtet, dem einsamen Beschauer als ein verdichtetes Traumbild darstellt, in dem sich Erinnerungen und Vorstellungen mit bestimmten Sinnesreizen und unbestimmten Sehnsüchten durchmischen, so hat dies auch Fol-

Das Innere der Peterskirche
Zeichnung von Karl Friedrich Schinkel, 1809

gen für die Wahrnehmung jenes exponierten Raumausschnitts, darin Rom mehr als an jedem anderen Ort mit sich selbst gefüllt und verdichtet ist: Wem Rom als ein Traumbild erscheint, für den gleicht die Kirche von Sankt Peter einem kalten Traumgesicht im Traume selbst, zumal von diesem Innenraum ein Sog ausgeht, der dem Besucher keinen festen Halt, auch keinen »natürlichen« und einprägsamen Gesamteindruck zu bieten scheint. »Die Kirche«, schrieb Charles Dickens im Jahre 1845, »erzeugt keine religiös-erhebende Wirkung. Es ist ein ungeheures Gebäude ohne einen einzigen Punkt, auf dem der Geist verweilen könnte, und er wird müde durch das ewige Umherschweifen. Selbst die Bestimmung des Gebäudes spricht sich nirgends aus, wenn man nicht die Einzelheiten untersucht – und jede Besichtigung von Einzelheiten verträgt sich mit dem Orte ganz und gar nicht; es könnte ebensogut ein Pantheon, ein Senatshaus oder eine große architektonische Trophäe mit keinem andern Zweck als seinem architektonischen Triumph sein.«

Nicht anders erging es dem erwartungsvoll gestimmten Abbé Pierre beim Wechsel von der Fernsicht von oben zur erdverhafteten Schau in den Innenraum der Basilika, den der Erzähler aus den Bewegungen des schreitenden und sich den Raum im Zuge seiner Schritte und Blicke ertastenden Besuchers heraus schildert:

> Pierre trat ein. Es war drei Uhr; breite Sonnenstrahlen fielen durch die hohen viereckigen Fenster, und links in der Cappella Clementina begann gerade ein Gottesdienst, offenbar die Nachmittagsandacht. Aber Pierre hörte nichts, er war tief beeindruckt von den gewaltigen Ausmaßen des Kirchenschiffes. Den Blick nach oben gerichtet, durchschritt er langsam den ungeheuer großen Raum. Er sah gleich am Eingang die riesigen Weihwasserkessel mit ihren Engeln, dick wie Amoretten, das Mittelschiff unter seinem kolossalen, mit Kassettenfeldern geschmückten Tonnengewölbe, vor allem an der Vierung die vier zyklopischen Pfeiler, die die Kuppel tragen, dann die Apsis und die Querschiffe, von denen jedes allein so groß ist wie eine der Kirchen in Frankreich. Die stolze Pracht, der funkelnde, bedrückende Prunk ergriff auch ihn: Die Kuppel strahlte wie ein Stern in den lebhaften Farben und dem Gold der Mosaiken; der pompöse Baldachin, dessen Bronze vom Pantheon genommen wurde, krönt den Hochal-

tar, der sich über dem Grabe des Petrus erhebt; von dort führt die Doppeltreppe der Confessio mit ihren siebenundachtzig ewig brennenden Lampen hinab; und überall Marmor in verschwenderischem Überfluß, weißer und farbiger Marmor, nebeneinander und übereinander! [...]

Immer weiter ging Pierre, er irrte durch die Kirchenschiffe und schaute sich überwältigt um, ohne noch etwas zu unterscheiden. Einen Augenblick blieb er vor dem bronzenen Petrus stehen, der in steifer, priesterlicher Haltung auf seinem Marmorsessel thront. [...] Jetzt fiel Pierre der Gottesdienst wieder ein, der gerade in der Cappella Clementina zelebriert wurde. Er wunderte sich, daß er gar nichts davon hörte, und wollte sich vergewissern, ob er bereits zu Ende sei. Je näher er kam, um so vernehmlicher drang ein leiser Hauch wie ferner Flötenton an sein Ohr. Das Geräusch wurde lauter, aber erst als er vor der Kapelle stand, erkannte er es als Orgelmelodie. Rote Vorhänge waren wegen des Sonnenlichts vor die Fenster gezogen, und der ganze Raum war wie von rötlichem Feuerschein und von den ernsten Klängen sakraler Musik erfüllt. Aber wie klein, wie verloren wirkte die Kapelle in dem ungeheuren Hauptschiff, daß man auf sechzig Schritt Entfernung weder den Gesang noch das Dröhnen der Orgel vernahm!

Die nach ihrem Bauherrn Papst Clemens VIII. benannte und von Giacomo della Porta zum Heiligen Jahr 1600 errichtete und an ihrer Kuppelwölbung erkennbare Clementinische Kapelle – die letzte Seitenkapelle vor dem Zugang zur Sakristei – ist mit der Macht des geistlichen Gesangs, der sich mit dem Spiel des Lichts vereinigt, auch dadurch verbunden, daß unter ihrem Altar die Gebeine Papst Gregors des Großen ruhen. Auch Pierre erinnert sie daran, daß der ungeheure Raum von Sankt Peter weniger ›zum Schauen bestellt‹ als zum liturgischen, rituellen und zeremonialen Gebrauch, anders ausgedrückt, zur festlichen Fülle bestimmt ist, die wiederum der Menschen bedarf, die hier, statt hinein- und wieder hinauszueilen, innehalten und verweilen. Die häufig beklagte Kälte dieses Raums ist mehr das Resultat späterer Ortsbedingungen und einer modernen Situation, die auch den Kirchenbesucher unweigerlich zum einsamen, vergeblich nach einem Ruhe- und Sammlungspunkt suchenden Betrachter werden läßt:

Beim Eintreten hatte Pierre geglaubt, die Kirche sei völlig leer und ausgestorben, hatte dann aber einige Personen ganz in der Ferne bemerkt, jedoch so wenige und so verstreut, daß es schien, als wäre niemand da. Touristen liefen mit dem Reiseführer in der Hand müde umher. Mitten im Hauptschiff stand ein Maler vor seiner Staffelei und malte wie in einer öffentlichen Gemäldegalerie eine Innenansicht. Dann zog ein ganzes französisches Priesterseminar vorüber, geführt von einem Prälaten, der die Grabmäler erklärte. Aber diese fünfzig oder hundert Personen fielen überhaupt nicht auf, sie wirkten in dem weiten Raum wie verirrte schwarze Ameisen, die verstört ihren Weg suchen. Von da an hatte er das deutliche Gefühl, als befände er sich in einem riesigen Festsaal, einem Vorraum zu einem ungeheuren Empfangspalast. Die breiten Sonnenstrahlen, die durch die hohen viereckigen Fenster aus unbemaltem Glas fielen, erfüllten die Kirche mit blendendem Licht. Es gab hier keine Bank, keinen Stuhl, nichts als die herrlichen kahlen, endlosen Fliesen, ein Fußboden wie in einem Museum, der die tanzenden Sonnenstrahlen widerspiegelte. Nirgends sah Pierre einen Winkel der stillen Sammlung, eine geheimnisvolle dunkle Ecke, um niederzuknien und zu beten. Überall herrschte strahlende Helle, der majestätisch blendende Glanz des Tageslichts. Und in diesem verlassenen, in Gold und Purpur flammenden Opernsaal stand er, der nur den Schauer gotischer Kathedralen kannte, wo die dunkle Menge unter dem Wald der Pfeiler schluchzte! Er, der die schmerzliche Erinnerung an die Architektur und die abgezehrten Bildwerke des Mittelalters mitbrachte, die ganz Seele waren, sah nun das überwältigende Gepränge, den ungeheuren leeren Pomp, der ganz Stoff war! Vergebens suchte er nach einer armen, knienden Frau, nach einem gläubigen oder leidenden Geschöpf, das sich in scheuem Halbdunkel dem Unbekannten hingibt und mit geschlossenen Lippen Zwiesprache hält mit dem Unsichtbaren. Hier sah er nichts als das müde Kommen und Gehen der Touristen, die geschäftige Miene der Prälaten, die die Seminarzöglinge an die pflichtgemäß zu besichtigenden Orte führten.

Zwischen Zolas Beschreibung von Sankt Peter und Wolfgang Koeppens romanhafter Schilderung desselben Orts liegen rund fünf Jahrzehnte. Am Alter und der Geschichtsträchtigkeit des Orts gemessen, erschiene dies nur als ein winziger, unbedeutender Zeitraum, wenn nicht zwei gewaltige Risse durch dieses halbe Jahrhundert gegangen wären. Aber nicht die in Sankt Peter gemachten Wahrnehmungen trennen die Helden beider Romane, sondern ihre mitgeführten Vorstellungen, Erinnerungen und Empfindungen, denen ein gewandelter Erzählton entspricht. Auch in Koeppens Roman *Der Tod in Rom* aus dem Jahre 1954 besucht ein junger Priester, allerdings schwer beladen mit der Last deutscher Geschichte, Rom und Sankt Peter zum ersten Mal. Über den Eintritt dieses Nachkommens eines vormals in Rom wirkenden SS-Offiziers und Kriegsverbrechers heißt es:

> Adolf schritt durch die Pforte des Doms. Seine Erziehung schritt mit ihm. [...] Adolf brauchte eine Stütze, weil er sich vor sich selber fürchtete; er brauchte Gemeinschaft, aber er zweifelte an ihrem Wert. Säulenpracht Säulenpracht Säulenpracht, Bramante, Raffael, Michelangelo, wer dachte ihrer hier nicht, aber die Säulen ihres Baues waren glänzend und kalt, der Stuck war prächtig und kalt, das Ornament des Bodens war bewundernswert und kalt, Karl der Große ritt, ein kalter Mann, auf einem kalten Pferd, und Adolf schritt weiter ins Mittelschiff, und dort war die Porphyrplatte, auf welcher der Kaiser gekrönt wurde, Gußgestein, Kristalle von Quarz, Feldspat und Glimmer, kalt kalt kalt [...].
>
> Erst der Anblick der gepriesenen Pietà gab Adolf Glauben und Atem zurück, sie war Befreiung für den Versinkenden in krausen Gedanken, krausem Leid, krauser Erschütterung, und er deutete sie als Barmherzigkeit, als gewaltige, alles umschlingende Liebe. Adolf wollte lieben, auch wenn er sich zur Liebe zwingen mußte, er wollte jedem Menschen freundlich und liebend begegnen, selbst dem eigenen Vater, den zu lieben am schwersten ist. Hier vor der zu Recht gepriesenen Pietà betete Adolf, er bat um Liebeskraft; kein weiteres Gebet sprach er in der Hauptkirche der Christenheit, und dann verließ er hochgeschossen, hager und ärmlich, ein kleiner verwirrter von allzuviel Pracht erschlagener Diakon, den Petersdom, dessen Luft und Anblick er nicht ertrug.

Während der Franzose die Raumerfahrung der heimatlichen Kathedralengotik zum Vergleich heranzieht, nimmt der Deutsche Zuflucht bei einem Jugendwerk Michelangelos, einer Statuengruppe aus strahlendem weißen Marmor, die tatsächlich an einen nordischen Bildtypus, das sogenannte Vesperbild anknüpft. Aus den Andachtsbildern der thronenden Madonna mit dem Kind auf

Pietà, Peterskirche
Michelangelo, 1498–1500

ihrem Schoß wurde nördlich der Alpen der Typus der körperlich unbewegten Schmerzensmutter entwickelt, die den weit über ihren Schoß ausgebreiteten Leib des Gekreuzigten beweint. Ihre Rechtfertigung konnte die Verschmelzung mehrerer Bildtypen aus der Heiligen Schrift beziehen, wo Maria den toten Erlöser mit den Worten anspricht: »Nun halte ich Dich auf meinem Schoß als toten Leib, Dich, den ich auf dem Schoß gehalten habe als schlummerndes Kind.«

Michelangelo hatte die *Pietà* in den Jahren zwischen 1498 und 1500 nicht für einen italienischen Auftraggeber, sondern für einen Franzosen geschaffen: Jean de Villiers de la Grollaye, der Abt und Kardinal von Saint-Denis, war unter Papst Alexander VI. römischer Gesandter seines Königs Karl VIII. und wollte nach seinem Tod in der Kapelle der französischen Könige in Alt St. Peter begraben sein. Er starb, bevor Michelangelo die Gruppe fertiggestellt hatte, die sein Grabmal zieren sollte. Nachdem der Bildhauer in seiner späteren Eigenschaft als Architekt des Neubaus von Sankt Peter die Königskapelle abreißen ließ, wurde die *Pietà* in die alte Nachbarkirche von Sankt Peter verlegt, die der Mutter Gottes geweiht war und dem Petersdom fortan als Sakristei diente. Als auch diese Kapelle im Jahre 1749 abgerissen wurde, kam die *Pietà* an ihren heutigen Standort im rechten Seitenschiff, gleich hinter der *Porta Sancta*. Seit dem Attentat eines Geistesgestörten auf ihr Gesicht und ihre Hände wird sie durch massives Panzerglas von den Besucherströmen abgeschirmt. Ihre Wirkung im Raum hat sie dadurch allerdings eingebüßt.

Kein Mensch, schrieb Michelangelos Freund und Biograph Ascanio Condivi, könne diese Statue ansehen, »der im Herzen nicht von Mitleid bewegt würde«; doch oftmals werde an der Mutter Anstoß genommen, die jünger als der Sohn erscheine. Condivi zitiert Michelangelo selbst, der den Einwand mit einem kleinen theologischen Stegreiftraktat widerlegt habe:

> »Weißt du nicht«, entgegnete er mir, »daß die keuschen Frauen sich viel länger jung erhalten als die unkeuschen? Um wieviel mehr eine Jungfrau, an welche nie auch die kleinste Begierde heranreichte, welche diesen Körper verändert haben würde! Ich will dir sogar noch sagen: daß solche Frische und Blüte der Jugend, außer daß sie auf diesem natürlichen Wege sich in ihr erhielt, auch dadurch glaubhaft wird, daß durch göttliche Macht bewirkt wurde, der Welt die Jungfräulichkeit und immerwährende Reinheit der Mutter zu bezeugen. Dies war nicht notwendig beim Sohne, vielmehr eher das Gegenteil; denn da ich zeigen wollte, daß der Sohn Gottes wahrhaft menschli-

che Gestalt annahm, wie er es tat, und all dem unterworfen war, was ein gewöhnlicher Mensch erduldet, mit Ausnahme der Sünde, war es nicht notwendig, durch das Göttliche das Leibliche zurückzuhalten, sondern diesem den Lauf und seine Ordnung zu lassen, so daß er jenes Alter aufweist, das er wirklich hatte. Derhalben hast du dich nicht zu wundern, wenn ich aus diesem Grunde die heiligste Jungfrau, die Mutter Gottes, im Vergleich zum Sohne sehr viel jünger schuf, als es ihr Alter gemeinhin fordert, den Sohn aber in seinem Alter beließ.«

Derselbe Michelangelo, der sich mit der *Pietà* der Mystik des Nordens näherte, brach andererseits mit den Andachtsidealen der nordischen Gotik, als er den Innenraum von Sankt Peter in allseits strahlende Helle und gleißnerisches Licht einzutauchen verlangte. Auf Bramante waren der ältere Sangallo und Raffael, nach dessen frühem Tod der Schüler Peruzzi und nach diesem der jüngere Sangallo als Dombaumeister nachgerückt. Als Sangallo im Jahre 1546 starb, wurde Michelangelo dieses Amt übertragen. Jede Bezahlung für seine Tätigkeit lehnte er entschieden ab, um ausschließlich aus »Gottesliebe und Verehrung des Apostelfürsten« zu wirken. Der Florentiner, der seit 1496 in Rom arbeitete, aber bis zu seiner endgültigen Übersiedelung im Jahre 1534 ein ruheloses Wanderleben zwischen Rom, Bologna und seiner toskanischen Heimatstadt geführt hatte, machte sich zum Anwalt des ursprünglichen Zentralbauplans.

Im Einklang mit den theoretischen Lehren, die ein halbes Jahrhundert zuvor durch Alberti verbreitet wurden, hatte Bramante einen radikalen Bruch mit allen überlieferten Auffassungen vom Gotteshaus als einem langgestreckten Hallenbau vollzogen. Der »Schauer gotischer Kathedralen«, den Zolas Romanheld in Sankt Peter vermißte, zehrte von jener dunklen, »unter dem Wald der Pfeiler« versammelten Menge, die ostwärts – gleichermaßen wörtlich und symbolisch im Sinne des *ex oriente lux* zu verstehen – gegen den Hauptaltar und Chorraum wie nach einem lichtdurchfluteten Horizont blickte. Nach Bramantes und Michelangelos Plänen sollte die neue Basilika allseits gleichmäßig um ihren räumlichen wie rituellen Mittelpunkt, das Apostelgrab, zentriert werden und allein vom Himmel darüber auch ihr Licht empfangen, das sich einheitlich nach allen Seiten ausbreiten sollte. Bramante hatte den Schwerpunkt seiner Arbeiten auf den quadratischen Grundriß mit den gewaltigen Vierungspfeilern gelegt. Darüber schwebte ihm ein gewölbter Abschluß vor, der aus der Verschmelzung der Vorbilderbauten Kolosseum und Pantheon gewonnen werden sollte. Michelangelo konzentrierte sich auf die Krönung des von Bramante geschaffenen Rumpfs mit der Kuppel, die in seinem Todesjahr 1564 die Tambourhöhe erreicht hatte, bevor sie von della Porta in den Jahren 1588–93 vollendet wurde. Mit scharfer Zunge hatte Michelangelo in einem Brief aus dem Jahr 1555 die widrigen Folgen unzureichender Lichtverhältnisse beklagt, die infolge der Änderungen seines Vorgängers entstanden und zu korrigieren waren: Sangallo habe nicht einmal genügend »Licht für die vielen Schlupfwinkel ober- und unterhalb der Emporen« geschaffen, die »zu allen möglichen Umtrieben beste Gelegenheit bieten; Gauner fänden hier Möglichkeit, Falschmünzerei zu treiben, Nonnen zu schwängern u. ä. Abends, wenn die Kirche geschlossen werden soll, braucht man 25 Mann, nachzusehen, ob sich jemand versteckt hielte«.

Drastisch brachten diese Worte die Neuauffassung der Petersbasilika als einen römischen Repräsentationsbau zum Ausdruck. Die Klagen darüber, daß hier weder fromme Andacht noch stille Sammlung aufkommen könnten, sind seither Legion. Sie beschäftigten vorwiegend nordische und vor allem protestantische Gemüter, die wie Dorothea Schlegel im Jahre 1818 ihren ersten Gang nach Sankt Peter mit den Worten kommentierte, die Kirche habe ihr »mehr den Eindruck eines kaiserlichen Palastes gemacht als den eines Tempels des lebendigen Gottes«; eine gleichsam »heidnische Pracht« herrschte darin, und »die Andacht wollte sich nicht erheben in meinem Herzen«. Zur Herzensandacht war der Bau allerdings nicht geschaffen worden, und zu dieser Erkenntnis ließ auch Zola seinen mit historischem und liturgischem Sinn begabten Romanhelden gelangen:

> Pierre begriff, daß dies hier das prächtige Gerippe eines monumentalen Riesen war, den das Leben verließ. Um das Gerippe wieder mit

Fleisch und Blut zu füllen, ihm seine wirkliche Seele einzuhauchen, bedurfte es der ganzen Pracht des religiösen Pomps. Es bedurfte der achtzigtausend Gläubigen, die das Kirchenschiff fassen konnte, der großen Pontifikalämter, der glanzvollen Weihnachts- und Osterfeste, der Aufzüge und Prozessionen, bei denen sich das heilige Gepränge wie eine große Operninszenierung entfaltete. [...] Aber seit Rom die Hauptstadt Italiens war, öffneten sich die Tore nicht mehr weit, sondern man verschloß sie sorgfältig; und die seltenen Male, an denen der Papst noch die Messe zelebrierte und sich als der höchste Erwählte, als die Verkörperung Gottes auf Erden zeigte, füllte sich die Kirche nicht mehr mit ungeladenen Gästen, denn man brauchte eine Eintrittskarte. Das war nicht mehr das Volk, die fünfzigtausend, sechzigtausend Christen, die herbeiströmten und sich drängten, eine zufällige Menge – nein, es war eine Auswahl von befreundeten Zuschauern bei besonderen, geschlossenen Feierlichkeiten; und selbst wenn Tausende hier zusammenkamen, so war es doch immer nur ein begrenztes, zu einem Riesenkonzert geladenes Publikum.

Hier nahm Zola beinahe prophetisch die heutige Situation im Zeitalter einer Spaßkultur vorweg, die sich von Event zu Event wälzt, aber nichts weniger zum Zuge kommen läßt als den Zufall, der weder einer gesonderten Einladung oder Aufforderung noch des vorfabrizierten Arrangements bedarf, sondern allein der Unterbrechung und des Aufschubs gewohnter Zeitmaße und Fortbewegungsarten. Der pontifikale Pomp, der die Päpste einst jupitergleich umgab, wurde nach dem Zweiten Vatikanischen Konzil als nicht mehr zeitgemäß abgeschafft. Die zeremoniale Bühne für das Erscheinen der Stellvertreter Gottes auf Erden und die festliche Aula einer sich räumlich versammelnden Christenheit, die darüber auch einen sozialen Raum entstehen ließ, wurden darüber zwangsläufig weiter entwertet.

»Je länger Pierre in der kalten, majestätischen Marmorpracht dieses Museums umherging«, so beschloß Zola die Beschreibung der Peterskirche, »desto deutlicher überkam ihn das Gefühl, er befände sich in einem heidnischen, dem Gott des Lichts und der Pracht errichteten Tempel.« Doch beim Besuch der anderen römischen Patriarchalbasiliken erging es Pierre nicht anders: Auch in der Basilika von Sankt Paul vor den Mauern fand er keinen

»dunklen, geheimnisvollen Winkel, der sich dem Unsichtbaren öffnet«. Hier liegt die Quelle aller Enttäuschungen und Mißverständnisse, denen beinahe jeder Besucher aus dem europäischen Norden erliegt: Die nordische Vorstellung vom sakralen Raum als einer stillen und besinnlichen Vermittlungszone getrennter Sphären, eines Übergangsbezirks zwischen sichtbaren und unsichtbaren, natürlichen und übernatürlichen, begreifbaren und unbegreiflichen Bereichen widerspricht der römischen Raumauffassung. Statt Einblicke und Einfühlungen ins Unsichtbare zu erlauben, strebt diese nach unbedingter Sichtbarmachung und, vor allem im Barock, nach der möglichst grenzenlosen Ausdehnung der Bereiche des Sichtbaren schlechthin. Um das Göttliche sichtbar zu machen, werden sensorische Überraschungen und Erschütterungen erzeugt. Das religiöse Empfinden und die Wahrnehmung des Heiligen und Erhabenen werden an sichtbare und sinnlich wahrnehmbare Formen gebunden und sollen sich darin erfüllen, statt spirituell darüber hinauszuweisen.

Sofern darin Momente eines Fortlebens der heidnischen Antike wirken, sind die antiken Tempelbauten dennoch nicht als die unmittelbaren Vorläufer und Vorbilder von Roms christlichen Kirchen anzusehen. Die heidnischen Tempel waren den Göttern geweihte und ihnen allein vorbehaltene Stätten. Das Innere der antiken Sakralbauten bot ein eher karges Bild, denn sie waren nur mit einem Standbild der jeweiligen Gottheit ausgestattet. Die Tempel boten auch keinerlei Versammlungsräume, und die Riten, Opferungen und Prozessionen wurden gewöhnlich im Freien abgehalten. Die Christen bedurften anderer Räume, solcher, die es ihnen ermöglichten, als Gemeinde zusammenzukommen und sich ihrer Bindungen einander zu versichern. Anfangs genügten ihnen private Räumlichkeiten sowie die unterirdischen Räume der Katakomben, in denen sie ihren verstorbenen und dort begrabenen Gemeindemitgliedern und Märtyrern besonders nahe sein konnten. Mit der Zunahme der Gräber, der Ausdehnung der Gemeinde und dem Aufstieg des Christentums zur Staatsreligion konnten die provisorischen wie unterirdischen Räumlichkeiten den nach kraftvoller Selbstdarstellung strebenden Bedürfnissen nicht mehr genügen. Die Modelle neuer Versammlungsräume fanden die Christen jedoch nicht in den sakralen, sondern in den großen heidnischen Profanbauten, vor allem in den *Basiliken,* die als öffentliche Markthallen und Gerichtsgebäude dienten. Diese langgestreckten und überwölbten Hallen waren an ihren Längsseiten durch Säulenreihen in ein Hauptschiff mit zwei oder vier Seitenschiffen unterteilt. Ein Halbkreis, die *Apsis,* bildete den Abschluß des Raumes und bot dem Richter oder Versammlungsleiter einen erhobenen Platz, gleich jenem der *Cathedra Petri* bzw. der Bischofsstühle in den Apsiden von Sankt Peter und den übrigen römischen Hauptkirchen. Einer der letzten großen Massenbauten dieser Art, die unter Kaiser Konstantin vollendete Maxentiusbasilika auf dem Forum, lieferte das unmittelbare Vorbild und teilweise sogar das Baumaterial für die Basiliken von Sankt Peter, Sankt Paul und von Sankt Johannes im Lateran.

Maxentiusbasilika
Stich von Giovanni Battista Piranesi, um 1773–78

Gebaut wurden die Basiliken jedoch nicht allein als große Häuser zur Aufnahme der Lebenden, die sich auf Straßen und über Brücken, über Plätze und Treppen den Eingängen zu bewegten, sondern auch zur Aufnahme und zum Gedenken der Toten, oder genauer, um der Gemeinschaft der Lebenden *mit* den Toten willen. Damit öffnete sich der Raum, den das größte Gotteshaus der Christenheit einnimmt – ihre *domus* schlechthin –, außer in die Länge, Breite und Höhe, auch in die unterirdische Tiefe; und er dehnte sich schließlich noch nach einer weiteren Dimension aus – nach der Zeit, die und deren Spuren wie auf der Wachsschicht des »Wunderblocks« im sichtbaren und allseits durchlässigen Raum gespeichert wurde: »In seinen tausend Honigwaben«, schrieb Gaston Bachelard in seiner *Poetik des Raums*, »speichert der Raum verdichtete Zeit.« Dazu ist der Raum von Sankt Peter – Wohnstätte der Apostel, Ruhestätte ihrer Nachfolger und Versammlungsstätte der ihnen Anvertrauten – ausgebreitet. Er liegt ausgefaltet da, wie ein geöffnetes Buch, in dem unzählige Griffel ihre Zeichen und Schriftzüge hinterlassen haben. Man muß nur wieder gehen und sehen, innehalten und lesen.

Grab und Haus

Wie über die transparente Oberfläche eines Wunderblocks tastet sich die in Sankt Peter versammelte Christengemeinde über die Flächen und Felder, die Linien und Kurven eines großen Speichers, der wiederum unzählige kleine Behälter und Behältnisse auf einem Raum vereinigt: Tabernakel und Tresore, Gruften und Gräber, Kelche und Urnen, Schalen und Becken, Schreine und Monstranzen. Die Gefäße hüten ihre Inhalte, und bisweilen verbergen sie sie auch vor dem profanen Zugriff, um sie nur zu besonderen Zeiten, in gewählten Momenten gesteigerter Aufmerksamkeit und durch eigens erwählte, pastorale Hände zu enthüllen.

Der Raum von Sankt Peter vereinigt die Grabeskirche für die Toten mit der Aufbewahrungsstätte geheiligter Reliquien und dem Versammlungsort für die Lebenden. In Liturgie, Ritus und Zeremoniell finden diese unterschiedlichen Bestimmungen zusammen. Sie haben Anteil an der wechselvollen Baugeschichte der Basilika und gingen in den historischen Kompromiß ein, den das barocke Zeitalter mit allen früheren römischen Bauvorstellungen geschlossen hatte. Wie ein heidnischer Tempel oder ein Mausoleum wirkt die Peterskirche auf ihre Besucher bisweilen deswegen, weil christlich anverwandeltes und umgedeutetes antikes Brauchtum hier mehr als anderswo fortwirken konnte. Dafür sorgten sowohl die Präsenz der ererbten Orte als auch die pontifikale Aufsicht über den Totenkult, die von den heidnischen Priestern an die römischen Bischöfe weitergegeben wurde.

Die altrömischen *Pontifices* waren für die sakrale Aufteilung des Raums und für die rituelle Gliederung der Zeit zuständig. Durch die Wahl der Kultstätten bestimmten sie die Ausschnitte, die den Göttern im Raume vorbehalten waren, und durch die Führung eines Festkalenders legten sie die Anteile fest, die den Göttern in der Zeit geschuldet waren. Zusammen mit den Grenzbereichen und Übergangszonen zwischen den Menschen und den Göttern regulierten sie auch die räumlichen wie zeitlichen Schranken und Brücken zwischen der Welt der Lebenden und jener der Toten. Durch die *familia*, die als Gemeinschaft von Lebenden und Toten begriffen wurde, waren beide Welten eng miteinander verbunden. Durch eine strenge räumliche Aufteilung von Metropole und Nekropole, von Wohn- und Grabstätte wurden sie hingegen voneinander getrennt, um doch wieder dadurch überbrückt zu werden, daß die Lebenden die Stätten ihrer Toten zu festgelegten Zeiten aufsuchten.

Dergleichen Wallfahrten nannte der melancholische Rombesucher Karl Philipp Moritz »ein düsteres Fest, wo man sich die Schlünde der Unterwelt auf eine Zeitlang eröffnet und die Scheidewand zwischen den Lebenden und Toten hinweggerückt dachte, und durch eine kurze Hemmung der Geschäfte und Gewerbe des Lebens den unterirdischen Mächten gleichsam ein Opfer brachte und den ihnen schuldigen Tribut bezahlte«. Die ältesten latinischen, noch von den Etruskern erbauten Totenstätten wurden durch einen sogenannten »Geisterstein« (*lapis manalis*) von der Außenwelt abgeschlossen. Unter feierlichen Handlungen und Prozessionen wurde er dreimal jährlich weggerückt, um die Angehörigen vorübergehend aufzunehmen.

So tief der Stachel des Todes die Lebenden auch berührte und in Schrecken versetzte – im römischen Grabeskult wurde die Quelle der Furcht in ein lebensbejahendes Fest verwandelt, das die Toten in der Erinnerung daran, wie sie einst lebten, einschloß:

> Sarkophagen und Urnen verzierte der Heide mit Leben:
> Faunen tanzen umher [...]

dichtete Goethe in den *Venetianischen Epigrammen.* Trotz ihres neuen Menschenbilds, das von der Trennung in Leib und Seele geprägt war und das in Erwartung einer kommenden Erlösung die Schrecken des Todes milderte, bereitete es den Christen keine Gewissensnöte, ihre Angehörigen bisweilen in antike Sarkophage mit heidnischem Grabschmuck zu betten. Vor allem die antike

Antiker Sarkophag in der vatikanischen Nekropole

Triumphalsymbolik kam ihrer christlichen Umdeutung auf den Tod als der glorreichen Eingangspforte zu einem neuen Leben entgegen. In einem antiken Sarkophag beigesetzt, ruht in den Grotten des Petersdoms beispielsweise der Papst Marcellus, der die Kirche zu Beginn des 4. Jahrhunderts regierte, friedlich gegenüber seinem modernen Nachfahren Johannes Paul I., der im Jahre 1978 nach nur kurzer Amtsdauer verstarb. Das Untergeschoß von Sankt Peter mit den Papst- und Königsgräbern ist keine Unterkirche, auch keine Krypta im strengen Sinne. Es gehört vielmehr zum Skelett der alten Basilika, deren einstigen Boden man hier betritt. Der Raum wurde beim Neubau der Peterskirche gewonnen, als man den Fußboden etwa zwei Körperlängen über dem früheren einzog.

Bereits die alte Konstantinische Basilika wurde auf den Fundamenten einer vormals heidnischen Nekropole errichtet. Petrus wurde hier beigesetzt, nachdem er im angrenzenden Neronischen Zirkus den Märtyrertod erlitten hatte. Fortan gedieh der Ort nicht nur zur Wallfahrtsstätte, sondern auch zum bevorzugten Begräbnisplatz derer, die den Gebeinen des Apostels auch im Tode nahe sein wollten. Da die vorhandenen Grabkammern auch weiterhin von ihren angestammten Besitzern und deren Nachfahren benutzt wurden, entstand eine friedliche, nur schwer unterscheidbare Nachbarschaft und Durchmischung von frühchristlichen und heidnischen Gräbern. Bei der Erbauung der Konstantinischen Basilika mit der Confessio und dem Hochaltar über der Stelle, an der man das Petrusgrab vermutete – dessen Nachweis allerdings erst die Ausgrabungen des vergangenen Jahrhunderts erbrachten –, wurden die Grundbesitzer enteignet. Viele von ihnen ließen daraufhin die Gebeine ihrer verstorbenen Angehörigen umbetten. Die schweren, steinernen Sarkophage blieben jedoch zumeist an Ort und Stelle zurück und boten Platz für »Neueinwanderer«. In den entleerten Sarkophagen bestatteten nunmehr auch Christen ihre Toten. Am Sarkophagschmuck nahmen sie keine oder nur geringfügige Änderungen vor, indem sie beispielsweise der vorhandenen heidnischen Symbolik unter Zuhilfenahme von Hammer und Meißel das Zeichen des

Grabmal Urbans VIII., Peterskirche
Gian Lorenzo Bernini, 1628–44

Kreuzes hinzufügten oder es mit notdürftigen Graffiti einzeichneten.

Die Rückkehr zu der Art – nach dem Titel einer berühmten Abhandlung von Gotthold Ephraim Lessing –, *Wie die Alten den Tod gebildet*, ist unter ganz anderen Voraussetzungen auch den monumentalen Papstgräbern und Grabdenkmälern in den Seiten- und Querschiffen sowie in der Apsis von Sankt Peter anzusehen. Der Kathedra-Altar in der Tribuna wird von den beiden Sitzgräbern der Päpste Paul III. Farnese und Urban VIII. Barberini flankiert. Das Grabmal des einen, angeregt durch Michelangelos Florentiner Medicigrabmäler, wurde von Guglielmo della Porta zwischen 1549 und 1575 errichtet, das Gegenstück für seinen verstorbenen Mäzen schuf Bernini zwischen 1628 und 1644. Beide Päpste sind lebend, überlebensgroß, thronend und in vollem Ornat sowie im Kreise von Personifikationen ihnen zugeschriebener Tugenden dargestellt. Sosehr die beiden Monarchen auch an kapitolinische Gottheiten erinnern, bieten sie dennoch wenig Anhaltspunkte für den Nachweis eines von Renaissance und Barock geförderten Neuheidentums. Im Einklang mit dem Empfinden des Mittelalters und doch nicht weit entfernt vom antiken ebenso wie neuzeitlichen Brauch, die Toten entweder als Lebende oder als Schlummernde darzustellen, hatte schon Dante gedichtet:

> Wie oft, um das Gedächtnis zu bewahren
> Die irdischen Gräber über den Begrabnen
> Die Bilder so, wie sie einst lebten, tragen.

Eine nach dem wirklichen, wenn auch verflossenen Leben gebildete Darstellung der Toten kam der lebendigen Anschauung entgegen. Darüber hinaus ließ sie den Betrachter im wörtlichen Sinne – wie ihn der angelsächsische Begriff »beholder« noch bewahrt – zu einem *Behalter* werden, zum Gegenüber des leibhaftig im Gedächtnis Bewahrten und *Behaltenen* wie zum menschlichen Pendant des steinernen räumlichen *Behältnisses*, in dem beide – der Lebende und der Tote – sich eingefunden haben. In der engen Bindung an topographisch herausragende Gedächtnisorte, die von den Lebenden um ihrer Erinnerungsgemeinschaft mit den

Toten willen regelmäßig aufgesucht wurden, reichte der römische Totenkult freilich weit über das bloße Anschauungsbedürfnis hinaus. Seine Bedeutung wird schon daran ersichtlich, daß man zum Bau der Konstantinischen Basilika über der Gräberstätte am Abhang eines Hügels einen besonders ungünstig gelegenen Ort außerhalb der Stadtmauern gewählt hatte. Der vatikanische Hügel mußte dazu beinahe um die Hälfte abgetragen und der Abhang begradigt werden. Die Nekropole wurde mit demselben Schutt aufgefüllt, den man bei den Abtragungsarbeiten gewonnen hatte, und die Kirche selbst wurde zusätzlich auf zwölf Meter hohen Stützmauern fundamentiert.

Allein fünf der sieben Hauptkirchen Roms, die als Wohnstätten von Aposteln und Märtyrern und als Aufbewahrungsorte zugehöriger Reliquien verehrt werden, liegen *fuori le Mura,* also außerhalb der Aurelianischen Stadtmauern: die Basiliken der Heiligen Petrus, Paulus, Laurentius, Sebastian sowie *Santa Croce in Gerusalemme.* Mit dem Bau ihrer Heiligtümer an den Grabesstätten der Apostel und Märtyrer folgten die Christen mehr oder minder unwillkürlich einem heidnischen Brauch: Die Etrusker und die Römer pflegten ihren Toten eine zweite Stadt außerhalb der Stadt der Lebenden und ein zweites Haus außerhalb des Familiensitzes zu errichten. Wie die etruskischen Nekropolen regelrechte Straßennetze aufweisen, so sind die römischen Gräberstätten in Architektur und Schmuck durchweg dem Vorbild des Familienstammplatzes, dem Haus (*domus*), nachempfunden: Die Mausoleen sind große, hausförmige und begehbare Behälter, und die Schmuckformen der in ihrem Inneren aufbewahrten Sarkophage folgen ähnlichen Grundsätzen wie die Dekorationen der Häuser. Auch zur Aufnahme der Asche von Toten bestimmte Urnen – ein griechischer Brauch, den die Römer ebenfalls übernahmen – sind durchweg der menschlichen Körperform nachgebildet: Der in jungen Jahren in Rom verstorbene Dichter John Keats, der nie griechischen Boden betreten hatte, konnte in seiner *Ode auf eine griechische Urne* das runde Objekt wie eine menschliche Gestalt und zugleich als ein erkaltetes, aber beredtes Behältnis ansprechen:

Du gänzlich unberührte Braut der Ruh,
    Langsamer Zeit und Stille Pflegekind,
Des Walds Chronistin, wieviel süßer du
    Geschichten ausschmückst als ein Vers ersinnt:
[...]
O Attische! Form schöner Art! Im Bund
    Mit Männern, Mädchen marmorn überdeckt,
Mit festgetretnem Laubzweig im Rund;
    Du Stille, die uns aus dem Denken schreckt
Wie Ewigkeit: Du kaltes Hirtenspiel!

(Übers. von Mirko Bonné)

Keats wurde im Jahre 1821 auf Roms Fremdenfriedhof, dem *Cimitero Acattolico per Stranieri,* bei der antiken Grabpyramide des Gaius Cestius an der Via Ostiense begraben. Sein Grabmal ziert die von seinem dort ebenfalls ruhenden Dichterfreund Percy B. Shelley verfaßte Inschrift »Here lies one whose name was writ in water«. Auch Goethe träumte zeitlebens davon, an diesem Ort sein Grab zu finden. Aus Rom schrieb er 1788 an den Geheimen Rat von Stein: »Vor einigen Abenden, da ich traurige Gedanken hatte, zeichnete ich meines bei der Pyramide des Cestius.« Der Wunsch, hier begraben zu sein, blieb unerfüllt, und an Goethes Statt ruht der Sohn August, der kurz nach seiner Ankunft in Rom verstorben war. Auf das von zwei Pappeln flankierte Grabmal ließ der Vater die Inschrift meißeln: »Goethe filius patri antevertens« (»... dem Vater vorangehend«).

Nicht weit davon, in einem efeuüberwachsenen Urnengrab, das stets eine frische Rose ziert und dessen korrekte lateinische Inschrift *Cinera Antonii Gramsci* den Dichter Pier Paolo Pasolini zu dem Gedichtzyklus *Gramscis Asche* inspirierte, liegt die in faschistischer Kerkerhaft verstorbene intellektuelle Leitfigur des italienischen Marxismus begraben. Auch der Dichter Wilhelm Waiblinger und die Maler Hans von Marées, Arnold Böcklin und Karl Philipp Fohr, der im Tiber ertrank, haben an diesem »Ort der süßen Schwermut« (Karl Philipp Moritz) ihre letzte Ruhestätte gefunden. Daneben findet sich ein *totus orbis* der nichtkatholischen Welt umfassendes Rom versammelt: Die lateinischen Buchstaben von Na-

Pyramide des Cestius
Stich von Giovanni Battista Piranesi, um 1761

men wie Auerbach, Salimbeni, Schneegang, Trost, Nathan, Geist, Simon, Moll, Krautheimer, Gutmann, Southwell, Grimaldi, Pallenberg, Oppenheim, Salomonsohn, Appleton, Levi, Passage, Rappaport, Feilchenfeld, Sonnemann fließen bisweilen in chinesische, kyrillische und arabische Schriftzeichen über. Ein Name wie *Evelyn Story* könnte allein stellvertretende Kunde von dem hier »überlebenden profanen Geschlecht« (Pasolini) liefern, so wie die Grabinschrift »If you should think of me, smile to the next person you see« von einer charmanten Portion Antike in der Moderne zeugt.

Wer hingegen als Katholik von deutschsprachiger Herkunft während seines Pilgeraufenthalts in Rom das Zeitliche segnet, besitzt seit alters das Privileg, sich in der unmittelbaren Nachbarschaft der Petersgrabs, auf dem *Campo Santo Teutonico* bestatten zu lassen. Der Besucher, der sich an der *Porta Campana* gegenüber den Schweizer Gardisten als Deutschsprachiger zu erkennen gibt, erhält unbürokratisch Einlaß auf das Territorium des Vatikanstaats und findet den einstigen Friedhof der Flamen und Teutonen gleich zur Linken neben der *Piazza dei Protomatiri Romani*. Dort ist auch die Stelle markiert, die der Vatikanische Obelisk vormals im Neronischen Zirkus eingenommen hatte. Im Friedhof des von Karl dem Großen gegründeten Hospizes sind die ältesten Pilgergräber unter Steinplatten in den Boden eingelassen. Im vergangenen Jahrhundert haben hier der Schriftsteller Stefan Andres, der Archäologe Ludwig Curtius, die Kunsthistoriker Anton Maria de Waal und Engelbert Kirschbaum sowie der 1933 aus Deutschland geflohene Kirchenhistoriker Hubert Jedin ihre letzte Ruhestätte gefunden.

Wie die römischen Fremdenfriedhöfe beim Vatikan und bei der Pyramide dienten auch die antiken Nekropolen und Mausoleen am Rande der großen Ausfallstraßen nicht nur als Aufbewahrungsstätten für die Toten, sondern auch als Treffpunkte für die Lebenden, die zu bestimmten Zeiten dahin *Wallfahrten* – im wörtlichen Sinne auch des künftigen christlichen Pilgerbrauchs – unternahmen. Dort fand man sich ein zum gemeinschaftlichen Essen, Trinken, Feiern und Erinnern. Dieses festliche Treiben, das den Toten um der Lebenden willen den gebührenden Tribut brachte, sollte die gespenstische Furcht bannen, die die Römer wie die Etrusker dazu veranlaßt hatte, die Wohnstätten der Lebenden strikt von denen der Toten zu trennen.

Das Nachleben dieser Bräuche kann man auch über die Spuren hinaus, die davon in der vatikanischen Nekropole und in den bisweilen sehr häuslich anmutenden christlichen Katakomben erhalten geblieben sind, noch heute beobachten, wenn man den Römern am Tag von Allerheiligen auf den großen städtischen Friedhof *Campo Verano* folgt. Mit Kind und Kegel, mit Sack und

Pack, vielleicht sogar mit Picknickkörben ausgerüstet, machen sich ganze Familienklans beizeiten auf den Weg, um sich ihres Lebens und ihrer Erinnerungen an die Toten zu erfreuen. Der römischen Art, mit den Toten zu leben und, inmitten von Ruinen, zu überleben, entsprechen die Eindrücke von Reisenden, die die Stadt als ein einziges Grab wahrnahmen. Was man von Rom sehe, so brachte Montaignes Sekretär die Ansicht seines Herrn zu Papier, »das sei nichts als ihr Grabstein«. Diese »Grabstätte sei selbst wieder zum größeren Teil begraben«, und zurückgeblieben sei lediglich ein groteskes Gerippe:

> Die Welt, die sich gegen Roms ununterbrochene Herrschaft aufgelehnt, habe zuerst Stück für Stück von seinem herrlichen Körper abgeschlagen und zerschmettert und dann, als ihr noch der tote, umgestürzte und entstellte Körper Schrecken einflößte, selbst die Trümmer verscharrt. [...] Nach seiner [Montaignes] Meinung würde ein alter Römer, der die heutige Stadt sähe, die Lage der alten nicht wiedererkennen. Es ist oft vorgekommen, daß man lange an einer Stelle grub und dann auf die Spitze einer ganz hohen Säule stieß, deren Fuß noch im Boden steckte. Wenn Häuser gebaut werden, gibt man sich überhaupt keine Mühe, ein anderes Fundament als altes Mauerwerk oder Gewölbe zu suchen, wie man es unter allen Kellern sieht; um die Stütze des alten Fundaments oder der Mauer, auf die man gerade stößt, kümmert man sich nicht. Sogar auf den Trümmern alter Bauten selbst wird, wie der Zufall sie beim Einsturz aufeinandergeschichtet hat, der Grundstein ihrer neuen Paläste gelegt, als wären es wirkliche große Felsteile, die Sicherheit und Festigkeit bieten. Es ist leicht zu sehen, daß verschiedene alte Straßen mehr als dreißig Fuß tief unter den heutigen liegen.

Nicht anders ist auch der Petersdom gebaut: Grab liegt über Grab, Grabaufbau über Grabaufbau, Weihestätte über Weihestätte, Altaraufbau über Altaraufbau und Bauschicht über Bauschicht. Kein Patron konnte für diese Kirche und ihre Stadt angemessener sein als ein Einwanderer namens *Petrus,* dessen griechischer Name *Kephas* lautete und »der Fels« bedeutete.

Neben dem Haupteingang zur Totenstadt des Campo Verano liegt die frühchristliche Basilika *San Lorenzo fuori le Mura.* Gleich Sankt Peter besitzt sie eine Confessio und einen Hochaltar, der allein dem Papst reserviert ist, für den in der Apsis, genauso wie in den übrigen Hauptkirchen Roms, auch eine *Santa Sede* als Bischofsthron bereitsteht. Damit gibt sich diese Basilika, die ebenfalls auf einen konstantinischen Gründerbau zurückgeht, als Satellit von Sankt Peter und als eine der Pilgerstationen Roms zu erkennen. Sie beherbergt die Gebeine des heiligen Märtyrers Laurentius, der nach seinem Tod im Jahre 258 auf dem vormals *Ager Veranus* genannten, schon damals vorhandenen Friedhof beigesetzt worden war. Neben den Aposteln Petrus, Paulus und Andreas zählt er zu den in Rom am meisten verehrten Märtyrern, und sein Gedenktag wurde vormals als ein Hauptfest begangen. Die Legende besagt, daß man ihn auf einem eisernen Rost über glühenden Kohlen bestialisch gemartert habe, während die letzten Worte, mit denen er verschieden sei, den Tod als Triumph deuteten: »Herr, ich danke dir, daß ich zur Himmelstür darf eingehen.« Hinter antiken Sarkophagen, die in der Vorhalle der Kirche aufgestellt sind, ist die Legende in Freskenfolgen auf dem Rücken der Eingangswand dargestellt. Im gleichen Zug, wie die aus dem 12. und 13. Jahrhundert stammenden Fresken das Leben und Leiden des Namenspatrons der Kirche vor den Augen der dort Eintretenden wie auf einer Projektionsleinwand ausbreiten, machen sie die Geschichte, Bestimmung und Bedeutung des sakralen Ortes unmittelbar anschaulich. Gleichzeitig erinnern die antiken Sarkophage den Fremden daran, daß auch er nur ein Durchgangsreisender in dieser Welt ist.

Ein solcher Wanderer war auch der französische Maler Nicolas Poussin, dem sein Landsmann Chateaubriand in der Basilika *San Lorenzo in Lucina*, ein Marmorgrabmal stiftete. Als innerstädtischer Korrespondenzpartner von San Lorenzo fuori le Mura stammt die Kirche aus dem 5. Jahrhundert. In einem gläsernen Altar verwahrt sie als Reliquie den in barockes Kupferschmiedewerk eingefaßten Rost, auf dem Laurentius gemartert wurde. Poussins Grabmal ist mit der Inschrift MORT A ROME EN MDCLXV versehen. Auf einem Hochrelief sind des Malers berühmte arkadische Hirten wiedergegeben, die von einem Stein eine verwaschene Inschrift entziffern: das zur Devise vieler Italien- und Romreisender gewordene ET IN ARCADIA EGO (»auch ich in Arkadien«). Wie der exilierte Kunsthistoriker Erwin Panofsky in einem seiner schönsten Essays nachwies, lag auf der Überlieferungsgeschichte dieser Vergilschen Worte allerdings stets ein grammatikalisches Mißverständnis: Nicht das »Ich« eines mythischen Reisenden, der die vermeintlich glückselige arkadische Urlandschaft durchstreifte, war damit gemeint, vielmehr war es der Tod, der so sprach.

Bergwerk und Behältnis

Mit einem unterweltlichen Begehen wurde unter Papst Julius II. der Grundstein zum Neubau der Petersbasilika gelegt. Gregorovius hat den Festakt überliefert:

> Am Sonnabend in Albis, dem 18. April 1506, wurde der Grundstein gelegt. Der Papst ging in Prozession vom Hauptaltar der alten Kirche durch die Kapelle der Petronilla [der vermeintlichen leiblichen Tochter des Petrus] nach der tiefen, einem Abgrund ähnlichen Grube des Fundaments, wo der alte Mann auf einer Leiter furchtlos hinabstieg. Nur zwei Kardinalsdiakonen, die Zeremonienmeister und wenige andere Personen begleiteten ihn. Ein Goldschmied, wahrscheinlich Caradosso, brachte in einer irdenen Vase zwölf neugeprägte Medaillen, zwei große von Gold, die andern von Erz mit bezüglichen Inschriften. Man senkte sie dort ein. Der Grundstein aus weißem Marmor, vier Palm lang, zwei Palm breit und fünf Finger dick, wurde an die Mauer des Fundaments gestellt, worauf die Einweihung erfolgte.

Gräberstätten und Versammlungsräume zugleich – keineswegs Fluchtorte, zu denen sie früher romantisiert wurden – waren auch die von den römischen Christen, daneben auch von den in Rom lebenden Juden, errichteten Katakomben. Eine der weiträumigsten dieser verzweigten unterirdischen Anlagen mit eigenen, über mehrere Ebenen verteilten Straßensystemen liegt unterhalb der alten Verkehrs- und Gräberstraße der Via Appia. Der Zugang dahin führt über eine weitere Haupt- und Pilgerkirche Roms, die Ba-

Via Appia mit Grabmal der Caecilia Metella

silika von *San Sebastiano fuori le Mura*. Charles Dickens schilderte den Gang durch diese Unterstadt:

> Wir wanderten immer fort unter den Gräbern der Märtyrer an großen unterirdischen gewölbten Gängen vorbei, die sich nach allen Richtungen abzweigten und mit Steinhaufen verschlossen waren, damit Diebe nicht dort Zuflucht suchen und eine Bevölkerung unter Rom bilden, die noch schlimmer ist als die, welche oben an der Sonne lebt. Nichts als Gräber! Gräber! Gräber! Gräber von Männern, Frauen und Kindern, die ihren Verfolgern mit dem Ruf entgegeneilten: »Wir sind Christen! Wir sind Christen!« damit sie mit ihren Eltern geschlachtet würden; Gräber, auf denen die Palme des Märtyrertums grob in Stein gemeißelt ist, und kleine Nischen, in denen Fläschchen mit dem Blute der Märtyrer ausgestellt waren [...].

Lange vor dem Bau der ersten Gotteshäuser waren die Gräber, Altäre und Reliquien der frühen Christen in räumlicher wie kultischer Nähe einander verbunden. Für den künftigen Kirchenbau, insbesondere für die Anlage von Zentralbauten, Altarräumen und Baptisterien – letztere veranschaulichten in ihrer Gestalt den Kreis, den das christliche Leben zwischen Geburt und Tod durchläuft –, stand der heidnische Mausoleumsrundbau gleichermaßen vorbildhaft wie die altrömische Basilika unter dem Gesichtspunkt der Aufnahmefähigkeit für große Menschenversammlungen. Der Höhepunkt der römischen Totenwoche, der Tag von Allerheiligen, ist seinem Ursprung nach unmittelbar mit der Christianisierung der heidnischen Rotunde des Pantheons verbunden. Der Festtag wurde im Jahre 609 durch Papst Bonifaz IV. eingesetzt, der das einstige Mausoleum des Mareus Agrippa dem Kult der Gottesmutter und sämtlicher christlicher Märtyrer weihte. Der römische Spaziergänger Ferdinand Gregorovius, der von seinen unter- wie überirdischen Erkundungen regelmäßig in deutschen Zeitungen berichtete, schrieb im November 1853:

> Eines Abends lockte mich, da es die Totenwoche war, der Lichterschein in das Pantheon des Agrippa. Ein Priester predigte hier über das Purgatorium und ermahnte die Zuschauer fleißig zu beten, denn dies seien eben die Tage, wo das Fegefeuer geleert würde und fromme Bitten vermöchten viel. [...] Der Priester sprach mit großer Wärme,

mit sonorer Stimme und in der theatralischen Weise, wie italienische Geistliche zum Volke reden. Im Pantheon des Agrippa machte seine Predigt einen geschichtlich überzeugenden Eindruck. »Denn«, sagte der Mann, »wir wandeln hier auf lauter Staub; gedenkt nur der unzähligen Christen, welche einst Nero, Domitian, Decius und Diocletian den Tieren vorwarfen, ans Kreuz schlagen und erwürgen ließen.« Die Stimme des Priesters hallte in der großen, halbdunklen Rotonda mächtig wider, und das Echo schmetterte von dem Gewölbe: Nero! Domitian! Decius! Diocletian!, daß es schien, als riefen diese schreckenden Namen die Geister Roms selbst herunter. Ich saß am Grabe Raffaels, und indem ich durch das Dämmerdunkel auf die knieenden Gruppen und die weiße Gestalt des Priesters blickte, erschien mir der Mann wie ein Totenbeschwörer.

Charles Dickens sah Übereinstimmungen zwischen dem römischen Karneval, der gewöhnlich mit der feierlich-grotesken Schlußszene seiner allegorischen Beerdigung endete, und den »wirklichen Leichenbegängnissen und Trauerzügen Roms«: Dem Fremden fielen sie »vorzüglich durch die Gleichgültigkeit« ins Auge, »mit der der bloße Staub betrachtet wird, nachdem das Leben entflohen ist«. Die bisweilen grotesken Erscheinungsformen des christianisierten römischen Totenkults, wie sie auch die Grabdenkmäler von Sankt Peter zu erkennen geben, sind nichts anderes als die Kehrseite des Triumphgedankens: Beim triumphalen Übergang der Seele ins Jenseits bleibt das von der Seele entleerte Fleisch als ein zweideutiges Verfallsprodukt zurück – dem Staub und Gewürm übergeben und dennoch der Verheißung überantwortet, am Jüngsten Tage wiederaufzuerstehen.

Am Allerseelentag des Jahres 1787 folgte der römische Neuankömmling Karl Philipp Moritz den Menschen- und Prozessionszügen durch die Kirchen, mehr aber noch durch die »dunklen Behältnisse« ihrer Unterkirchen. Die *Reisen eines Deutschen in Italien* halten eine makabre Szenerie fest:

Die Kirchen waren inwendig und zum Teil auch auswendig schwarz bekleidet und mit den Abbildungen von Schädeln und Totenbeinen ausgeschmückt. Und allenthalben ertönte auf den Straßen das Geschrei der Kläglichbittenden um ein Almosen zu einer Totenmesse für die armen Seelen im Reinigungsfeuer (*per le povere anime del*

> *purgatorio!*). Am grauenvollsten war der Anblick einer unterirdischen, den Toten geweihten Kirche am Ufer des Tiber, die ich in der Dämmerung des Abends auf einer meiner ersten Wanderungen in Rom besuchte. [...]
>
> Und welch ein Anblick erfolgte nun beim Eintritt in diese unterirdische Kapelle, deren Wände von oben bis unten mit wirklichen Schädeln und Totenbeinen, die äußerst zierlich übereinandergelegt waren, ausgeschmückt, gleichsam mit dem ganzen verborgenen Schatze der grauenvollen Zerstörung prangten. Und, was noch dies alles übertraf, so waren große Nischen in den Wänden, worin die zusammengetrockneten Körper einiger unter freiem Himmel gestorbenen Armen, leibhaftig, und sogar noch mit ihren Lumpen bedeckt, und Stäbe in den knöchernen Händen haltend, aufgestellt, ein fürchterliches Schreckbild waren.

Die Ausstellungen menschlicher Skelette, die reliquiengleich in kostbare Draperien verkleidet wurden, und die Darbietungen menschlicher, zu kunstvollen Arrangements geordneter Gliedmaßen trafen im römischen Barock auf eine gesteigerte Nachfrage. Sie führte zu einem wahren Ausverkauf der Katakomben und anderer Gräberstätten, die von Skeletten langsam leergefegt wurden. Der bizarre Kommerz zeugte jedoch vom nahen Ende jahrhundertealter Toten- und Reliquiendienste, die vormals in den Märtyrer- und Hauptkirchen ihre streng geregelten Zentren hatten. Mit marodierenden Schatz- und Knochengräbern – auch mit deren modernen Nachfahren in Gestalt auswärtiger Sammler – hatte die Stadt freilich stets zu kämpfen. Keine Spuren der Vergangenheit hüteten die Römer indessen mehr als die geheiligten Reliquien ihrer Märtyrer. Dazu zählte buchstäblich jedes Körperteil und jedes Objekt, das sich mit der Gestalt eines Heiligen oder mit einem Ereignis der Heilsgeschichte in Verbindung bringen ließ. Als beispielsweise die byzantinische Kaiserin Constantina von Gregor dem Großen einen Körperteil des Apostels Paulus zur Niederlegung in der Confessio einer von ihr erbauten Kirche erbat, wies der Papst ihr Ansinnen energisch zurück. Er erinnerte an den Präzedenzfall der Graböffnung des heiligen Laurentius zu Umbauzwecken, woraufhin alle daran Beteiligten binnen weniger Tage eines plötzlichen Todes gestorben seien.

In dem »Traum in einem Traume«, der als eine einzige Vision von großen Kirchen in Charles Dickens' Erinnerungen an Rom »vorüberrollt wie ein Meer«, gleichen die Reliquien dem Strandgut:

> Eine schwächere Erinnerung kommt mir zuweilen von Reliquien in den Sinn; von einem Stück des Pfeilers von jenem Tempel, der sich in zwei Hälften zerteilte; von einem Stück des Tisches, der zum Letzten Abendmahl gedeckt worden; von dem Brunnen, an dem die Samariterin unserem Heiland zu trinken reichte; von zwei Säulen vom Hause des Pontius Pilatus; von dem Stein, an den die Hand des Erlösers gefesselt war, als er gegeißelt wurde; von dem Rost des heiligen Laurentius und dem Stein darunter, der noch befleckt war mit seinem Fett und Blut; alle diese prägten ein schattenhaftes Zeichen auf manche Kathedrale, wie eine alte Geschichte oder Fabel es tun könnte, und hielten sie für einen Augenblick fest, wie sie vor mir vorüberschwebte. Das übrige ist ein ungeheures Wirrwarr heiliger Gebäude von allerlei Gestalt und Aussehen, eines in dem andern verschwindend [...].

Den Reliquien wurden geheiligte Kräfte zugeschrieben, von denen man erwartete, daß sie gleichermaßen auf die Kirchengebäude, in denen sie aufbewahrt wurden, wie auf die dort Versammelten, die ihrer ansichtig wurden, übergingen. Daraus erklären sich die scheinbar gegensätzlichen kultischen Praktiken ihrer kunstreichen Verhüllung und wohlbehüteten Aufbewahrung einerseits wie ihrer feierlichen Darbietung und demonstrativen Zurschaustellung andererseits. Zu Roms kostbarsten Reliquien zählten die Köpfe mehrerer Apostel, das Kreuzesholz Christi, die Lanze des Longinus, die dem Gekreuzigten in die Seite gestoßen wurde, sowie das Schweißtuch der Veronika, die berühmte *vera icona* mit dem Gesichtsabdruck des Erlösers. Sie wurden zu hohen Feiertagen und in Heiligen Jahren zu festgelegten Stunden den in Rom versammelten Pilgern präsentiert. Montaigne beschrieb das Zeremoniell und die Reliquien selbst:

> Am Tage vor Ostern sah ich in San Giovanni in Laterano die Häupter des heiligen Paulus und des heiligen Peter, die dort vorgezeigt werden. Die Fleischteile, Farbe und Haarwuchs sehen aus, als ob sie leb-

> ten. Das Gesicht St. Peters ist weiß, ein wenig länglich, die Haut purpurfarbig und Vollblütigkeit verratend, der geteilte Bart grau; das Haupt ist mit der Papstmitra gekrönt. St. Paul ist schwarz, hat ein breites und volleres Gesicht und einen stärkeren Schädel, der Bart ist grau und dicht. Die Köpfe werden von oben von einem besonderen Ort herab gezeigt. Das Volk wird durch Glockengeläut herbeigerufen, und dann sinkt von Zeit zu Zeit ein Vorhang, hinter dem die Häupter nebeneinander ruhen. Sie bleiben so viel Zeit, als man zu einem Ave Maria braucht, sichtbar, dann steigt der Vorhang wieder plötzlich in die Höhe. Nach einer Weile senkt er sich von neuem, und das bis zu drei malen. Die Schaustellung erfolgt vier- bis fünfmal am Tag. Die Zuschauer stehen ungefähr eine Lanzenhöhe tiefer und können außerdem die Reliquien nur durch dicke Eisenstäbe hindurch sehen.

Ähnliche Beobachtungen machte Montaigne während der Karwoche auch in Sankt Peter und beschrieb bei dieser Gelegenheit auch die Reaktionen der versammelten Menge:

> Während dieser Tage ist das Schweißtuch der Veronika ausgestellt, das Gesicht, das aus einem Rahmen wie aus einem Spiegel schaut, trägt Leidenszüge, seine Farbe ist dunkel und verschwommen. Es wird mit Entfaltung großer Zeremonien von einem fünf bis sechs Fuß breiten Gerüst herab gezeigt. Der Priester, der es vorweist, trägt rote Handschuhe, und zwei oder drei andere helfen ihm dabei. Nichts kann mit größerer Verehrung angesehen werden; das Volk liegt zu Boden, die meisten haben Tränen in den Augen und stoßen Rufe des Mitleids aus. Eine Frau, die als Spiritata [Besessene] gilt, begann beim Anblick dieses Gesichtes zu toben, schrie und wand und rang die Arme. Die Priester schreiten um das Gerüst herum und zeigen das Tuch dem Volk, bald hier, bald da, und bei jeder neuen Bewegung stoßen die, denen es hingehalten wird, Schreie aus. Dort wird auch zur gleichen Zeit und mit derselben Zeremonie das Eisen der Lanze in einer Kristallflasche gezeigt. Die Vorweisung geschieht mehrere Male an diesem Tag, und das Volk versammelt sich in so ungeheurer Menge, daß bis weit vor die Kirche, so weit der Blick bis zum Gerüst reichen kann, sich eine außerordentliche Zahl von Männern und Frauen drängt.

Auch der Neubau des Petersdoms war zuvorderst auf den Toten- und Reliquiendienst ausgerichtet. Die Aufbewahrungsstätte der Grabreliquien des Apostels Petrus, die Confessio unter dem Altarraum, blieb weiterhin der architektonische Mittelpunkt der Basilika und stand im Zentrum aller liturgischen und rituellen Handlungen. Das war in der alten Basilika nicht wesentlich anders. Auch ihre Confessio war von einem Baldachin überkrönt, und seine schraubenförmig gewundenen Säulen stammten angeblich aus dem Tempel Salomos in Jerusalem. Die einst provisorisch hochgezogenen Gerüste, von denen herab man die Reliquien ausstellte, wurden in der neuen Basilika hingegen zur dauerhaften Architektur und Bauskulptur verwandelt. Die Vierung des Altar-

Peterskirche, Blick in Vierung und Kuppelgewölbe
Stich aus dem 17. Jahrhundert

raums mit den kolossalen Pfeilerfiguren des Longinus mit der Lanze Christi, der Kaisermutter Helena mit dem Kreuze Christi, der heiligen Veronika mit dem Schweißtuch und dem Apostel Andreas mit dem Märtyrerkreuz versammelt statuarisch die Träger der Hauptreliquien des Kirchenschatzes von Sankt Peter. Oberhalb der Statuen sind erklärende Epitaphien angebracht und darüber öffnen sich Triumphalnischen mit Balkonen, von denen herab die Ausstellung der Reliquien erfolgte, die in dahintergelegenen Kapellen verwahrt wurden. Charles Dickens hat der Reliquienschau während der römischen Karwoche beigewohnt, und seine Beschreibung läßt erkennen, daß sich in den dreihundert Jahren, seitdem Montaigne zum Zeugen derselben Zeremonie geworden war, nur die Szenenarchitektur, nicht aber die Handlungen und ihre Wirkungen verändert hatten:

> Später fand die Ausstellung der Reliquien in der Peterskirche statt, nämlich zwischen sechs und sieben Uhr abends, ein Schauspiel, welches durch die Dunkelheit, die in der Kirche herrschte, und die große Menschenmenge, die darin war, sehr effektvoll wurde. Die Reliquien wurden eine nach der andern von drei Priestern auf einen hohen Balkon, nicht weit vom Hauptaltar, gebracht; das war der einzig erleuchtete Teil der Kirche. Hundertzwölf Lampen brennen beständig um diesen Altar und außerdem noch zwei große Kerzen neben der schwarzen Bildsäule des heiligen Petrus; aber das war soviel wie gar nichts in dem ungeheuren Gebäude. Die tiefe Dämmerung und die überall zum Balkon hinaufgewendeten Gesichter und das Niederstürzen der wahren Gläubigen auf den Boden, als glänzende Gegenstände, ähnlich Bildern oder Spiegeln, der Menge gezeigt wurden, war von großer Wirkung, trotz der wirklich seltsamen Weise, mit der man sie zur allgemeinen Erbauung ausstellte, und der großen Höhe, in der man sie zeigte, welche, sollte man meinen, eher geeignet war, den tröstlichen Eindruck der Überzeugung von ihrer Echtheit zu verringern.

Die Hauptreliquien des Kirchenschatzes von Sankt Peter sind allesamt unmittelbar oder – im Falle des Apostels Andreas – mittelbar mit dem Kreuzestod des Erlösers verbunden. Ihre Geschichte und die Wege, über die sie nach Rom kamen, überkreuzen sich mit der Zeitenwende von der heidnischen zur christlichen Welt und mit

Hl. Longinus, Peterskirche
Gian Lorenzo Bernini, 1638

dem Übergang vom Imperium zum Sacerdotium. Longinus war der heidnische Römersoldat, der mit einem Lanzenstich in Christi Seite dessen Tod bekräftigte, vom Anblick des Erlösers jedoch so tief bewegt wurde, daß er darüber zum gläubigen Christen wurde und später selbst den Märtyrertod erlitt. Das Standbild des Lanzenträgers hat Bernini mit einem Pathos in den Gesichtszügen versehen, das dem vatikanischen *Laokoon* nachempfunden ist. Die Lanzenreliquie selbst wurde von Papst Innozenz VIII. im Jahre 1492 erworben und feierlich in Rom eingeführt. Auf seinem Grabmal, das Antonio del Pollaiuolo noch für die alte Peterskirche geschaffen hatte, aus der es ins linke Seitenschiff der neuen Basilika verlagert wurde, ist der Papst *in cathedra* dargestellt. Während seine rechte Hand majestätisch zur Segensgeste erhoben ist, präsentiert er mit der Linken die Spitze vom Speer des Longinus.

Das Schweißtuch der Veronika zählt zu den wertvollsten Reliquien der Christenheit. Einer apokryphen, außerhalb der Evangelien entstandenen Legende nach ist die junge Bewohnerin Jerusalems dem Schmerzensmann auf dem Weg zur Kreuzigungsstätte des Golgatha gegenübergetreten und habe ihm ihr Schweißtuch überreicht, auf dem dieser seinen leidenden Gesichtsabdruck hinterlassen hat. Die römische Legendenbildung sorgte dafür, daß sich im Anblick des Dornengekrönten alsbald ein mit der Imperatorenkrone versehenes Haupt spiegelte: Als der römische Kaiser Tiberius an unheilbarem Aussatz erkrankte, entsandte er einen Vertrauten nach Jerusalem, um dort nach einem berühmten Arzt namens Jesus zu forschen, von dem und dessen göttlichen Wundertaten er gehört habe, und ihn nach Rom zu bringen. Der Ruf an den Kaiserhof traf jedoch zu spät in Jerusalem ein, und der römische Statthalter Pilatus hatte den Gesuchten bereits hinrichten lassen. Der Gesandte, der den Pilatus für sein Fehlurteil verhaften und in Ketten bringen ließ, gelangte jedoch in den Besitz des Schweißtuchs der Veronika und kehrte mit dem Abbild des Erlösers nach Rom zurück. Als der Kaiser das »wahre Bildnis« des Herrn erblickte, warf er sich in Ehrfurcht und Tränen davor nieder und wurde vom Aussatz geheilt. Die vormalige Besitzerin belohnte er reichlich; das Schweißtuch ließ er in kostbare Materialien einfassen und verwahrte es in seinem Palast, von wo es späterhin an die Hauptkirche der Christenheit überging.

Die Geschichte der frommen Kaiserinmutter Helena, der Dritten im Bunde der vier Pfeilerfiguren im Altarraum über dem Apostelgrab, ist mit der Auffindung von Christi Passionsreliquien und vor allem des Kreuzesholzes verwoben. Nach seinem Tod wurde Jesus mitsamt den Passionswerkzeugen in eine Grube gelegt, die nach seiner Auferstehung als Heiligtum verehrt, doch unter Kaiser Hadrian zugeschüttet und mit einem Venustempel versiegelt wurde. Zwei Jahrhunderte danach ließ Konstantin der Große den heidnischen Tempel wieder abreißen und an dessen Stelle die Grabeskirche errichten. Während der Bauarbeiten kam seine Mutter Helena persönlich nach Jerusalem, um unter der Erde nach dem Kreuzesholz zu suchen. Zunächst kam der auf Geheiß des Pilatus angeheftete Kreuzestitel mit den lateinisch, griechisch und hebräisch gehaltenen Lettern INRI – »Jesus von Nazareth, König der Juden« – ans Licht, bald darauf auch das Kreuz selbst. Helena ließ den Fund aufteilen, beließ einen Teil vor Ort, verschickte den zweiten nach Konstantinopel zu ihrem Sohn und brachte den dritten Teil persönlich nach Rom, um ihn der von ihr gegründeten Basilika *Santa Croce in Gerusalemme* zu stiften. Seither ist diese Kirche dem Kult des heiligen Kreuzes und der *translatio imperii* geweiht. Infolge der lokalen wie weltgeographischen Verteilung der Kreuzespartikel vermittelt sie als zentrale römische Relaisstation zwischen Sankt Peter, seinen Satelliten in aller Welt und der Jerusalemer Grabeskirche. Über die Engelsbrücke, auf der die Engel mit dem Kreuzesholz, dem Kreuzestitel, dem Schweißtuch und der Lanze die marmornen Abbilder der in Sankt Peter versammelten Reliquien präsentieren, wird auch dieser Verkehrsstrom nach allen Himmelsrichtungen dirigiert.

Die in der Kapelle hinter dem Balkon des zugehörigen Vierungspfeilers verwahrte Reliquie des heiligen Andreas ist das Haupt jenes Apostels, der wie Jesus und sein leiblicher Bruder Petrus den Kreuzestod erlitten hatte. Der Humanist und Dichter Enea Silvio Piccolomini, der 1458 als Pius II. den Papstthron bestieg und über beste internationale Beziehungen verfügte, hatte die Reliquie vom letzten byzantinischen Kaiser erworben, der nach der Eroberung Konstantinopels durch die Türken, von Patriarchen und Gelehrten begleitet, nach Italien geflohen war. Das zur römischen Ankunft des Apostelhaupts veranstaltete triumphale Fest hat Gregorovius nach den Zeugnissen geschildert:

> Pius hatte dazu Einladungen an die Städte Italiens gesandt und den Teilnehmern am Fest Jubiläums-Indulgenzen bewilligt. Im April 1462 wurde die Reliquie von den Kardinälen Bessarion, Piccolomini und Oliva aus Narni abgeholt. Auf den Wiesen diesseits des Ponte Molle [Milvio], wo sie am Palmsonntage, dem 11. April, eintrafen und wo am folgenden Tage der Empfang stattfinden sollte, hatte man Tribünen und einen Altar aufgestellt. Der Papst wollte die Köpfe Peters und Pauls dem Ankömmlinge zur Begrüßung entgegenbringen, doch das zu schwere Gewicht ihrer Hüllen verbot dies. Er ritt in Prozession mit den Kardinälen dorthin: sie alle trugen Palmen, gleich den Tausenden weißgekleideter Priester. Bessarion, ein ehrwürdiger Mann mit langem Bart, jetzt Vertreter Griechenlands, reichte am Altar das Kästchen, worin der Schädel lag, weinend dem Papste dar. Weinend und totenbleich warf sich dieser vor dem Apostelhaupt nieder, dann richtete er als echter Sohn seiner Zeit eine lateinische Begrüßungsrede an den Ankömmling. »So kommst du endlich, o allerheiliges duftendes Apostelhaupt, durch die Türkenwut von deinem Sitz vertrieben. Zu deinem Bruder, dem Fürsten der Apostel, nimmst du als Verbannter deine Zuflucht. Dies ist die Alma Roma, welche du vor dir siehst, und die dem kostbaren Blute deines leiblichen Bruders gewidmet ist. Die Römer sind die Nepoten deines Bruders und sie begrüßen dich alle als ihren Oheim und Vater.« [...] Als er Gott anrief, durch die Vermittlung des Apostels die Christenheit vom Türkenjoch zu befreien, und das Haupt hoch auf der Tribüne vor allem Volk erhob, antwortete ihm das tausendstimmige Geschrei: ›Misericordia!‹ Die päpstliche Kapelle sang eine vom Dichter Agapito Cenci gedichtete sapphische Festhymne; die Prozession setzte sich nach Rom in Bewegung, während der Papst die Reliquie in Händen trug. Er übernachtete in S. Maria del Popolo.
>
> Am folgenden Tage brachte man das Apostelhaupt nach dem Vatikan, wobei der Papst auf dem goldenen Thronstuhle getragen ward. 30 000 Kerzen flammten in dem Zuge, welcher sich stundenlang erst

> längs des Tiber, dann am Pantheon vorbei und auf der Via Papalis fortbewegte. Mit Mühe bahnten ihm die Milizen den Durchgang durch die Volksmenge. Blumengewinde und Teppiche umhüllten die Häuser; aus Fenstern und Türen grüßten mit angezündeten Lichtern schöngeschmückte Frauen das vorübergetragene Haupt. Weihrauchduftende Altäre standen auf den Straßen, Gemälde und Statuen auf den Plätzen. [...] Die Reliquie wurde endlich in den prachtvoll erleuchteten Dom getragen. Dort saß im Vestibulum noch die Statue St. Peters: der Papst brach in Tränen aus, wie er an ihr vorüberkam, als ob diese Figur die Begegnung mit dem Bruder fühlen sollte. Als das Haupt endlich in der Konfession niedergelegt ward, hielt noch Bessarion eine Rede an St. Peter, worin er seine Überzeugung aussprach, daß der Apostelfürst seinen Bruder an den Türken rächen und daß Andreas als neuer Prorektor Roms die Könige zum Kreuzzug vereinigen werde.

Römische Familien- und Totenkulte, Bilder- und Reliquiendienste wirkten bei festlichen Anlässen zusammen, und in den Bewegungen der Prozessionen gingen sie überein: Prozessionen verbanden räumlich getrennte Orte und Stationen miteinander, verknüpften jenseits der Mauern gelegene Stationen mit der Stadt der Lebenden und verschränkten diese wiederum mit ihrem heiligsten Grab. Von Totemismus, als der Kehrseite frommer und festlicher, wenn auch bisweilen grotesker Toten- und Reliquienkulte zeugt hingegen eine ganze Reihe sanktionierter Gewaltrituale, die in der römischen Antike an lebenden, im christlichen Rom vor allem an toten Körpern vollzogen wurden. Über die Hinrichtung eines Delinquenten berichtete Montaigne:

> Sein Tod bot nichts Ungewöhnliches; er blieb regungslos und sprach kein Wort. Es war ein dunkler Mann von etwa dreißig Jahren. Nachdem er gehenkt war, wurde er in vier Stücke geschnitten. Sie lassen die Menschen kaum anders als eines einfachen Todes sterben und lassen ihre Härte erst am Leichnam aus. [...] Das Volk, das ganz ruhig angesehen hatte, wie dieser Verbrecher erdrosselt wurde, schrie bei jedem Hieb bei der Zerstücklung mitleidig auf. Sofort nach dem Tod traten ein oder mehrere Jesuiten oder andere Geistliche auf irgendeine Erhöhung und begannen, der eine hier, der andere da, laut schreiend zum Volk zu predigen, um ihm das Beispiel zu Gemüte zu führen.

Schlimmer noch wurde in den Frühzeiten der römischen Bürgerkriege gelegentlich mit den Leichen von Päpsten verfahren, so mit dem unter seinem Nachfolger in Ungnade gefallenen Papst Formosus, über den im Jahre 897 in Gegenwart des Kaisers eine makabre Leichensynode einberufen wurde, von der die Geschichtsschreibung berichtet:

> Die Kardinäle und Bischöfe und viele andere geistliche Würdenträger versammelten sich. Die Leiche des Papstes, ihrer Gruft entrissen, worin sie schon mehrere Monate geruht hatte, wurde mit den pontifikalen Gewändern bekleidet und im Konziliensaal auf einen Thron niedergesetzt. Der Advokat des Papsts Stephanus erhob sich, richtete sich gegen diese schauerliche Mumie, welcher ein bebender Diaconus als Anwalt zur Seite stand, hielt ihr die Klagepunkte entgegen, und der lebende Papst fragte den toten in irrsinniger Wut: »Warum hast du aus Ehrsucht den Apostolischen Stuhl usurpiert …?« Der Anwalt des Formosus brachte seine Verteidigung vor, wenn ihm Schauder zu reden erlaubte; der Tote ward überführt und verurteilt; die Synode unterschrieb sein Absetzungsdekret, sprach das Verdammungsurteil über ihn aus und bestimmte, daß alle diejenigen, welche Formosus ordiniert hatte, neu zu ordinieren seien. Die päpstlichen Gewänder wurden der Mumie abgerissen, die drei Finger der rechten Hand, womit die Lateiner den Segen erteilen, abgeschnitten, und man schleppte den Toten mit barbarischem Geschrei aus dem Saal, schleifte ihn durch die Straßen und stürzte ihn unter dem Zulauf des heulenden Pöbels in den Tiberfluß.

Die Empfindungen von Schrecken, Furcht und Mitleid, den die am geschundenen toten Leib verübte Gewalt auslöste, entsprach eher der altheidnischen als der christlichen Mentalität. So mag aus dieser doppelten mentalen Bindung, die sich zumal im Abschreckungssinne wirksam machen ließ, auch die drastischen Darstellungen – vor allem in der Wiedergabe von Martyriumszenen – niemals abgeneigte römische Bildersprache verständlich werden. Sie war nicht nur auf die Malerei und Skulptur beschränkt, sondern fand ihren Ausdruck auch in theatralischen Darbietungen: Sogenannte *Rappresentazioni*, die Nachfahren mittelalterlicher geistlicher Schauspiele, kamen vor allem während der Totenwoche an verschiedenen Orten Roms zur Aufführung.

Das Drama, welches die Basiliken und Kirchen der christlichen Märtyrer im Verbund von Architektur, Skulptur, Malerei, Ritus und Liturgie gestalteten, verlagerten sie ins Freie, verlegten es vorzugsweise auf die Friedhöfe und setzten es so lebensnah in Szene, als wäre es noch immer Gegenwart. Außer von Szenen der heiligen Agnes mit lebenden Akteuren berichtete Gregorovius 1853 von einem ziemlich abscheulichen »Wachsfigurenkabinett«, das wie ein Vorläufer des *Grand Guignol* und heutiger Horrorvideos »auf dem Kirchhof am Lateran« zur Aufführung kam, damit am selben Ort, der 1000 Jahre zuvor jenes seltsame Leichengericht über den Papst Formosus gesehen hatte:

> Dort wurde der heilige Erasmus und sein Martyrium gezeigt. Der Heilige liegt rücklings mit aufgeschnittenem Bauch auf einem Gestell, die Eingeweide heraus, welche zwei Henkersknechte aufhaspeln und um eine Garnwinde winden. Erasmus sieht und hört nichts mehr, denn sein Kopf sinkt schon ersterbend zur Erde. Neben ihm steht ein Priester des Zeus, das Haupt bekränzt, in schönster Gewandung, und zeigt mit liebevoller Gebärde auf das Jupiterbild in der Ecke, vor welchem eine Opferflamme brennt. Auf keine Weise ist dieser Heidenpriester als fanatischer oder diabolischer Mensch vorgestellt, sondern eine sanftmütige Miene sagt offenbar: »Siehst du, mein Freund Erasmus! Jetzt werden dir die Eingeweide herausgehaspelt, weil du diesem höchsten Jupiter nicht hast opfern wollen [...].

Trotz dieser »kannibalischen Szene«, so schloß der Beobachter, »waren die Figuren mit viel malerischem Verstande und offenbar von einem Künstler drapiert; ich erinnere mich kaum, bessere Wachsfiguren gesehen zu haben. So unmenschlich auch die Szene war, so beleidigte sie doch das Gefühl weit weniger als das entsetzliche Gemälde des Nicolas Poussin in der vatikanischen Bildergalerie, welches denselben Gegenstand darstellt«.

Der Betrachter des 19. Jahrhunderts klagt gegenüber dem Gemälde besondere »Ansprüche an ein ästhetisches Kunstwerk« ein, die sich mit dem populären Genre einer »Märtyrerabschlachtung, vor deren Greuel man nur durch Ironie sich retten« könne, nicht vertragen. Die festliche Gebrauchskunst nimmt er zwar von solchen Vorbehalten aus, doch registriert er immerhin die Spanne, die beide Gattungen bildnerischer Darstellung miteinander verbindet: »Die barbarische Lust der alten Römer an der Qual sterbender Tiere und Menschen scheint sich vielfach in die christliche Malerei hinübergerettet zu haben, nur noch ekelhafter und frivoler.«

Dieses Urteil dahingestellt, kommt Gregorovius auf seinen kaleidoskopischen Streifzügen durch die römische Figurenwelt, die – wie auch die Spaziergänge von Montaigne, Moritz und Dickens und ähnlich wie die bizarren Kabinette im Hause von Mario Praz – »in aufsteigender Linie« zwar »unter der Erde« begannen, um doch bei Roms himmelsnahen »Herrlichkeiten« zu enden, zum entscheidenden Schluß:

> Dies Rom ist eine wunderliche Figurenwelt. Die ganze Entwicklungsgeschichte der Erde ist hier in Figuren zu finden, von den Museen des Vatikans und des Kapitols und den Kirchen herab bis auf die Springbrunnen des Bernini und die Marionettentheater. Denn alle diese Figuren und Figürchen, Göttergestalten, Menschengestalten und Tierbilder sind ebensoviel geschichtliche Formen des Menschen […]; am Ende kann sich auch die Marionettenpuppe neben Laokoon stellen und ausrufen: »Anch'io sono Laocoonte!«

Anch'io sono scultore – »auch ich bin Bildhauer« – scheint indessen die groteske Bronzefigur des Todes sagen zu wollen, die sich in der Tribuna des Petersdoms vom reich mit architektonischen Schmuckformen verzierten Deckel des Sarkophags Urbans VIII.

Detail vom Grabmal Urbans VIII., Peterskirche Gian Lorenzo Bernini

aufbäumt, um am Marmorsockel des Grabdenkmals für den Barberinipapst eine Inschrifttafel mit dem Namen und Titel des Verstorbenen anzubringen (VRBANVS VIII BARBERINVS PONT MAX). Das Ensemble ist Grabmal für den sterblichen Leib des Maffeo Barberini und Ehrenmal für den in Amtstracht, mit der Tiara auf dem Haupt und in majestätischer Pose als unsterblich dargestellten Papst in einem.

Berninis Werk, entstanden zwischen 1628 und 1644, überschreitet gleich mehrfach die räumlichen und tektonischen Grenzen, die ihm durch seinen Aufstellungsort in einer Nische gesetzt sind. Nicht nur die Verwendung unterschiedlicher Werkstoffe mit kontrastierenden Farbwirkungen und die Erzeugung gleichsam malerischer Effekte, sondern auch der architektonische Umgang mit den Mitteln der Skulptur wie im Gegenzug die skulpturale Gebrauchsweise architektonischer Mittel sorgen hier für eine Dramatik, die jeden Rahmen sprengt, unter welchem einzelne Künste und einzelne künstlerische Gattungsformen gemeinhin operieren. Während die in strahlendes Weiß marmorierten allegorischen Gruppen der »Liebe« (*Caritas*) und »Gerechtigkeit« (*Justitia*), die den schwarzgoldenen Bronzesarkophag beiderseits flankieren, sich wie lebendige Figuren auf den Sarg aufstützen oder anlehnen, überschreiten sie zugleich die äußeren Begrenzungen der bogenförmigen Nischenarchitektur. Auf der Höhe der vertikalen Mittelachse erfolgt ein noch dramatischerer Dialog zwischen der Figur des Todes unten auf dem Sarkophag und der lebensnahen Monumentalgestalt des Papstes auf dem Denkmalsockel: Mit der Geste des Todes, der gerade im Begriff ist, das Werk des Bildners gleichsam durch seine Signatur zu vollenden – womit der Bildhauer Bernini seinerseits dafür Sorge getragen hat, daß sein Werk in einem permanent werdenden Zustand zur Dauer gelangt ist –, wird die gebieterische Geste des statuarisch verewigten Papstes nach Art eines *Memento* hintertrieben. Während der unsterbliche Amtskörper des Papstes, der den stolzen Namen eines *Urbanus* angenommen hatte, wie ein Weltenherrscher seine Rechte weit ausgestreckt hält, hat er sein bekröntes Haupt zum Boden geneigt und seinen Blick nach unten gesenkt – zur Erde, auf welcher der Sarg steht, der seinen sterblichen und längst aufgezehrten Leib enthält.

Noch weiter *in extremis*, in die Grenzbereiche zwischen Leben und Tod, die schließlich mit der Überwindung der letzten Schranken zwischen Architektur, Skulptur und Malerei und der Schwellen zwischen Natur und Kunst oder zwischen Wirklichkeit und Illusion zusammenfallen, ging Bernini Jahrzehnte später im Grabmal für den Dritten im Bunde seiner päpstlichen Mäzene: Das Denkmal für den Chigipapst Alexander VII., das sich vor dem Ende des linken Seitenschiffs gegenüber dem hinteren Vierungspfeiler befindet, entbehrt eines Sarkophags. Statt dessen führt ein in besonders dunklen Marmor eingefaßtes Portal in noch nachtschwärzeren Schatten. Dabei erfüllt dieser vorgetäuschte Grabraum für die sterblichen Überreste des Chigi eine durchaus reale räumliche Funktion im labyrinthischen Bau des Petersdoms: In Umkehrung der für den davorstehenden Besucher erzeugten gespenstischen Illusion eines Durchgangs gleichsam hinab nach dem Orkus oder zumindest eines Zugangs zum geschlossenen Raum eines Mausoleums, führt der Gang dahinter tatsächlich aber an ganz andere Orte: einerseits nach draußen, ins Freie, auf die jenseits der Sakristei des Petersdoms gelegene Piazza Santa Marta der Vatikanstadt, andererseits – in gleichsam ironischer Korrektur der heidnischen Jenseitsauffassung – zu einem der Aufgänge nach oben, zur Peterskuppel, oder, wenn man so will, »zum Himmel« – zumindest zum Himmel über Rom.

Der dramatisch belebte Grenzwächter sowohl an diesem Übergang vom Inneren des Petersdoms zur schattenhaften Tiefe eines Grabgewölbes als auch an der Nahtstelle von Grabmalsarchitektur und Denkmalskulptur ist wiederum die groteske Gestalt des Todes: Sein in Bronze gegossenes, vollständiges Gerippe taucht aus den Falten eines aus sizilianischem Jaspis gebildeten und über dem Portal ausgebreiteten Bahrtuchs hervor und setzt zu einem horizontalen Schwebeflug an. Im Schwung eines zitternden Uhrzeigers hebt der Tod ein Stundenglas in die Höhe und lüftet im wörtlichen wie symbolischen Sinn »den Vorhang« über dem Geschehen. Darüber erhebt sich ein Denkmalsockel, auf dem kniend

Grabmal Alexanders VII., Peterskirche
Gian Lorenzo Bernini, 1672

und mit gefalteten Händen der Verstorbene in lebendiger Gestalt und in Vorderansicht postiert ist. In andächtiges Gebet versunken, hat er die Papstkrone abgelegt. Halb eingehüllt von den Falten seines Gewandes, ruht sie neben einem täuschend echt aussehenden Kissen, auf dem der Papst in die Knie gegangen ist. Wie von einem vierstimmigen Chor wird der pyramidale Gesamtaufbau von allegorischen Figuren umringt, die als Personifikationen der Gerechtigkeit, der Weisheit, der Liebe und der Wahrheit dem Geehrten ihre Huldigungen bezeigen und selbst als *dramatis personae* am Geschehen teilhaben.

Neben dem Tod, der im triumphalen Trauerkonzert die Rolle des Dirigenten einnimmt, erfüllt die Figur der Wahrheit einen herausragenden Solopart: So passiv, unberührt und in sich selbst versunken sie madonnengleich am äußersten rechten, wiederum weit aus der Nische in den Kirchenraum hinausragenden Rand postiert ist, mit einem Fuß auf einer Erdkugel stehend, ist sie das vermittelte und vermittelnde Objekt einer von den Klimmzügen und Fängen des Todes ausgelösten, explosiven Bewegungsdynamik. Sie erschüttert nicht nur den Gesamtapparat – wie die Feuerwerkskunst einer *Girandola* den Himmel über der Peterskuppel und der Engelsburg –, sondern *enthüllt* im gleichen Zug und im allerwörtlichsten Sinn auch den von Bernini inszenierten Hauptgedanken des Werks: In steinerner Übersetzung der alten Spruchweisheit *Veritas filia temporis* (»die Wahrheit ist die Tochter der Zeit«) hat der leibhaftige Schnitter durch sein Zerren an der japsiden Vorhangdraperie die *Wahrheit* zu vollständiger Blöße enthüllt und scheint doch selbst aus Scheu vor deren strahlendem Anblick sich »unter die Decke« verkriechen zu wollen. Bernini hatte die »Wahrheit« in der Tat nackt, mit vom Vorhang gelüftetem Leib dargestellt, bis ein nachfolgender päpstlicher Domherr ihr ein weiß übertünchtes Blechkleid überstülpen ließ und mit der dramatischen Entkleidungsszenerie, die Bernini zum Vorläufer eines Marcel Duchamp machte, die Pointe zerstörte.

Mit dem Grabdenkmal für seinen langjährigen päpstlichen Mäzen hatte Bernini zugleich einen Triumph seiner und aller Kunst in Szene gesetzt. Ihre Macht zur Verwandlung läßt die Kunst über den mortifizierenden Fluß einer Zeit triumphieren, die im Schnitter Tod ihr Sinnbild findet. Als Enthüllerin einer Wahrheit, die zwischen zwei Welten operiert und zwischen ihnen vermittelt, macht sie eine andere, eine eigene Zeit, die weder verfließt noch verrinnt, sichtbar und greifbar, hält sie an und speichert sie im Raume. »Und welcher Künstler sollte nicht lieber einen Engel als ein Gerippe bilden wollen?«, so schloß einst mahnend Gotthold Ephraim Lessing seine Abhandlung *Wie die Alten den Tod gebildet*. Bernini löste diesen Konflikt, indem er noch das scheußlichste Gerippe dazu in Bewegung versetzte, der Wahrheit der Kunst zu engelsgleicher Anmut, Schönheit und Transparenz zu verhelfen: Mit ihrer Enthüllung hat sich der Tod selbst überlistet, und vor ihrem enthüllten Glanze schreckt der Schnitter selbst zurück und sucht vor lauter Scham sein erbärmliches Skelett zu verbergen.

Schule von Athen (Ausschnitt)
Stanza della Segnatura, Vatikan
Wandgemälde von Raffael, 1508–11

Epilog

Der Himmel über Rom

»Das Bild der Stadt Rom, wie es einem Fremden erscheint«, schwebte Federico Fellini bei den Dreharbeiten zu *Roma* vor, dem Film über eine Stadt, »die uns ganz nah und doch fern ist wie ein Planet«, anziehend und abweisend zugleich: »Rom ist eine horizontale Stadt aus Wasser und Erde, hingebreitet, und darum eine ideale Plattform für die Phantasie.« Wie der fremde Besucher werde auch der Zuschauer »bald nicht mehr das objektive Rom sehen, sondern seine eigene Stadt, eine ideale Stadt, auf die alle seine Wunschträume zielen«.

Romerfahrungen haben ihren Preis. Außer in Devisen, werden sie mit Melancholie bezahlt. »O wie ist mir diesmal der Abschied von Italien schwer geworden!«, schrieb Jacob Burckhardt und fügte hinzu: »Ich weiß es jetzt, daß ich außerhalb Roms nie mehr recht glücklich sein werde.« Seit seinem Auszug durch die Porta del Popolo konnte auch Goethe nie mehr den Schmerz verwinden, »das liebe Rom mit dem Rücken haben ansehen [zu] müssen«. Noch ein Vierteljahrhundert danach habe er im häuslichen Gespräch mit dem Kanzler Müller plötzlich vor einer Ansicht Roms mit der Milvischen Brücke innegehalten und darauf mit den Worten gedeutet: »Euch darf ichs wohl gestehn, seit ich über den Ponte Molle heimwärts fuhr, habe ich keinen glücklichen Tag mehr gehabt.«

In seinem letzten fiktiven Brief aus dem Rom des Jahres 1818 schilderte der Dichter Wilhelm Müller den Trennungsschmerz, der ihn beim Abschiednehmen von seinen »liebsten Plätzen, Ruinen, Kirchen und Villen« überfiel; denn »tiefer als im ersten Anblicke« ergriff ihn die Liebe auf den letzten Blick:

> Von der Pyramide ging ich längs dem Tiberufer und über das Forum nach dem Corso zurück. Es mochte eine halbe Stunde vor Ave Maria sein, und die Wagen und Spaziergänger zogen sich aus der Straße über die Piazza del Popolo den Monte Pincio hinauf. Ich folgte traurig der fröhlichen Menge. [...]
>
> Wie oft habe ich diese Gänge durchschritten, wie oft auf diesen Bänken gesessen und über die Ewige Stadt hinabgeschaut, wenn die untergehende Sonne aus Pinien und Zypressen ihre letzten roten Lichter über die Kuppeln und Turmspitzen streute! Ich kenne die Gesichter und Kleider, die an mir vorüberstreifen, ich weiß, wer aus den Wagen steigen wird, die vor dem Schlagbaume halten, und morgen wandelt und rollt die bunte Gesellschaft unverändert durch dieselben Gänge, und kein Auge vermißt mich.

Der heutige Besucher, der seinen Abschied von Rom nicht mehr wie einst vor der Porta del Popolo nehmen wird, könnte ersatzweise für einen letzten Gang in den Petersdom zurückkehren, als wanderte er gleichsam auf einer Römerstraße Ursprung und Ziel entgegen. Wie der Himmel über Rom zwar stets ohnegleichen ist, seine Wolkengebilde aber niemals wieder dieselben sein werden, die man einmal gesehen und bewundert hat, so ist auch der Innenraum von Sankt Peter, der von dort sein Licht empfängt, zu jedem Zeitpunkt ein anderer und verwandelter. Während der Sommermonate beispielsweise fällt das Licht um die Mittagszeit fast senkrecht von oben über den Baldachin in die Confessio hinab. Späteren Nachmittags tauchen die durch die Fenster der Kuppel schräg einfallenden Sonnenstrahlen den Marmorfußboden des Längsschiffes in gleißendes Licht. Schreitet man dann der Mittelachse entlang, so ist es, als bewege man sich mit Siebenmeilenstiefeln über die Erdkruste und die Gewässer des Globus: Von der Florentinermetropole Santa Maria del Fiore über die Kathedrale von Reims, den Kölner Dom und Westminster Abbey bis hin zur Hagia Sophia von Konstantinopel sind dem Fußboden die Längenmaße anderer Hauptkirchen der Christenheit zum Vergleich eingezeichnet. Sobald man das irisierende Strahlenbündel erreicht hat und selbst in dessen blendendes Licht- und Farbenspiel eintaucht, erblickt man allein noch in der fernen Apsis die um so leuchtender durchstrahlte künstliche Sonne der Gloriole, während der ganze weite Raum davor und daneben in dunklen Schatten versinkt.

Tritt der Betrachter wieder in die Schattenzone ein, so wird ihm ein neues Schauspiel zuteil: Durch den Triumphalbaldachin hindurch erblickt er unterhalb der Gloriole das goldbronzene Figurenensemble des Kathedraaltars; vier Kirchenväter, je zwei Vertreter des lateinischen und des griechischen Ritus, tragen auf ihren ausgebreiteten Händen das Symbol päpstlicher Macht und Heiligkeit, den in einen kostbaren Reliquienschrein eingefaßten Heiligen Stuhl, von dem man einst glaubte, daß ihn der Apostelfürst leibhaftig eingenommen hätte. Dem landschaftserfahrenen amerikanischen Schriftsteller James Fenimore Cooper erschien dieser Thron, vom Langhaus aus betrachtet, noch »so weit entlegen wie eine Bergschlucht oder ein Berggipfel«. Doch je näher man sich darauf zubewegt, um so höher scheint er sich wie ein Paternoster in die Höhe zu schwingen, wie er auch langsam wieder nach unten sinkt, sobald man sich erneut von ihm entfernt. Gleichzeitige Aufwärts- und Abwärtsbewegungen kommen auch in den Mienen und Gebärden der vier Kirchenväter und im Linienschwung ihrer Gewandungen zum Ausdruck. Als einer Schlüsselformel zu den Höhepunkten römischer Kunst begegnet man einer ähnlichen Dramatik auch an anderen Stellen des Vatikans, beispielsweise in Raffaels Gemälde der *Transfiguration* in der Pinakothek und im Fresko der *Schule von Athen* in den Stanzen oder in Michelangelos *Jüngstem Gericht* an der Altarwand der Sixtinischen Kapelle.

Steht der Besucher schließlich alleine vor der Balustrade der Apsis, ist er dem Flügelschwung der von der Sonne erstrahlten Taube am nächsten. Den riesigen Kirchenraum im Rücken, vermischen sich die Stimmen, Schritte und Töne des übrigen Publikums zu einem gleichförmigen Rauschen, das wie in einer einzigen Meereswoge langsam versinkt und nur noch von fern, wie von außerhalb des Raums und der Zeit vernehmbar ist. Der stillgestellte Raum und die stillgestellte Zeit sind gleichsam zu hören, und den lauschenden Betrachter mag an dieser Stelle eine merkwürdige Sensation überkommen. Von Herzklopfen und Schwindelgefühlen begleitet, scheint sie ein kosmisches Urgefühl freizu-

Der Himmel über Rom

Auf dem Dach der Peterskirche

setzen, das in der Medizin – nach dem, der es auf seiner Italienreise erstmals beschrieb – als »Stendhal-Syndrom« bekannt ist. »Und während ich dastand«, so bekannte auch der Verfasser des *Lederstrumpf,* »preßte ein überwältigendes Gefühl mir Tränen aus den Augen.«

Spätestens jetzt ist der Besucher, der sich von Rom verabschieden will, hinreichend gerüstet, den Aufstieg zum Dach und zur Kuppel der Peterskirche zu nehmen. Der Weg dahin – zunächst mit dem Aufzug, später über eine lange, aber beinahe wohnliche Wendeltreppe mit Sitznischen und Ausblicksmöglichkeiten – erlaubt eine Zwischenstation zur Umgehung des inneren Kuppelraums, der mit seinen in Gold und Blau erstrahlenden Mosaiken einem idealen römischen Himmel nachgebildet ist. Doch draußen auf dem Dach, unter dem wirklichen Himmel der Stadt, tritt man abermals in ein neues und ungeahntes, aufgrund seiner stupenden Unregelmäßigkeiten und Ungeformtheiten beinahe bizarres Rom ein. Der Weg zum Kuppelaufgang führt durch die Gassen und über die Plätze, entlang der Häuschen, Brunnen und Tempelchen, der Säulen, Bogen und Türmchen einer beinahe vollständigen Stadt im Kleinen. Karl Philipp Moritz kam diese steinerne, eher vom Zufall als vom Kunstsinn gestaltete Landschaft »nicht anders vor, als ob man sich auf ebenem Boden in irgendeiner sonderbar gebauten orientalischen Stadt befinde«. Da sich zu Füßen des großen Kuppelmassivs kleinere Kuppelschalen von den Kapellen des darunterliegenden Kirchenraums im Boden wölben, gerieten dem promenierenden Luftgänger alle Beziehungen und Abstände zwischen oben und unten derart ins Wanken, daß ihm »diese luftige Stadt halb unterirdisch« gelegen schien.

In dieser kleinen autarken Stadt in den Lüften unter dem weitgespannten römischen Himmelszelt hätte man sich zu Lebzeiten auch den Schriftsteller Italo Calvino beim Verfassen seiner *Unsichtbaren Städte* vorstellen können. Der Blick über die bebaute Stadtlandschaft gleicht der Betrachtung einer Felsenwüste, und von den hier postierten, auf ihren Rückseiten unbehauenen Blöcken der Fassadenstandbilder von Christus und den Aposteln wird dieser Eindruck noch verstärkt. Wird man so der ungeheuren

Dichte des römischen Stadtkerns und nach und nach einiger seiner Einzelheiten gewahr, die sich vor allem zum Tiberknie hin ineinanderschieben und miteinander verkeilen, so mutet Rom von hier aus in der Tat wie eine orientalische Traumstadt an. Wie Calvinos *Herr Palomar*, der auf seiner häuslichen Terrasse über den Dächern Roms ein neues Verhältnis zur Welt und den Dingen einging, »indem er es auf die Betrachtung der sichtbaren Formen beschränkte«, kann man beim Blick von hier oben, als würde man zum Vogel- oder Engelsflug über die Stadt ansetzen, versuchsweise sämtliche Regeln, Begriffe und Muster abstreifen, denen – »eingezwängt in der Tiefe« – die erdgebundene Welt gehorcht:

> Die wahre Form der Stadt erweist sich in diesem Auf und Ab von Dächern, alten und neuen Ziegeln, Hohl- und Flachpfannen, schlanken oder gedrungenen Kaminen, Lauben aus Schilfrohr oder mit welligen Eternitüberdachungen, Brüstungen, Balustraden, kleinen Pfeilern mit Vasen darauf, erhöhten Wasserbehältern aus Wellblech, Luken, Mansarden, gläsernen Oberlichtern, und über allem die Takelage der Fernsehantennen, krumm oder gerade, blank oder rostig, Modelle verschiedener Generationen, vielfach verzweigt und gehörnt und beschirmt, doch alle dürr wie Skelette und dräuend wie Totempfähle. Getrennt durch unregelmäßig gezackte Buchten von Leere belauern einander proletarische Dachterrassen mit Wäscheleinen voll bunter Wäsche und Tomatenstöcken in Zinkwannen, herrschaftliche Terrassen mit Kletterpflanzenspalieren auf Holzgerüsten und weißlackierten Gartenmöbeln aus Gußeisen unter einrollbaren Markisen, Glockentürme mit Glockengeläut in der Glockenstube, Giebelfronten öffentlicher Gebäude in Frontalansicht oder im Profil, Gesimse, Zierfassaden und Zinnen, Attiken mit Figurenaufsatz, gesetzwidrige, aber nicht strafbare Aufbauten, Stahlrohrgerüste von laufenden oder halbfertig abgebrochenen Bauarbeiten, breite Salonfenster mit Gardinen und schmale Klofenster, ocker- und sienafarbene Mauern, schimmlige Mauern, aus deren Ritzen Grasbüschel wachsen mit hängenden Halmen, klobige Fahrstuhltürme, gotische Kirchentürme mit durchbrochenen Doppel- und Dreibogenfenstern, nadelspitze Fialen auf Strebepfeilern mit Madonnen darauf, Pferdestatuen und Quadrigen, Dachbehausungen, die zu Schuppen verfallen sind, Schuppen, die zu Maisonetten ausgebaut wurden – und überall wölben sich Kuppeln zum Himmel, in jeder Richtung und je-

> der Entfernung, wie um die Weiblichkeit, das junonische Wesen der Stadt zu bekräftigen: Kuppeln in Weiß oder Rosa oder auch Violett, je nach der Tageszeit und dem Licht, geädert mit feinem Rippenwerk und gekrönt mit Laternen, auf denen sich wiederum kleinere Kuppeln erheben.
>
> Nichts von alledem ist zu sehen für jene, die sich zu Fuß oder auf Rädern über das Straßenpflaster bewegen. Dafür hat man umgekehrt von hier oben den Eindruck, dies sei die wahre Kruste der Erde, uneben, aber kompakt, wenn auch zerfurcht von Spalten, deren Tiefe man nicht erkennt, von Rissen und Gräben und Kratern, deren Ränder im perspektivischen Blick zusammengerückt erscheinen wie Schuppen an einem Tannenzapfen, und man kommt gar nicht auf die Idee sich zu fragen, was sie auf ihrem Grunde verbergen, da schon die Ansicht der Oberfläche so unendlich reich und vielfältig ist [...].

»So«, heißt es weiter, »räsonieren die Vögel, oder so jedenfalls räsoniert, sich als Vogel imaginierend, Herr Palomar« –, der freilich ein Römer ist. Wir irdischen Römlinge hingegen steigen weit über Palomars Dachterrasse hinaus, noch weiter aufwärts für einen letzten Blick über Rom vom Gipfel des Kuppelmassivs. Dort legen wir endlich die Feder beiseite, um es nach dem Abstieg und der Rückkehr zur terrestrischen Welt mit den Worten Lord Byrons, des Dichters von *Child Harolds Pilgerfahrt* zu halten: »Rom ist wie die Wüste / und wir ziehn / stolpernd über Erinnerung dahin«.

Anhang

Zeittafel

Zur Geschichte und Kulturgeschichte der Stadt Rom

v. Chr.	
753	Legendäre Gründung der Stadt durch Romulus und Remus am 21. April.
510/509	Sturz und Vertreibung der Etruskerkönige. Beginn der römischen Republik.
386	Bau der Servianischen Stadtmauer.
312	Bau der Via Appia von Rom nach Capua.
179	Bau der ersten steinernen Tiberbrücke.
125	Rom zählt 394 000 Einwohner.
109	Errichtung der Milvischen Brücke.
49	Julius Cäsar wird zum Diktator ernannt.
44	Ermordung Cäsars.
27	Der Imperator Octavian erhält den Ehrentitel Augustus (»der Erhabene«). Erbauung des Pantheons.
12	Augustus wird zum Pontifex Maximus gewählt.
n. Chr.	
14	Tod des Kaisers Augustus; Tiberius wird sein Nachfolger.
56/57	Brief des Apostels Paulus an die christliche Gemeinde Roms (»Römerbrief«).
um 60	Petrus und Paulus wirken in Rom.
64	Stadtbrand. Neronische Christenverfolgung.
um 67	Tod des Petrus und Paulus.
80	Einweihung des Kolosseums.
81	Errichtung des Titus-Bogens.
113	Weihe der Trajans-Säule.
um 130	Erbauung des Hadrian-Mausoleums, der späteren Engelsburg, und der zugehörigen Brücke.
196	Marc-Aurel-Säule.

271	Bau der Aurelianischen Stadtmauer.
312	Kaiser Konstantin besiegt Maxentius an der Milvischen Brücke.
313	Toleranzedikt von Mailand erwirkt Religionsfreiheit und Gleichstellung des Christentums.
314	Gründung Konstantinopels.
315	Einweihung des Konstantin-Bogens.
326	Weihe der ältesten Peterskirche durch Papst Sylvester I.
330	Verlegung des Reichssitzes nach Konstantinopel (Byzanz).
386	Baubeginn von San Paolo fuori le Mura.
391	Das Christentum wird Staatsreligion.
395	Teilung des Reiches in Ost- und Westrom.
410	Plünderung Roms durch die Westgoten unter Alarich.
452	Papst Leo I. der Große bewegt den Hunnenkönig Attila zum Rückzug.
455	Plünderung der Stadt durch die Vandalen.
476	Absetzung des Romulus Augustulus. Ende des weströmischen Kaiserreiches. Die römische Stadtherrschaft fällt an die Päpste.
493	Beginn der Ostgotenherrschaft über Italien.
536	Besetzung Roms durch den oströmischen Feldherrn Belizar. Beginn der byzantinischen Herrschaft in Italien.
546	Eroberung Roms durch die Westgoten unter Totila.
552	Rom wird byzantinische Provinzhauptstadt und gibt das Primat an Ravenna ab. In der Folge schrumpft die Stadt auf unter 50000 Einwohner, ihr Zentrum verlagert sich vom Forum nach dem Lateran.
579	Belagerung Roms durch die Langobarden, die die Vorherrschaft über Italien erringen.
590–604	Pontifikat Gregors I. des Großen. Missionierung der Langobarden und Angelsachsen.
609	Das Pantheon wird zur Marienkirche geweiht.
730	Beginn des byzantinischen Bilderstreits. Der Papst geht gegen die Ikonoklasten mit dem Kirchenbann vor.
751	Eroberung Ravennas durch die Langobarden. Ende der byzantinischen Vorherrschaft über Mittelitalien.
756	Belagerung Roms durch die Langobarden. Papst Stephan II. ruft den Frankenkönig Pippin als neuen Schutzherrn Roms zu Hilfe. Die »Pippinsche Schenkung« eroberter Gebiete an das Papsttum begründet den Kirchenstaat.

800	Karl der Große wird nach der Eroberung des Langobardenreichs im Petersdom zum Kaiser gekrönt.
846	Plünderung Roms durch die Sarazenen.
847	Zerstörung der vatikanischen Vorstadt (»Borgobrand«).
848–852	Ausbau des Vatikans zur befestigten »Civitas Leonina« durch Papst Leo IV.
897	»Leichensynode« im Lateran über Papst Formosus.
962	Kaiserkrönung Ottos I. Beginn des Heiligen Römischen Reiches deutscher Nation.
1054	Endgültiger Bruch (»Schisma«) zwischen griechischer und lateinischer Kirche.
1073	Papst Gregor VII. (Hildebrand) eröffnet den Investiturstreit mit Kaiser Heinrich IV. um das Recht auf die Einsetzung der Bischöfe.
1076	Der Papst erklärt den exkommunizierten Kaiser für abgesetzt.
1077	Büßergang Heinrichs IV. nach Canossa zur Lösung des Kirchenbanns.
1084	Die Normannen unter Robert Guiscard, vom Papst gegen die kaiserlichen Belagerer Roms zu Hilfe gerufen, brandschatzen die Stadt.
1096	Beginn der Kreuzzüge nach päpstlichem Aufruf.
1146	Kaiserkrönung des Stauferkönigs Friedrich I. Barbarossa. Arnold von Brescia ruft auf dem Kapitol die erste kommunale Republik aus.
1155	Arnold von Brescia wird als Rebell gegen das päpstliche Stadtregiment hingerichtet.
1188	Vertragliche Anerkennung der päpstlichen Stadtherrschaft durch die Römer. Im Gegenzug verbürgt der Papst die Rechte des städtischen Senats.
1198–1216	Mit dem Pontifikat Innozenz' III. und unter Berufung auf die sogenannte »Konstantinische Schenkung« erlangt die päpstliche Machtstellung ihren vorläufigen Höhepunkt.
1300	Papst Bonifaz VIII., Verfechter der Vorrangstellung der geistlichen über die weltliche Gewalt, ruft das erste Heilige Jahr aus. Dante, Giotto und Arnolfo di Cambio in Rom.
1303	Gründung der römischen Universität »La Sapienza«.
1309–1377	Avignonesisches Exil der Päpste. Die Stadt entvölkert sich und droht zu veröden.
1341	Petrarca erhält auf dem Kapitol die Dichterkrone.
1347	Cola di Rienzo ruft als selbsternannter Volkstribun auf

	dem Kapitol die Republik aus und vertreibt den adligen Senat.
1354	Rienzo wird entmachtet und ermordet.
1373	Erste schriftliche städtische Verfassung.
1377	Rückkehr des Papsttums nach Rom. Verlegung der päpstlichen Residenz vom Lateran zum Vatikan.
1378–1420	Großes Abendländisches Schisma mit mehreren Gegenpäpsten.
1401	Brunelleschi und Donatello in Rom.
1420	Papst Martin V. zieht in Rom ein und stellt die päpstliche Autorität wieder her. In der Folge betreiben die Päpste eine Politik der systematischen Stadterneuerung und ziehen Künstler und Humanisten an ihren Hof.
1433–1445	Filaretes Bronzetür in Sankt Peter.
1452	Erweiterung der Apsis der Peterskirche durch Bernardo Rossellino.
1455	Baubeginn des Palazzo Venezia.
1471	Gründung des Kapitolinischen Museums.
1474	Erbauung des Ponte Sisto.
1475	Gründung der Vatikanischen Bibliothek.
1481–1483	Ausmalung der Wände der Sixtinischen Kapelle.
1494	Belagerung Roms durch Karl VIII. von Frankreich. Der Papst flieht in die Engelsburg.
1500	Nikolaus Kopernikus hält Vorlesungen an der Sapienza.
1503	Mit dem Pontifikat Julius' II. und der ihm nachfolgenden Medici-Päpste steht Rom im Zeichen der Hochrenaissance und löst die kulturelle Hegemonie von Florenz ab. Bramante, Raffael und Michelangelo wirken am päpstlichen Hof.
1506	Grundsteinlegung zum Neubau von Sankt Peter. Ausgrabung der *Laokoon*-Gruppe.
1508	Michelangelo beginnt die Deckengemälde der Sixtinischen Kapelle. Raffael und seine Schüler malen gleichzeitig die vatikanischen Stanzen aus.
1510/11	Martin Luther in Rom mit Ablaßgeldern für den Neubau der Peterskirche.
1515	Raffael übernimmt die Bauleitung von St. Peter und wird zum Konservator der antiken Denkmäler ernannt.
1516	Antonio da Sangallo d. J. beginnt den Bau des Palazzo Farnese.
1520	Tod Raffaels. Beisetzung im Pantheon.

1527	Eroberung und Plünderung Roms durch deutsche Landsknechte (»Sacco di Roma«). Papst Clemens VII. ist Gefangener des spanischen Habsburgers Karl V.
1530	Kaiserkrönung Karls V. in Bologna, letzte Kaiserkrönung in Italien.
1534–1541	Michelangelo bemalt die Altarwand der Sixtinischen Kapelle mit dem *Jüngsten Gericht*.
1536	Einzug Karls V. in Rom. Beginn der Neugestaltung des Kapitolsplatzes.
1540	Bestätigung des Jesuitenordens durch Papst Paul III.
1545–1563	Konzil von Trient. Einleitung der Gegenreformation.
1546	Michelangelo zum Leiter der Bauhütte von Sankt Peter ernannt.
1555	Errichtung des jüdischen Ghettos unter Papst Paul IV.
1564	Tod Michelangelos in Rom. Feierliche Überführung nach Florenz.
1568	Grundsteinlegung zum Bau der Jesuitenkirche Il Gesù.
1575	Grundsteinlegung zur Filippinerkirche Santa Maria in Vallicella.
1580/81	Montaigne in Rom.
1586	Neuaufstellung des Vatikanischen Obelisken auf dem Petersplatz.
1595	Tod des Dichters Torquato Tasso in Rom.
1597–1604	Ausmalung der Galerie des Palazzo Farnese durch die Brüder Annibale und Agostino Carracci.
1600	Hinrichtung des Giordano Bruno auf dem Campo de' Fiori.
1614	Vollendung der Fassade der Peterskirche.
1626	Einweihung des Neubaus der Peterskirche durch Papst Urban VIII.
1637–1650	Francesco Borromini erbaut das Oratorium der Filippiner.
1651	Einweihung von Berninis Vierströmebrunnen auf der Piazza Navona.
1656–1667	Neugestaltung des Petersplatzes durch Bernini unter Papst Alexander VII.
1678	Bernini vollendet das Grabmal Papst Alexanders VII. in Sankt Peter.
1723–1725	Anlage der Spanischen Treppe durch Francesco de Sanctis.
1731	Eröffnung des Teatro Argentina.
1763	Johann Joachim Winckelmann wird zum Oberaufseher sämtlicher Altertümer des Kirchenstaates ernannt.

1770	Beginn der Erbauung des Museo Pio-Clementino im Vatikan.
1773	Aufhebung des Jesuitenordens durch Papst Clemens XIV.
1786/88	Goethe in Rom.
1798	Besetzung der Stadt durch französische Revolutionstruppen. Absetzung des Papstes und Ausrufung der Republik. Öffnung des jüdischen Ghettos.
1809	Aufhebung des Kirchenstaats und Einverleibung in Napoleons Kaiserreich.
1814/15	Wiederherstellung des Kirchenstaats durch den Wiener Kongreß. Rückkehr Pius' VII. nach Rom. Wiedereinsetzung des Jesuitenordens.
1816–1824	Neugestaltung der Piazza del Popolo durch Valadier.
1817	Stendhal in Rom.
1821	Der englische Dichter John Keats stirbt in Rom.
1839–1848	Ausgrabung des Forum Romanum.
1845	Charles Dickens in Rom.
1846–1878	Unter dem Pontifikat Pius' IX. wird Rom zum Zentrum der nationalen Einigungsbewegung des »Risorgimento«.
1848/49	Aufstand und Revolution gegen den Papst, der aus Rom flieht. Proklamation der Römischen Republik. Niederschlagung durch französische Interventionstruppen.
1854	Verkündigung des Dogmas der Unbefleckten Empfängnis.
1860	Eroberung weiter Teile des Kirchenstaats durch die Garibaldianer. Angliederung an das neue Königreich Italien durch Volksabstimmungen.
1870	Erstes Vatikanisches Konzil. Verkündigung des Dogmas von der Unfehlbarkeit des Papstes. Am 20. September überwinden die Garibaldianer die Stadtmauern bei der Porta Pia und zwingen die päpstlichen Truppen zur Kapitulation. Auf dem Kapitol wird das Ende der weltlichen Herrschaft des Papsttums und die Aufhebung des Kirchenstaates proklamiert. Pius IX. schließt sich als freiwilliger Gefangener im Vatikanischen Palast ein.
1871	Rom wird Hauptstadt des Königreichs Italien und Regierungssitz.
1876–1900	Regulierung des Tiberflusses.
1885–1911	Bau des Monuments für König Vittorio Emanuele II.
1887	Abriß der Mauern um das ehemalige jüdische Ghetto.
1889	Einweihung des Denkmals für Giordano Bruno auf dem Campo de' Fiori.

1911	Weltausstellung. Die Stadt zählt über 422 000 Einwohner.
1922	Marsch der Faschisten auf Rom. Machtantritt Mussolinis.
1929	Abschluß der Lateranverträge zwischen Mussolini und Papst Pius XI. Anerkennung des Vatikanstaates unter päpstlicher Souveränität. Ende der freiwilligen Gefangenschaft der Päpste.
1931	Rom zählt 930 000 Einwohner.
1938	Hitler in Rom, Pius XI. verläßt demonstrativ vorübergehend die Stadt. Im Oktober Übernahme der nationalsozialistischen Rassegesetze.
1943	Zusammenbruch des faschistischen Regimes. Einmarsch deutscher Besatzungstruppen. Am 16. Oktober Verhaftung und Deportation der in Rom lebenden Juden durch ein SS-Sonderkommando.
1944	Am 4. Juni Einmarsch der im September 1943 in Süditalien gelandeten Alliierten.
1947	Italien wird Republik.
1950	Eröffnung der unter Mussolini erbauten Via della Conciliazione zum Vatikan.
1957	Unterzeichnung der »Römischen Verträge« zur Gründung der Europäischen Wirtschaftsgemeinschaft.
1960	Olympische Spiele in Rom.
1963–1965	Zweites Vatikanisches Konzil unter Papst Johannes XXIII.
1971	Federico Fellini dreht den Film *Roma*.
1978	Entführung und Ermordung des italienischen Staatsmanns Aldo Moro in Rom.
1981	Attentat auf Papst Johannes Paul II. Das Reiterstandbild des Marc Aurel wird vom Kapitolsplatz entfernt und durch eine Kopie ersetzt.
1994	Abschluß der Restaurierung von Michelangelos Fresken in der Sixtinischen Kapelle.
1997	Wiedereröffnung von Goethes römischem Quartier am Corso (Nr. 18) als Museum »Casa di Goethe«.
1999	Abschluß der Restaurierungen der Fassaden des Palazzo Farnese und der Peterskirche.
2000	Anno Santo – Heiliges Jahr.

Verzeichnis der Päpste

Bei der Liste handelt es sich um eine Auswahl;
ab 1417 ist sie vollständig

308–309	Marcellus
314–335	Sylvester I.
440–461	Leo I. d. Gr.
590–604	Gregor I. d. Gr.
608–615	Bonifaz IV.
715–731	Gregor II.
752–757	Stephan II.
772–795	Hadrian I.
785–816	Leo III.
817–824	Paschalis I.
847–855	Leo IV.
858–867	Nikolaus I. d. Gr.
891–896	Formosus
955–963	Johannes XII.
996–999	Gregor V.
999–1003	Silvester II.
1049–1054	Leo IX.
1058–1061	Nikolaus II.
1073–1085	Gregor VII. (Hildebrand)
1088–1099	Urban II.
1099–1118	Paschalis II.
1130–1143	Innozenz II.
1145–1153	Eugen III.
1154–1159	Hadrian IV.
1191–1198	Coelestin III. (Boboni-Orsini)
1198–1216	Innozenz III. (Lotario Graf von Segni)
1216–1227	Honorius III.
1227–1241	Gregor IX. (Ugolino Graf von Segni)
1271–1276	Gregor X. (Visconti)
1277–1280	Nikolaus III. (Caetano-Orsini)
1294–1303	Bonifaz VIII. (Caetani)
[1309–1370	Avignonesisches Exil]
1378–1389	Urban VI.
1389–1404	Bonifaz IX. (Pietro Tomacelli)
1404–1406	Innozenz VII.
1406–1415	Gregor XII.
1417–1431	Martin V. (Colonna)
1431–1447	Eugen IV. (Condulmer)
1439–1449	Felix V., letzter Gegenpapst
1447–1455	Nikolaus V. (Tommaso Parentucelli)
1455–1458	Calixtus III. (Alonso Borgia)
1458–1464	Pius II. (Enea Silvio Piccolomini)

1464–1471	Paul II. (Pietro Barbo)
1471–1484	Sixtus IV. (Francesco della Rovere)
1484–1492	Innozenz VIII. (Cibò)
1492–1503	Alexander VI. (Rodrigo Borgia)
1503	Pius III. (Todeschini-Piccolomini)
1503–1513	Julius II. (Giuliano della Rovere)
1513–1521	Leo X. (Giovanni de' Medici)
1522–1523	Hadrian VI. (Adriaen Florensz Dedal)
1523–1534	Clemens VII. (Giulio de' Medici)
1534–1549	Paul III. (Alessandro Farnese)
1550–1555	Julius III. (del Monte)
1555	Marcellus II. (Cervini)
1555–1559	Paul IV. (Carafa)
1559–1565	Pius IV. (Giovanni Angelo de Medici)
1566–1572	Pius V. (Ghisleri)
1572–1585	Gregor XIII. (Boncompagni)
1585–1590	Sixtus V. (Felice Peretti)
1590	Urban VIII. (Castagna)
1590–1591	Gregor XIV. (Sfrondati)
1591	Innozenz IX. (Facchinetti)
1592–1605	Clemens VIII. (Aldobrandini)
1605	Leo XI. (Alessandro de' Medici-Ottaiano)
1605–1621	Paul V. (Camillo Borghese)
1621–1623	Gregor XV. (Ludovisi)
1623–1644	Urban VIII. (Maffeo Barberini)
1644–1655	Innozenz X. (Pamphili)
1655–1667	Alexander VII. (Fabio Chigi)
1667–1669	Clemens IX. (Rospigliosi)
1670–1676	Clemens X. (Altieri)
1676–1689	Innozenz XI. (Odescalchi)
1689–1691	Alexander VIII. (Ottoboni)
1691–1700	Innozenz XII. (Pignatelli)
1700–1721	Clemens XI. (Albani)
1721–1724	Innozenz XIII. (die Conti)
1724–1730	Benedikt XIII. (Orsini)
1730–1740	Clemens XII. (Corsini)
1740–1758	Benedikt XIV. (Lambertini)
1758–1769	Clemens XIII. (Rezzonico)
1769–1774	Clemens XIV. (Ganganelli)
1775–1799	Pius VI. (Graf Braschi)
1800–1823	Pius VII. (Graf Chiaramonti)
1823–1829	Leo XII. (Graf della Cenga)
1829–1830	Pius VIII. (Castiglioni)
1831–1846	Gregor XVI. (Cappellari)
1846–1878	Pius IX. (Giovanni Maria Graf Mastai-Ferretti)
1878–1903	Leo XIII. (Gioacchino Graf Pecci)

1903–1914	Pius X. (Giuseppe Sarto)
1914–1922	Benedikt XV. (Giacomo Marchese della Chiesa)
1922–1939	Pius XI. (Achille Ratti)
1939–1958	Pius XII. (Eugenio Pacelli)
1958–1963	Johannes XXIII. (Angelo Giuseppe Roncalli)
1962–1978	Paul VI. (Giovanni Battista Montini)
1978	Johannes Paul I. (Albino Luciani)
seit 1978	Johannes Paul II. (Karol Wojtyla).

Literaturhinweise

Übersetzungen, wenn hier nicht anders angegeben, stammen vom Verfasser

Verzeichnis der zitierten Literatur

Alberti, Leon Battista: Kleinere kunsttheoretische Schriften. Hrsg. von Hubert Janitschek. Wien 1877. – Reprogr. Nachdr. Osnabrück 1970.

– Zehn Bücher über die Baukunst. Übers. und hrsg. von Max Theuer. Leipzig 1912. – Reprogr. Nachdr. Darmstadt 1975.

Archenholz, Johann Wilhelm von: England und Italien. Leipzig 1785. – Auszüge in: Max Galli: Das alte Rom. Mit Texten ausgewählt von Katrin Baur. [o. O.] 1999.

Bachelard, Gaston: Poetik des Raums. Übers. von K. Leonhard. München 1975.

Badt, Kurt: Vier Städte – Geist und Gestalt. Rom, Florenz, Paris, London. Berlin 1959.

Bernhard, Thomas: Auslöschung. Ein Zerfall. Frankfurt a. M. 1986.

Bisticci, Vespasiano da: Große Männer und Frauen der Renaissance. Hrsg. und übers. von Bernd Roeck. München 1995.

Braudel, Fernand: Das Mittelmeer und die mediterrane Welt in der Epoche Philipps II. Übers. von Grete Osterwald und Günter Seib. 2 Bde. Frankfurt a. M. 1990.

Burckhardt, Jacob: Der Cicerone. Eine Anleitung zum Genuß der Kunstwerke Italiens. Stuttgart 1986.

– Rom 1848. Berichte von Jacob Burckhardt, mitgeteilt von Max Burckhardt. In: Corona 9 (1939) Nr. 1.

– Unbekannte Aufsätze Jacob Burckhardts aus Paris, Rom und Mailand. Eingel. und hrsg. von Josef Oswald. Basel 1922.

– Der Zustand Roms unter Gregor dem Großen. In: J. B.: Kulturgeschichtliche Vorträge. Hrsg. von Rudolf Marx. Stuttgart 1959.

Calvino, Italo: Herr Palomar. Übers. von Burkhart Kroeber. München 1985.

– Die unsichtbaren Städte. Übers. von Hans Riedt. München 1985.

Cellini, Benvenuto: Leben des Benvenuto Cellini von ihm selbst geschrieben. Übers. von Johann Wolfgang Goethe. Hrsg. von E. Schaeffer. Frankfurt a. M. 1924.

Condivi, Ascanio: Leben des Michelangelo Buonarroti (1553). – Auszüge in: Michelangelo: Lebensberichte – Briefe – Gespräche – Gedichte. Hrsg. und übers. von Hannelise Hinderberger. Zürich 1996.

Dante Alighieri: Die Göttliche Komödie. Übers. von Ida und Walther von Wartburg. Zürich 1963.

– Das neue Leben (Vita Nova). Übers. von Hannelise Hinderberger. Zürich 1987.

Dickens, Charles: Aufzeichnungen aus Amerika. Bilder aus Italien. Übers. von E. A. Moriarty und Julius Seybt. München 1976.

Fellini, Federico: Roma. Übers. von Toni Kienlechner. Zürich 1972.

Fest, Joachim: Im Gegenlicht. Eine italienische Reise. Berlin 1988.

Foa, Anna: Giordano Bruno. L'Italia sfidò la Chiesa. Bologna 1999.

Freud, Sigmund: Das Unbehagen in der Kultur. In: S. F.: Studienausgabe. Bd. 9. Frankfurt a. M. 1974.

– Notiz über den Wunderblock. In: S. F.: Studienausgabe. Bd. 3: Die Psychologie des Unbewußten. Frankfurt a. M. 1989.

Goethe, Johann Caspar: Reise durch Italien im Jahre 1740 (Viaggio per l'Italia). Hrsg. von der Deutsch-Italienischen Vereinigung Frankfurt a. M. Übers. und komm. von Albert Meier unter Mitarbeit von Heide Vollmer. München ^{4}1999.

Goethe, Johann Wolfgang: Italienische Reise. Mit vierzig Zeichnungen des Autors hrsg. von Christoph Michel. 2 Bde. Frankfurt a. M. 1976.

– Tagebuch der Italienischen Reise 1786. Notizen und Briefe aus Italien. Mit Skizzen und Zeichnungen des Autors hrsg. von Christoph Michel. Frankfurt a. M. 1976.

Gombrich, Ernst H.: Die Geschichte der Kunst. Erw., überarb. und neu gestaltete 16. Aufl. Frankfurt a. M. 1996.

Gregorovius, Ferdinand: Geschichte der Stadt Rom im Mittelalter vom V. bis XVI. Jahrhundert. Hrsg. von Waldemar Kampf. 7 Bde. München 1988.

– Römische Tagebücher 1852–1889. Hrsg. von Hanno-Walter Kruft und Markus Völkl. München 1991.

– Wanderjahre in Italien. Hrsg. von Hanno-Walter Kruft. München ^{5}1997.

Hausenstein, Wilhelm: Europäische Hauptstädte. Zürich/Leipzig 1932. –

Auszug unter dem Titel: *Die unentrinnbare Stadt. Wilhelm Hausenstein über Rom*. Berlin 1988.
Heine, Heinrich: Reisebilder. Dritter und vierter Teil. Hrsg. von Klaus Briegleb. München 1969.
Herder, Johann Gottfried *s.* Worbs (Hrsg.), 1988.
Humboldt, Wilhelm von *s.* Worbs (Hrsg.), 1988.
Infessura, Stefano: Römisches Tagebuch. Übers. und eingel. von Hermann Hefele. Jena 1913. Reprogr. Nachdr. Düsseldorf 1979.
James, Henry (*Italian Hours*) *s.* Worbs (Hrsg.), 1988.
Kaschnitz, Marie Luise: Engelsbrücke. Römische Betrachtungen. Hamburg [2]1988.
Keats, John: Werke und Briefe. Ausgewählt und übers. von Mirko Bonné. Stuttgart 1995.
Kerr, Alfred: Erlebtes. Reisen in die Welt. In: A. K.: Werke. Bd. 1.2. Hrsg. von Hermann Haarmann. Frankfurt a. M. 1998.
Kesten, Hermann: Dichter im Café. München/Zürich 1965.
Koeppen, Wolfgang: Neuer römischer Cicerone. In. W. K.: Gesammelte Werke. Hrsg. von Marcel Reich-Ranicki. Bd. 4: Berichte und Skizzen 2. Frankfurt a. M. 1986.
– Der Tod in Rom. Roman. Frankfurt a. M. 1975.
Lessing, Gotthold Ephraim: Antiquarische Schriften. In: G. E. L.: Werke. Hrsg. von Kurt Wölfel. Bd. 2. Frankfurt a. M. 1967.
Lewald, Fanny: Italienisches Bilderbuch. Hrsg. von Ulrike Helmer. Frankfurt a. M. 1992.
Machiavelli, Niccolò: Discorsi. Gedanken über Politik und Staatsführung. Übers. und hrsg. von Rudolf Zorn. Stuttgart 1977.
Mann, Thomas: Der Erwählte. Frankfurt a. M. 1994.
Masi, Bartolomeo: Ricordanze di Bartolomeo Masi, Calderaio Fiorentino dal 1478 al 1526. Hrsg. von Giuseppe Odoardo Corrazzini. Florenz 1906.
Moritz, Karl Philipp: Reisen eines Deutschen in Italien in den Jahren 1786 bis 1788. In: K. Ph. M.: Werke. Hrsg. von Horst Günther. Bd. 2. Frankfurt a. M. 1981.
Montaigne, Michel de: Tagebuch einer Badereise. Hrsg. von Georg A. Narciss. Übers. von Otto Flake. Stuttgart 1963.
Müller, Wilhelm: Rom, Römer und Römerinnen. Eines deutschen Dichters Italienbuch aus den Tagen der Romantik. Bremen 1956.
Palazzeschi, Aldo: Roma. Mailand 1986.
Paquet, Alfons: Rom. In: A. P.: Gesammelte Werke. Hrsg. von Hanns Martin Elster. Bd. 3: Reisen. Stuttgart 1970.

Pasolini, Pier Paolo: Gramsci's Asche. Übers. von Toni und Sabina Kienlechner. München 1980.

Praz, Mario: La casa della vita. Mailand 21996.

– Liebe, Tod und Teufel. Die schwarze Romantik. Übers. von Lisa Rüdiger. München 1994.

Rabus, Jakob (*Eine Münchner Pilgerfahrt im Jubeljahr 1575*) *s.* Worbs (Hrsg.), 1988.

Roth, Joseph: Briefe. Hrsg. von Hermann Kesten. Köln 1970.

Seume, Johann Gottfried: Spaziergang nach Syrakus. Dreieich 1980.

Simmel, Georg: Brücke und Tür. Essays des Philosophen zur Geschichte, Religion, Kunst und Gesellschaft. Im Verein mit Margarete Susman hrsg. von Michael Landmann. Stuttgart 1957.

Stendhal (Henri Beyle): Rom, Neapel und Florenz. Übers. von Katharina Scheinfuß. Berlin ^{2}1980.

Vasari, Giorgio: Die Lebensbeschreibungen der berühmtesten Architekten, Bildhauer und Maler. Hrsg. und übers. von A. Gottscheski und G. Gronau. Straßburg 1904–27. – Auswahlbände: G. V.: Künstler der Renaissance. Übers. von Fritz Schillmann. Berlin 1948. – G. V.: Lebensläufe der berühmtesten Maler, Bildhauer und Architekten der Renaissance. Übers. von Trude Fein. Zürich ^{6}1996.

Vergil: Aeneis. Hrsg. von J. Götte. München/Zürich 1983.

Villani, Giovanni: Cronica, con le continuazioni di Matteo e Filippo Villani. Hrsg. von Giovanni Aquilecchia. Turin 1979.

Waiblinger, Wilhelm *s.* Worbs (Hrsg.), 1988.

Wölfflin, Heinrich: Die klassische Kunst. Eine Einführung in die italienische Renaissance. Basel/Stuttgart ^{9}1968.

Worbs, Michael (Hrsg.): Rom. Ein Städtelesebuch. Frankfurt a. M. 1988.

Zola, Emile: Rom. Übers. von Erich Marx und Irmgard Nickel. Leipzig ^{2}1991.

Allgemeine und weiterführende Literatur

Argan, Giulio Carlo: Kunstgeschichte als Stadtgeschichte. Übers. von Volker Breidecker und Heinz Jatho. München 1989.

Beny, Roloff / Gunn, Peter: Die Kirchen von Rom. Freiburg 1982.

Bernabei, Roberta: Roma nel Giubileo. Mailand 1998.

Borchardt, Rudolf: Villa. In: R. B.: Prosa. Bd. 3. Stuttgart 1960.

Braudel, Fernand / Duby, Georges / Aymard, Maurice: Die Welt des Mittelmeeres. Zur Geschichte und Geographie kultureller Lebensformen. Übers. von Markus Jakob. Frankfurt a. M. 1987.

Breidecker, Volker: Florenz oder Die Rede, die zum Auge spricht. Kunst, Fest und Macht im Ambiente der Stadt. München ^{2}1992.

Burdach, Konrad: Rienzo und die geistige Wandlung seiner Zeit. Berlin ^{2}1928.

Caporilli, Memmo: Roma – Storia dei Giubilei. Anni Santi dal 1300 al 2000. Rom 1998.

Chastel, André: Die Kunst Italiens. Übers. von Erna Melchers. 2 Bde. München ^{2}1978.

Citati, Pietro: Il viaggio in Italia. In: P. C.: L'armonia del mondo. Miti d'oggi. Mailand 1998.

Croce, Elena: Meine zwei Städte. Erinnerungen an Benedetto Croce. Übers. von Lieselotte Kittenberger. Berlin 1997.

Engler, Günter: Treffpunkt Scala. Musikalischer Reiseführer durch Italien. Stuttgart 1993.

Esch, Arnold: Römische Straßen in ihrer Landschaft. Das Nachleben antiker Straßen in Rom mit Hinweisen zur Begehung im Gelände. Mainz 1997.

Evers, Hans-Gerhard: Gian Lorenzo Bernini. Die Engelsbrücke in Rom. Berlin 1948.

Fagiolo, Maurizio / Cipriani, Angela: Bernini. Architettura, Scultura, Pittura. Rom 1981.

Fagiolo dell'Arco, Maurizio (Hrsg.): Petersdom und Vatikan. Eine Dokumentation über das Zusammenwirken von Päpsten, Malern und Bildhauern. Übers. von Thomas Münster. Freiburg 1989.

Fischer, Heinz-Joachim: Rom. Köln 1996.

Fuhrmann, Horst: Die Päpste. Von Petrus zu Johannes Paul II. München 1998.

Gatz, Erwin: Roma Christiana. Ein kunst- und kulturgeschichtlicher Führer über den Vatikan und die Stadt Rom. Regensburg 1998.

Giebel, Marion: Treffpunkt Tusculum. Literarischer Reiseführer durch das römische Italien. Stuttgart 1995.

Grimal, Pierre: Die Kirchen Roms. Stuttgart 1998.

Haufe, Eberhard (Hrsg.): Deutsche Briefe aus Italien. Von Winckelmann bis Gregorovius. Hamburg 1965.

Held, Klaus: Treffpunkt Platon. Philosophischer Reiseführer durch die Länder des Mittelmeers. Stuttgart 1990.

Henze, Anton / Bering, Kunibert / Wiedmann, Gerhard: Kunstführer Rom, unter Mitarbeit von Ernest Nash und Hellmut Sichtermann. Stuttgart ^{5}1994.

Ipser, Karl: Mit Goethe in Italien. Herrsching 1987.

Kammerer, Peter / Krippendorff, Ekkehart: Reisebuch Italien. Über das Lesen von Landschaften und Städten. Erw. Neuausg. Berlin 1990.

Kantorowicz, Ernst H.: Die zwei Körper des Königs. Eine Studie zur politischen Theologie des Mittelalters. Frankfurt a. M. 1994.

Keller, Harald: Die Kunstlandschaften Italiens. 2 Bde. Frankfurt a. M. 1983.

– (Hrsg.): Das barocke Rom in Kupferstich-Veduten. Mit einer Einleitung. Dortmund 1979.

Knapp, Margit (Hrsg.): Rom. Eine literarische Einladung, mit einem Vorwort von Luigi Malerba. Berlin ^{2}1999.

Krautheimer, Richard: Rom. Schicksal einer Stadt 312–1308. München ^{2}1996.

Masson, Georgina: Christina. Königin von Schweden. Übers. von Ulrich Bracher. Tübingen 1968.

Noack, Ferdinand: Triumph und Triumphbogen. In: Vorträge der Bibliothek Warburg. Bd. 5. Leipzig/Berlin 1928.

Noll, Chaim: Taube und Stern. Roma Hebraica – eine Spurensuche. Mit Ölzeichnungen von Sabine Kahane. Hünfelden 1994.

Panofsky, Erwin: Early Netherlandish Painting. Its Origins and Character. Cambridge (Mass.) 1953.

– ›Et in Arcadia ego‹. Poussin und die Tradition des Elegischen. In: E. P.: Sinn und Deutung in der bildenden Kunst. Übers. von W. Höck. Köln 1978.

– Grabplastik. Vier Vorlesungen über ihren Bedeutungswandel von Alt Ägypten bis Bernini. Hrsg. von Horst W. Janson. Übers. von Liese Lotte Möller. Köln ^{2}1993.

Peterich, Eckart: Rom. Ein Reisebegleiter. Aktualisierte Neuausg. München ^{2}1998.

Piccolomini, Enea Silvio: Briefe – Dichtungen. Übers. von Max Mell und Ursula Abel. München 1966.

Pratesi, Ludovico: Il Rione Ponte. Rom 1997.

Praz, Mario: Wachsfiguren. In: M. P.: Der Garten der Erinnerung. Essays. Bd. 1. Übers. und hrsg. von Max Looser. Frankfurt a. M. 1994.

Reichert, Heinrich G.: Urban und human. Unvergängliche lateinische Spruchweisheit. St. Ottilien ^{5}1980.

Reifenberg, Benno: Römerstraße. In: Lichte Schatten. Aus den literarischen Schriften von Benno Reifenberg. Frankfurt a. M. ^{3}1961.

Rendina, Claudio: Guida insolita ai misteri, ai segrete, alle leggende e alle curiosità di Roma. Rom 1998.

Rosazza Ferraris, Patrizia: Il Museo Mario Praz. Rom 1996.

Seibt, Gustav: Anonimo romano. Geschichtsschreibung in Rom an der Schwelle zur Renaissance. Stuttgart 1992.

Taubes, Jacob: Die politische Theologie des Paulus. Hrsg. von Aleida und Jan Assmann. München 1995.

Tolomeo, Maria Grazia: Ponte Sant'Angelo. Rom 1990.

Warnke, Martin: Hofkünstler. Zur Vorgeschichte des modernen Künstlers. Köln [2]1996.

– (Hrsg.): Politische Architektur in Europa vom Mittelalter bis heute. Köln 1984.

Winckelmann, Johann Joachim: Briefe aus Rom. Ausgewählt, kommentiert und mit einer Einleitung von Martin Disselkamp. Mainz 1997.

Abbildungsnachweis

Hans Winkens: S. 14, 52, 103, 168, 171, 188, 228, 290
Ralf Wolters: S. 94

Der Verlag dankt den Rechteinhabern für die Reproduktionsgenehmigung. Nicht nachgewiesene Abbildungen entstammen dem Archiv des Verlags.

Personenregister

Kursive Ziffern verweisen auf eine Bildlegende

Orts- und Objektregister

Das Register ist in Einzelobjekte und in versal ausgezeichnete Sachgruppen gegliedert; kursive Ziffern beziehen sich auf die Abbildungen

Rom

KIRCHEN und KLÖSTER

Andere Orte

Zum Autor

Volker Breidecker, Jahrgang 1952, studierte Literaturwissenschaft, Politologie und Kunstgeschichte in Berlin und New Orleans (USA). Nach längeren Italienaufenthalten promovierte er 1987 mit einer Arbeit über die künstlerische und politische Kultur der spätmittelalterlichen und frühneuzeitlichen Metropole Florenz. Anschließend war er Lehrbeauftragter für Allgemeine und Vergleichende Literaturwissenschaft in Berlin und für einige Jahre Verlagslektor in Frankfurt am Main. Von 1991 bis 1994 arbeitete er am Graduiertenkolleg »Politische Ikonographie« der Universität Hamburg und war dort Lehrbeauftragter für Kunstgeschichte. Seither betrieb er Studien zur Geschichte des Wissenschaftsexils und der intellektuellen Emigration aus Deutschland nach 1933. Nach Forschungsaufenthalten am Deutschen Literaturarchiv in Marbach lebt er seit 1998 in der Rhein-Main-Region und arbeitet dort als freier Lektor, Redakteur, Übersetzer und Autor.

Buchveröffentlichungen: *Florenz oder »Die Rede, die zum Auge spricht«. Kunst, Fest und Macht im Ambiente der Stadt* (1990, ^{2}1992), Siegfried Kracauer/ Erwin Panofsky, *Briefwechsel 1941–1966* (Hrsg., 1996). Kritiken im Literaturblatt der *Frankfurter Allgemeinen Zeitung* und im Sachbuchressort der *Süddeutschen Zeitung.* Übersetzungen: Giulio Carlo Argan, *Kunstgeschichte als Stadtgeschichte* (1989, mit Heinz Jatho), Luciano Canfora, *Politische Philologie. Altertumswissenschaft und moderne Staatsideologie* (1995, mit Ulrich Hausmann und Barbara Hufer).

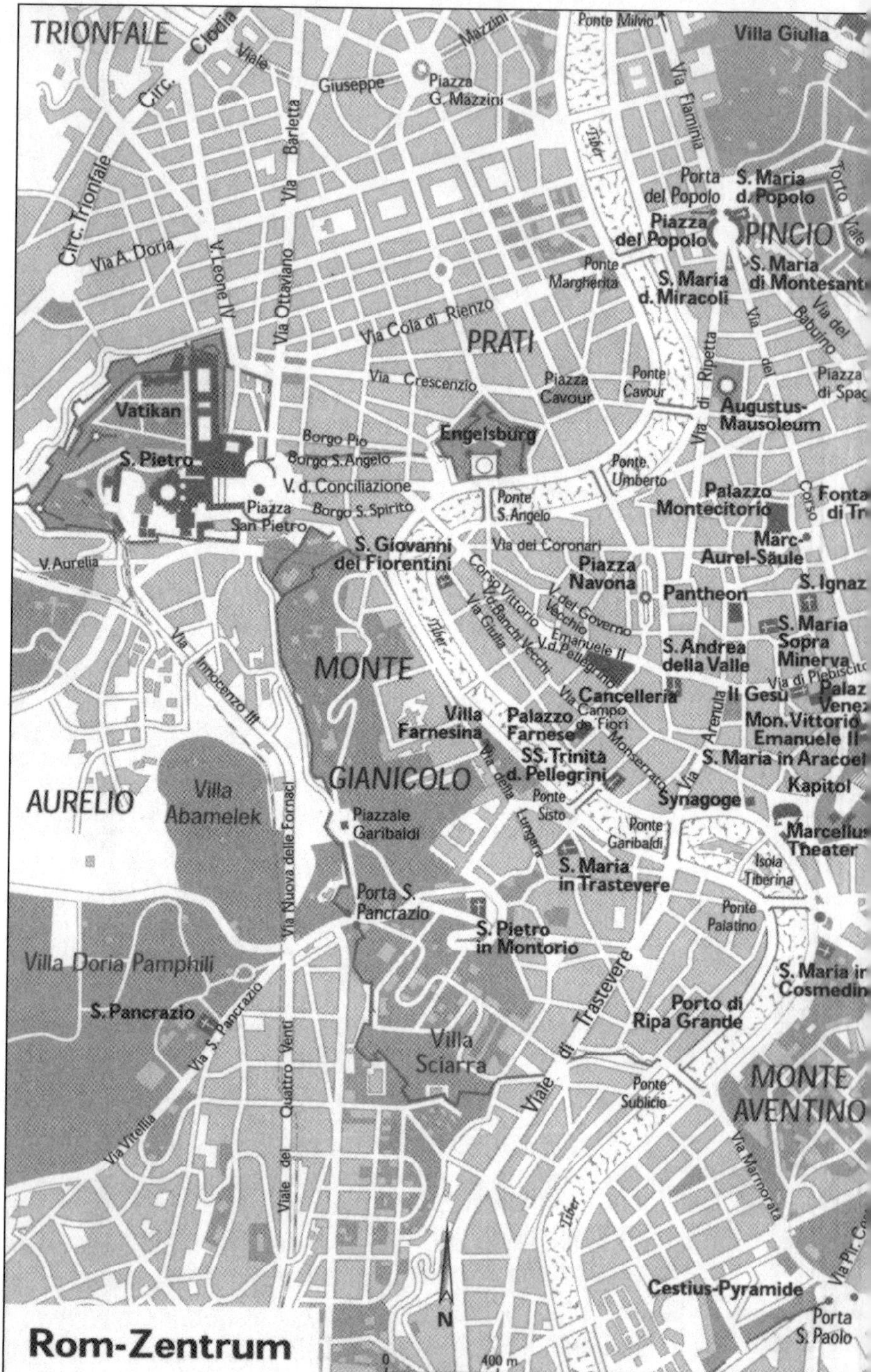
TRIONFALE
Circ. Clodia
Viale Mazzini
Giuseppe
Piazza G. Mazzini
Ponte Milvio
Villa Giulia
Via Flaminia
Tiber
Circ. Trionfale
Via Barletta
Via A. Doria
V. Leone IV
Via Ottaviano
Porta del Popolo
S. Maria d. Popolo
Piazza del Popolo
PINCIO
Ponte Margherita
S. Maria d. Miracoli
S. Maria di Montesanto
Via del Babuino
Via Cola di Rienzo
PRATI
Via di Ripetta
Via Crescenzio
Piazza Cavour
Ponte Cavour
Augustus-Mausoleum
Piazza di Spagna
Vatikan
Engelsburg
Borgo Pio
S. Pietro
Borgo S. Angelo
V. d. Conciliazione
Ponte Umberto
Piazza San Pietro
Borgo S. Spirito
Ponte S. Angelo
Palazzo Montecitorio
Corso
S. Giovanni dei Fiorentini
Via dei Coronari
Marc-Aurel-Säule
V. Aurelia
Piazza Navona
Corso Vittorio Emanuele II
Pantheon
S. Ignaz
V. del Governo Vecchio
V. d. Banchi Vecchi
Via Giulia
V. d. Pellegrino
S. Maria Sopra Minerva
Via Innocenzo III
MONTE
S. Andrea della Valle
Via di Plebiscito
Cancelleria
Il Gesù
Campo de' Fiori
Via Arenula
Villa Farnesina
Palazzo Farnese
Mon. Vittorio Emanuele II
Via della Lungara
Via Monserrato
SS. Trinità d. Pellegrini
S. Maria in Aracoeli
GIANICOLO
AURELIO
Villa Abamelek
Ponte Sisto
Synagoge
Kapitol
Piazzale Garibaldi
Ponte Garibaldi
Marcellus-Theater
Via Nuova delle Fornaci
S. Maria in Trastevere
Isola Tiberina
Porta S. Pancrazio
Ponte Palatino
S. Pietro in Montorio
Villa Doria Pamphili
S. Maria in Cosmedin
S. Pancrazio
Via S. Pancrazio
Viale di Trastevere
Porto di Ripa Grande
Villa Sciarra
MONTE AVENTINO
Ponte Sublicio
Via Vitellia
Viale del Quattro Venti
Via Marmorata
Cestius-Pyramide
Porta S. Paolo
N
0
400 m

Rom-Zentrum